现代教育技术

齐立森 编著

清华大学出版社
北京

内 容 简 介

本书从教育技术的基本概念、理论基础、学科定位与发展方向,教育信息化、信息化教育模式、信息化教学系统设计,教学媒体的常见分类、应用原则与开放教育资源等,到文本与图像素材、音视频素材的获取与利用,多媒体课件、微课设计及其案例制作、虚拟现实技术与智慧教育等,全方位、立体化地介绍了教育技术的理论、应用与实践过程,操作性强,体现了学科发展与技术融合的最新成果。

本书面向党的二十大报告要求推进教育数字化的时代背景,将扎实深厚的理论构建和翔实细致的应用操作相结合,结构合理、图文并茂、案例成熟。另外,为便于读者抓住学习要点和阅读重点,每章都设置了教学目标及其对应的思考题,适合当前师范类专业认证的教学实践。本书既可作为普通高校师范类专业教师教育课程的教学用书,也可作为教育技术学本科专业学生的教材或辅导书,还可供中小学教师、中高职教师作为培训参考书。

图书在版编目(CIP)数据

现代教育技术/齐立森编著. —北京:清华大学出版社,2023.6
ISBN 978-7-302-63582-6

Ⅰ. ①现… Ⅱ. ①齐… Ⅲ. ①教育技术学 Ⅳ. ①G40-057

中国国家版本馆 CIP 数据核字(2023)第 090917 号

责任编辑: 郭丽娜
封面设计: 王 岩
责任校对: 袁 芳
责任印制: 丛怀宇

出版发行: 清华大学出版社
  网　　　址:http://www.tup.com.cn,http://www.wqbook.com
  地　　　址:北京清华大学学研大厦 A 座　　　邮　编:100084
  社 总 机:010-83470000　　　邮　购:010-62786544
  投稿与读者服务:010-62776969,c-service@tup.tsinghua.edu.cn
  质量反馈:010-62772015,zhiliang@tup.tsinghua.edu.cn
  课件下载:http://www.tup.com.cn,010-83470410
印 装 者: 三河市龙大印装有限公司
经　　销: 全国新华书店
开　　本: 185mm×260mm　　　**印　张:** 15.5　　　**字　数:** 375 千字
版　　次: 2023 年 8 月第 1 版　　　**印　次:** 2023 年 8 月第 1 次印刷
定　　价: 59.00 元

产品编号:097490-01

前　言

党的二十大报告明确提出"推进教育数字化,建设全民终身学习的学习型社会、学习型大国"。把教育数字化建设与学习型社会建设联系起来,意味着国家将进一步发展面向全社会的智慧教育平台。同时,要加强师德师风建设,培养高素质教师队伍,弘扬尊师重教的社会风尚,体现党中央对教师队伍建设的关注与重视。根据教育部 2016—2017 年、2018—2019 年、2020 年、2021 年、2022 年的相关文件统计,通过师范类专业认证(第二级)的专业名单数量分别为 26、34、155、256、381 个,全部专业数量达到 852 个。

教育部"关于实施师范教育协同提质计划的通知"(教师厅函〔2022〕2 号)指出,加强师范生专业能力发展中心建设和师范专业建设,深化教师教育改革,推进教师教育信息化建设与应用。在师范专业认证的大背景下,"现代教育技术"在师范类专业中的课程地位正在不断提高。依据对中小学教师信息技术应用能力的发展性要求,帮助师范专业学生提升教育技术应用能力,提高学科教学能力,促进师范专业发展,助力教育数字化和教育现代化 2035 的总体战略布局,正是本书编写的初衷。下面介绍本书的内容设置。

第 1 章介绍教育技术的基本概念,对教育技术的学科发展史进行简明扼要的回顾,涵盖美国教育传播与技术协会(Association for Educational Communications and Technology,AECT)的教育技术定义、国内教育技术发展概况等。在教育技术的理论基础部分,本书按照传播学理论、学习理论、课程与教学论等进行主题划分,体系框架完整,内容扎实充分。此外,还对教育技术的学科定位与发展方向进行梳理,数据资料充分,视野开阔新颖。

第 2 章以教育信息化与教学系统设计为题,对我国计算机辅助教学(computer aided instruction,CAI)发展的主要阶段进行划分,对数字化校园、教育信息化、智慧教育等教育技术现象进行定位,重点阐述信息化教育的基本特征,信息化教学模式、信息化教学方式等,详尽梳理信息化教学设计理论的五种典型代表,并介绍了一般教学系统设计的主要流程。

第 3 章抓住"教学媒体与网络教学资源"的核心要义,阐述教学媒体的教学功能特性,介绍教学媒体的常见分类、教学媒体的基本应用原则,对开放教育资源的时代背景和现实意义进行分析,对开放教育资源的常见类型进行概述,如教育资源库、MOOC① 等。

第 4 章从最简单的多媒体素材入手,介绍文本与图像素材的获取与利用,涵盖文本素材的常见用法、图像素材的常见用法、概念图的案例制作等具体内容。本章内容涉及文本、图像的基本知识,包括 SnagIt、MindManager 等软件的操作技巧等。

第 5 章从较为复杂的多媒体素材谈起,介绍音视频素材的获取与利用,包括声音、视频的基本属性,进而介绍 Audition 软件中声音素材的录制和保存、多轨音频软件的素材处理、利用 Camtasia Studio、OBS 录制桌面视频,从流媒体网站上获取视频素材和视频格式转换软件的使用等内容。

第 6 章以综合性颇高的多媒体课件为内容,详细介绍 PPT 的制作方法、iSpring Suite 交互式课件的案例制作、Focusky 动画演示课件的案例制作等内容。

第 7 章转向专业性较强的微课制作知识与技术,涉及微课视频素材的获取和整理、Premiere 视频剪辑软件的基本使用与新媒体动画的设计和制作等内容。

第 8 章面向相对前沿的虚拟现实技术与智慧教育,介绍虚拟现实教育的发展概况、Unity 软件中的虚拟交互技术、人机交互与智慧教育新形态等内容。

本书与师范类专业认证相结合,面向教育数字化这一时代背景,深入挖掘教学设计、文化创意、媒体制作的社会意义,彰显我国师范教育的文化性、技术性和先进性,力图实际应用特色鲜明、学科知识体系完善、侧重工程技术应用、强化实践能力培养、深植课堂教学场景,配套微课视频以期达到立体化、创新型和新形态的统一,促进读者对教育技术领域的全面认知。

在本书编写过程中,鹿文斐、张媛媛和王令麒为第 6 章提供案例素材;宗海潜、高胜蓝为第 7 章提供案例素材;张艳丽对全文进行审稿校对;清华大学出版社编辑提出了宝贵的修改意见。同时,编著者在写作过程中查阅了一些图书文献和网络资料,在此对这些内容的作者和编辑一并表示感谢。由于行文仓促,本书难免出现疏漏和不足之处,敬请业内专家和同仁多多批评、指正,以备再版时更正。

编著者

2023 年 1 月

---

① MOOC 是 massive open online course 的缩写,指大型开放式网络课程。——编者注

目　录

第 1 章　教育技术的理论概述

本章教学目标

(1) 了解教育技术的几种定义,并比较它们的不同。

(2) 了解教育技术的学科范畴、研究领域和发展方向。

(3) 能够举例说明教育技术中代表性的软硬件技术及主要应用。

(4) 能够区分教育技术与教学技术的不同,了解教育技术的社会应用。

(5) 理解传播学的线性模式、控制论模式和社会系统模式的发展过程。

(6) 理解行为主义、认知主义、建构主义学习理论的主要观点。

(7) 能够比较布鲁纳的认知结构与奥苏贝尔的认知同化学习理论的差异。

(8) 了解布鲁姆掌握教学理论的主要观点。

(9) 了解我国教育技术学的学科发展历程。

(10) 了解影响教育技术学发展的历史原因和现实因素。

(11) 能够举例说明教育技术学学科未来的发展方向。

1.1　教育技术的基本概念

1.1.1　作为学科的教育技术

一般来说,教育技术面向教育、技术、文化、管理等综合研究领域,是以现代科技应用为支撑、面向教育与培训行业的一个交叉学科。如今,以数字媒体应用为核心的现代教育技术已经相当成熟,广泛渗透学校教育、企业培训、军事训练、技能教学等各个领域,表现出强大的普适性和灵活性,受到专业人士的热切关注和持续期待。回溯教育技术学科的由来,会发现它经历了一个诞生、发展、成熟及不断突破的过程,人们对它的认识也由模糊和迷惑,走向认同和肯定;从一味地盲目与迷信,走向客观、务实与创新。这种事物发展的螺旋式上升模式反映了现代社会的一般规律,体现出现代学科发展的内在逻辑。

1.1.2　广义与狭义的教育技术

教育是社会系统的必要组成部分,它通过适当的教学方法、策略和技巧,帮助个体习得一定的行为习惯和思维方式,掌握特定的生产、生活和生存技能,从而更好地满足未来的人类发展需要。自春秋时期"儒学宗师"孔子兴办私学以来,历经 2500 余年的发展,教育形态已然面貌一新,而且这种变化在未来仍将持续发生,并没有出现丝毫停滞的迹象。随着信息化浪潮席卷全球,教与学的过程正在发生一场重大的变革,多媒体课件、思维导图、电子学档、在线教学、MOOC、微课程等新概念层出不穷,不断冲击着传统教学的思维定式和固有模式,也使教学场景和媒体形式的藩篱不复存在,只剩下学习者对认知失调和资源匮乏的喟叹。人们有理由相信,信息技术的发展已经为未来学习打开方便之门,教与学的全过程正在变得便捷、高效和简单,深度学习的浸入和高级思维的培养将不再变得遥不可及。

对教育技术这一概念的理解,可以从"教育"和"技术"这两个方面进行。教育是面向学习者的知识获取、传递和内化的过程,涉及认知、情感和思维发展等各个心理层面。教育是"何为学习"的科学,教育也是"教学何为"的艺术。技术是科学知识的一般应用,是将科学原理以一种系统化的方法、工艺和流程加以实用化,用以实现特定的工程、任务目标,过程中往往伴随着新工艺的改进、新设备的发明和生产力的提升。技术的载体可能是有形的工具和机器,或者无形的知识和经验等。很大程度上,科学与技术存在着密不可分的内在联系,但技术可以直接拿来解决现实问题,具有鲜明的实践意义和实用价值。在当今的学科门类中,哲学、经济学、法学、教育学、文学、历史学、理学、工学、农学、医学、军事学、管理学和艺术学 13 个门类,各不相同,又相互交叉。依据不同学校的办学情况,教育技术学既可以作为教育学下属的二级学科,又可以作为教育学、理学、工学等学位包含的一门学科。由此可见,教育技术是技术为本、教育为用,既有鲜明的师范专业色彩,又与工程实践类专业存在着千丝万缕的联系,具有不断延展的可能性。

从狭义上说,教育技术的主要应用场景是学校教育中的课堂教学,即如何使用技术促进教师教学,帮助学生学习,用于解决教学设计问题。当然,课堂教学也是课程与教学论、教育学(语文、数学、外语等细分学科)等一般理论研究的中心问题之一。从这个角度看,教育技术当然不能拒绝以具体学科知识作为切入点,但它更加关注普遍意义上的技术应用于教学的问题,强调技术因素对教育教学的革新和重构,试图将抽象的教育理论和具体的技术实践整合起来,从而形成一种开阔的学术视野以及高级的认知和思维。从广义上说,教育是人类的一种社会活动,不但存在于学校场景中,而且存在于各种组织活动中,例如员工教育、士兵训练、技能传授等非正式、中短期的岗前培训环节。因此,广义的教育技术中的教育虽不再像学校教育那样时间固定、内容完整、要求严格,但在组织形式、内容设计、考核评判等方面更具灵活性,弥补了传统学校教育的不足,极大丰富了教育技术的实践意义和社会价值。总之,教育技术是一个以学校教育为核心的学科范畴。信息化教学技术的深入发展,使其应用场景和实践领域不断拓宽,具有十分广阔的发展前景。

1.1.3 AECT 对教育技术的定义

教育技术是一个舶来的专业术语。1994 年,AECT 定义的术语工作组,在广泛收集国内外教育技术界人士意见的基础上,对"教育技术"做出了一个较为全面、准确的表述:教学技术是对学习过程和学习资源进行设计、开发、利用、管理与评价的理论和实践。站在历史的视角审视这一定义,有几点启发:首先,这一定义框定了教育技术的研究对象是学习过程和学习资源;其次,它指出了教育技术的研究目的是促进学习;最后,它明确了教育技术的研究范畴,具体包括五个方面:设计、开发、利用、管理与评价。客观来讲,这一定义的提出,对我国当时的电化教育工作的开展产生了积极影响。1993 年版《普通高等学校本科专业目录》将"电化教育"专业改名为"教育技术学"专业;2002 年,"中国电化教育协会"正式更名为"中国教育技术协会"。至此,"教育技术"的称谓得以正式确认。

2005年，AECT经过多次会议协商，公布了"教育技术"的全新定义：教育技术是通过创建、使用和管理适当的技术过程和资源以促进学习和提高绩效的研究与符合道德的实践。相较于1994年版，2005年版教育技术的研究内容从学习过程和学习资源，过渡到了技术过程和技术资源，并开始强调学习者的学习效果和伦理道德，同时赋予了提高绩效的附加功能。更需要指出的是，1994年版使用的是"教学技术"，指向的是课堂教学；2005年版则代之以"教育技术"，暗含了企业培训等新的方向。在研究范畴上，2005年版将教育技术精练为"创设、利用、管理"三个方面，将1994年版的"设计、开发"修改为2005年版的"创设"，1994年版中的"评价"的维度最终被舍弃。

2017年12月，AECT在其官方网站公布了教育技术的全新定义：教育技术是通过对教与学的过程和资源进行战略设计、管理与实施以促进知识发展，调节和提升学习进程及学习成果，并将对应的理论、研究及优质实践以符合道德规范的方式加以应用。这一定义本身既有对以往表述的继承，也增加了新的内涵。它不仅关注学习者的学习效果，而且关注教学设计者和施教者的知识迭代及技能更新。同时，这一定义摒弃了2005年版的技术化倾向，回归了"学与教"的"过程和资源"，更加注重教学本身的宏观层面的战略设计以及微观层面的管理与实施。

1.1.4　教育技术在国内的发展情况

20世纪20年代前后，受到美国视觉教学运动的影响，我国教育界也开始引入当时先进的幻灯、电影等技术，借此启发民智和培育人才。商务印书馆于1918年成立了活动影戏部，拍摄了《盲童教育》《养蚕》《驱灭蚊蝇》《养真幼稚园》等多部教育片。1928年，上海柯达公司成立了教学电影部，制作了一批无声教学影片。这一时期的电影播音教育运动被视为中国电化教育的开端。

1930年，金陵大学理学院以科学影片辅助理化、生物、地质等学科的教学。1932年7月，中国教育电影协会成立，这是我国第一个电化教育组织。1933年，上海群学社出版的徐公美的《电影教育》一书，是我国第一本关于电化教育的专著。1936年，金陵大学举办了"电化教育人员培训班"，"电化教育"的名称第一次被正式使用。同年，江苏省立教育学院创办电影广播教育专修班，学制两年，这是我国第一个电化教育专业。此后，电化教育得到提倡，金陵大学、镇江民众教育馆等单位组织开展了很多活动。

1950年，中央电化教育工具制造所在北京成立。1954年，萧树滋和南国农编写了电化教育课程大纲，开设电化教育课程。1978年，我国电化教育重新起步。1979—1981年，为应对全国各级各类教育对电化教育人才的迫切需求，教育部委托西北师范大学举办了三期电化教育培训班。1983年后，经教育部批准，华南师范大学、华东师范大学、西北师范大学等陆续开设了电化教育本科专业，学制四年。1989年，国家教委正式成立了中小学计算机教育领导小组。1991年，中国电化教育协会成立。1999年，教育部制定《关于发展我国现代远程教育的意见》《关于深化教育改革全面推进素质教育的决定》，明确了教育技术和教育信息化的地位。2000年，教育部发布了《关于在中小学实施"校校通"工程的通知》和《关于在中小学普及信息技术教育的通知》。2002年，西北师范大学设立教育技术学专业博士点。2004年，教育部颁布《中小学教师教育技术能力标准（试行）》。2010年，中共中央、国务院印发《国家中长期教育改革和发展规划纲要（2010—2020年）》，明确提出"信息技术对教育发展具有革命性影响，必须予以高度重视"。

2011年,何克抗针对流行多年的"教育技术学"专业名称改为"教育信息技术"指出,教育技术是运用各种技术来优化教育、教学过程,以提高教育、教学的效果、效率和效益的理论与实践,同时呼吁:若是用"教育信息技术"取代"教育技术学"的专业名称,誓必会改变该学科的研究对象、研究范畴与研究领域,从而改变该学科的理论体系和该学科专业的课程体系,因而将严重影响教育技术学专业的学科建设与发展。2012年,南国农在教育技术国际会议的报告中指出,教育技术学科是在现代教育思想理论与现代信息技术相融合的一种产物,但作为外来词的"教育技术",也造成了很多负面影响,导致研究领域的泛化,培养目标的模糊,强调把"教育技术学"改为"信息化教育学"。抛开教育技术学理层面的纠缠不休,更多学者秉持中立和务实的观点。人们通常认为,教育技术是人类在教育活动中所采用的一切技术手段和方法的总和,包括有形技术(物化形态)和无形技术(智能形态)。

2018年,中共中央、国务院颁布了《关于全面深化新时代教师队伍建设改革的实施意见》。2019年,国务院印发《中国教育现代化2035》。2021年,教育部等六部门发布《关于推进教育新型基础设施建设构建高质量教育支撑体系的指导意见》,涉及六大重点方向、20个任务。北京师范大学黄荣怀教授认为,传统电教是利用计算机、互联网、人工智能等技术,通过音视频手段来解决学生有没有学上,能不能获得学习的基本条件和机会的问题。未来,数字化转型将成为教育改革发展的重心,要求人们按照"需求牵引、应用为王、服务至上"的原则,深入推动全领域、全要素、全流程、全业务的数字化意识、数字化思维和数字化应用,构建智慧教育新生态。

1.2   教育技术的理论基础

1.2.1   传播学理论

传播贯穿于人类社会的各个层面,既存在于周围环境中,也与生命个体息息相关。传播学致力于阐释、预判以及在某种程度上控制人类的传播行为。"传播"(communication)一词,源自拉丁语communis,有"共同"之意。《牛津英语词典》对"传播"的定义:传播是传递或交换信息和思想的行为;传播是两个或两个以上的人之间发送、接收和交换信息的过程。

按照传播的语言载体形式,传播可分为言语传播和非言语传播。言语传播是指通过使用言语或口头词语来交换思想或信息,涵盖面对面、电话、网络等多种传播形式,被称为口头传播或书面传播。通过面部表情、手势、姿势、动作以及声调,甚至是嗅觉和触觉等方式、不使用语言的交流被称为非言语传播。在非言语传播中,通过外观、周围环境、肢体语言等进行交流,是人类传播活动的必要组成部分。

传播的特性在于交换信息、分享思想、表达观念和支配行为。传播理论是研究人类信息处理、交流的过程,探讨信息传递的原理和方法的一门科学。随着大众媒体的兴起,传播学理论研究逐渐受到重视,并孕育了不同的学派及观点。传播模式主要分为线性模式、控制论模式和社会系统模式。

(1)线性模式。在公元前4世纪,亚里士多德提出了传播的五个要素——说话者、演讲内容、听众、效果及场合,并记录于《修辞学》一书,被认为是最早的传播模式。在线性模式中,近代较有代表性的是拉斯韦尔(Harold Lasswell,1902—1978)的5W传播模式(见

图 1.1)、香农-韦弗模式等。

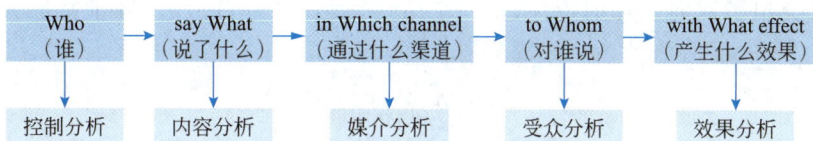

Who（谁）	say What（说了什么）	in Which channel（通过什么渠道）	to Whom（对谁说）	with What effect（产生什么效果）
控制分析	内容分析	媒介分析	受众分析	效果分析

图 1.1　拉斯韦尔的 5W 传播模式

　　拉斯韦尔是一位长期关注政治问题的社会活动家,同时也是传播学研究学者,他在 1948 年发表的《传播在社会中的结构和功能》一文中有一句流传甚广的名言:"谁、说了什么、通过什么渠道、对谁说、产生什么效果。"由此奠定了传播学研究的五大研究内容,即控制分析、内容分析、媒介分析、受众分析和效果分析,并长期影响美国的传播学研究方向。从正面意义上说,拉斯韦尔首次科学、详细地分析了传播的过程,界定了传播学的研究范畴,指明了整体考察和分类研究的方法论。不足之处在于,拉斯韦尔的 5W 传播模式仍是一种简单的线性方式,孤立地看待传播要素之间的联系,忽略了传播过程的社会文化背景,过高估计了大众传播媒体的效果,没有察觉到信息内容在传播过程中可能发生的变异或扭曲,也没有认识到受众群体在传播链条中的主动意识和反馈作用。

　　1949 年,信息论的创始人、数学家克劳德·香农(Claude Shannon)同 W. 韦弗(W. Weaver)在《传播的数学理论》(*Mathematical Theory of Communication*)一文中提出了一个过程模式,并称其为"传播过程的数学模式"或香农-韦弗模式。该模式将传播过程分成五个环节,并用图解的形式表示出来,用以解释信息在人群中常见的传播过程(见图 1.2)。与以往的传播模式相比,香农-韦弗模式借鉴了通信传输的技术特性,将其巧妙地迁移到传播过程中,前所未有地引入了"噪声"的概念,使在解释传播过程时更加科学,更加贴合社会实际,极大丰富了人们对传播过程的研究。

信源	—信息→	发射器	—信号→	信道	接收到的信号→	接收器	—信息→	信宿

噪声

图 1.2　香农-韦弗模式

　　客观来讲,香农-韦弗模式对传播过程的描述,比拉斯韦尔的 5W 传播模式更加细致,特别是创造性地引入了"噪声"的概念。同时,香农-韦弗模式把有用的"信息"(内容)编码为"信号"后发射出去,再把"接收到的信号"解码为"信息"(内容)进行接收,这直接令人们意识到,信息传播过程应充分重视对传者和受众的分析,是实现有效传播的重要依据。这一传播模式的缺陷在于,它仍停留在线性传播层面,缺乏必要的反馈机制,无法了解信息传递的有效程度和真正价值。同时,这一传播模式过于抽象,与人际传播中的信息内容、社会环境和实际效果存在隔阂,因此并不适用于分析复杂条件下的传播现象和传播规律。

　　(2) 控制论模式。控制论模式又称大众传播双循环模式,由美国社会学家 M. L. 德弗勒(M. L. Defleur)于 20 世纪 50 年代末提出。在这一传播模式中,受传者既是信息的接收者,也是信息的传送者,噪声可以出现在传播过程中的各个环节(见图 1.3)。德弗勒还引入了一个电子工程学领域的名词"反馈",指代传播过程中受众对接收到的信息做出的反应。此模式突出了双向循环的特性,是一个结构完整、逻辑自洽、内容丰富的大众媒体传播模式。

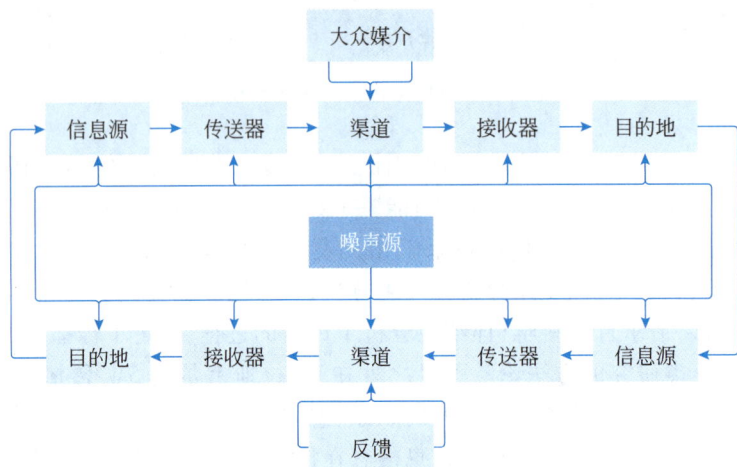

图 1.3　德弗勒双向传播模式

在传播学研究的历史进程中,控制论模式突破了线性模式单向维度的限制,提出了双向循环模式,因此更加接近现实生活中的信息传播过程,这无疑是一种进步。不过,控制论模式也并非完美无缺,它容易使人们相信各个传播要素之间存在环环紧扣的关系,彼此之间在功能、作用、地位等方面都是对等的,然而实际情况并非如此。在大众传播领域,保罗·拉扎斯菲尔德(Paul Lazarsfeld)等于 20 世纪 40 年代在《人民的选择》(*The People's Choice*)一书中提出过"两级传播"的理论假说,即大众传播的信息不是直接流向一般受众,而是要经过"意见领袖"这一中介。显然,控制论模式更加适合解释人际传播的特定现象及其规律,并不完全适用于解释大众传播过程。

(3) 社会系统模式。一般来说,传播的类型可分为自我传播、人际传播、组织传播和大众传播。其中,大众传播是最高级的传播形式,涉及各种复杂的社会性因素,具有巨大的社会影响力。不管是哪种类型的传播活动,都是在一定的社会信息系统中进行的,因而传播的系统性是普遍存在的。所谓传播的社会系统模式,是从中观、宏观的角度出发,考察社会这个系统的种种传播现象及其运行规律。社会系统模式中具有代表性的是赖利夫妇的传播系统模式和马莱茨克大众传播场模式。

① 赖利夫妇的传播系统模式。该模式由美国社会学家 J. W. 赖利(J. W. Reilly)和 M. W. 赖利(M. W. Reilly)夫妇提出。任何一种传播活动都离不开外部系统的活动,而多重结构是社会传播系统的本质特点。单个传播者或受传者组成个体系统,个体系统之间形成人际传播;个体系统从属于不同的群体或组织,多个群体和组织之间形成群体和组织传播;群体和组织传播又是在更大的社会结构和社会系统中进行的,与总体社会系统的政治、经济、文化和意识形态等的大环境保持着相互作用(见图 1.4)。因此,赖利夫妇的传播系统模式实际上是人类社会现实的一个缩影。

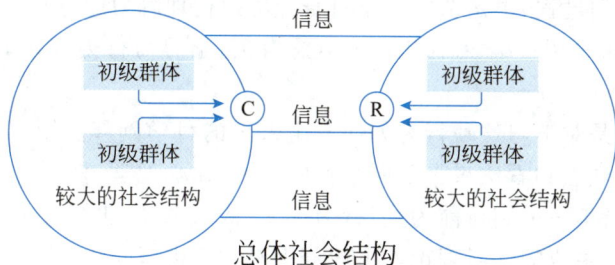

图 1.4　赖利夫妇的传播系统模式

赖利夫妇的传播模式,很早就将传播过程与社会结构相联系,将传播过程置于外部社会环境中进行考察,并按初级群体、较大的社会结构、总体社会结构等进行层次划分,解决了传播所依赖的外部条件问题。从整体上看,这种模式符合常识,但略显简单,确立了社会传播学研究的基本框架。

② 马莱茨克大众传播场模式。1963 年,德国学者格哈德·马莱茨克(Gerhard Maletzke)在《大众传播心理学》(*Psychology of the Communication of Masses*)一书中提出了一种社会传播结构,并对各因素展开了详尽介绍。他借鉴了现代物理学中"场"的概念,将这一传播结构引申为"大众传播场"并提出:无论是传播者还是接收者的行为,都是在一定的"社会场"中进行的,而在与社会的互动中显示其传播的性质和作用(见图 1.5)。

图 1.5　马莱茨克大众传播场模式

马莱茨克在以往传播系统模式的基础上,充分考虑大众传播过程的复杂性,对影响传播过程的各个因素进行细化,例如,影响接收者的因素有自我印象、人格结构、群体因素、社会环境、信息内容的效果或影响、来自媒介的约束力等社会心理学因素。与此相似,影响传播者的因素也有很多,大致分为个人层面、组织层面和社会层面。总体而言,马莱茨克强调了双向互动的重要性,糅合了以往模式的优势,并加入了影响传播过程的各种因素,使人们对传播过程的认识更加直观、深刻和全面。

1.2.2　学习理论

学习是在体验或实践的过程中行为改变的结果。它意味着知识或技能的获得,是行为塑造、控制或者改变的过程,也是个体基于自身经历建构理解力的过程。学习既意味着一个过程,同时也是成果的产出。学习与想法或概念有关,学习与行为或技能相联系,学习也指涉态度或者价值观。

所谓学习理论,是对学习这一行为如何发生做出的科学阐释。学习理论的形成需要一个长期的过程,很多观点和看法来自不同学科的发展,如心理学、哲学、社会学、人类学、进化生物学、语言学、神经学……到目前为止,行为主义、认知主义、建构主义等学派的影响较大,是当前教育教学中最主流的学习理论。下面分别对它们进行介绍。

(1) **行为主义学习理论**。行为主义以巴甫洛夫于 19 世纪 90 年代的实验室工作为基础,他通过狗分泌唾液的实验,得出了"非条件刺激和反应被条件刺激操纵,从而产生条件反射"的结论,并因此获得 1904 年的诺贝尔生理学或医学奖。这一观点后来被称为"经典条件反射"理论,被看作是行为主义的生理学基础。

桑代克从动物心理学的研究中受到启发,他认为,学习的基础是感觉印象与反应之间的联合;学习的过程完全是盲目的或不断尝试错误的过程;这种联结是直接作用的,不需要其他媒介的参与。这些观点被称为联结主义。桑代克在 1931 年出版的《人类的学习》(*Human Learning*)中进一步阐述了他对学习的理解:学习的本质是在情境和反应之间形成联结;学习的过程是不断尝试错误以形成联结的过程;准备律、练习律和效果律为学习的主要规律。

20 世纪 50 年代,美国心理学家 B. F. 斯金纳通过实验研究,提出了"操作性条件反射"理论。这是一种基于行为的奖惩系统的条件反射。在此基础上,他发明了"程序教学机",按照预先设置好的程序,尝试借助计算机促进学生学习行为的发生。在此后的研究中,他不断丰富"程序教学法"所应遵循的基本原则,例如重视教学内容的小跨度、积极反应、实时反馈、自定步调、低错误率等。他本人提出的正强化、负强化、惩罚等重要概念应用于行为矫治、计算机辅助教学等领域,产生了深远的社会反响。

行为主义强调,学习是在一定条件下形成刺激与反应的联系,从而获得新经验的过程,因此被称为联结主义学派。语言是一种行为,外界环境是语言习得的关键所在;任何知识的获取都直接源于直接经验;学习动机来自对外界刺激的反应,行为的发生意味着学习结果。行为主义旗帜鲜明地反对研究人的意识,而主张研究人的行为,提倡科学实验下的客观研究。令人遗憾的是,行为主义只能解释简单、机械的学习,而无法解释人类复杂的认知学习,甚至把学习过程看作是盲目的、被动的过程,抹杀了学习者的主观能动作用。

(2) **认知主义学习理论**。认知主义源自格式塔心理学——也被译作完形心理学或整体心理学。它认为学习是人们通过感觉、知觉得到的,经由人脑的主观组织而实现,依靠顿悟、冥想而形成。认知主义中最典型的流派是信息加工理论。1968 年,阿特金森(Atkinson)和希夫林(Shiffrin)提出了"记忆的多重存储模型",被称作"三级记忆模型"(见图 1.6)。该模型把记忆看作一个系统,按照信息在系统内储存的时间可以划分为三个不同的子系统:瞬时记忆、短时记忆和长时记忆。信息加工理论认为,学习就是在记忆中对信息进行编码,如何通过记忆系统检索和存储信息是学习的关键。反复练习(复述)或对信息持续使用(提取),将有助于长时记忆的发生,也就是巩固学习的结果。

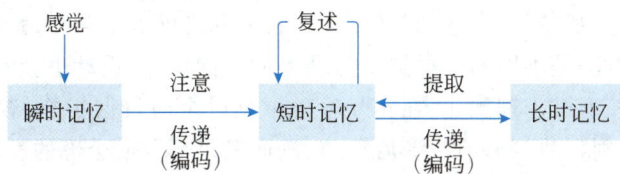

图 1.6 阿特金森和希夫林的"三级记忆模型"

促进记忆的学习观点,对于教育技术学的发展影响很大,提出了一系列有益的学习建议,如设计结构化的提示信息、引发学生的注意、增强信息可视化、增加实践环节、搭脚手架等。此外,认知主义还促进了人工智能在教学中的使用,加强动手、练习和实践环节的作用等。

此外,美国教育心理学家加涅发展了认知主义,提出了信息加工理论。他认为,学习的条件有内外之分。学习的内部条件是学生具有必要的前提性智慧技能、学习动机与预期。根据对学习水平的分类,高一级智慧技能的学习必须以低一级智慧技能为基础,例如,规则学习必须以概念学习为基础,概念学习必须以辨别学习为基础等。这被称为学习的累积性原则。学习的外部条件是教学事件,与学习的内部心理加工过程相对应。教学过程中要依次完成九个教学事件,从而构建体系完整、环环紧扣的教学设计流程。九个教学事件按照层级,又可分为三部分:准备、教学与实践、评估与迁移,每个层级均包括特定的任务,要求学生掌握必要的技能(见图1.7)。

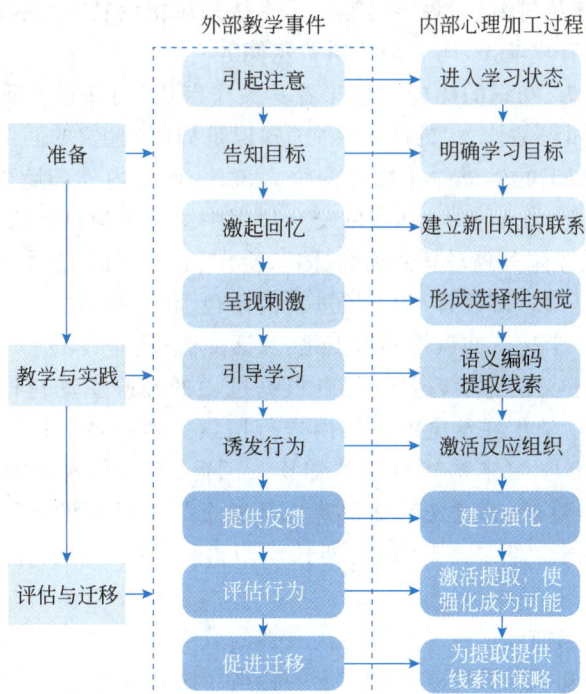

图 1.7 加涅的信息加工理论模型

加涅的信息加工理论模型,首先确定了学习的心理条件,关注的是当学习者面对刺激时发生的认知事件。加涅还提出了按照学习结果进行学习分类的独特观点。换言之,学习结果决定了学习发生的条件,在教学设计过程中必须要重视学习结果。信息加工理论认为,学习结果包括言语信息、智慧信息、认知策略、动作技能和态度五个类型,强调每种不同类型的学习所使用的教学方法是不同的。根据学习结果的不同,教学设计也会有所不同。当然,加涅的信息加工理论模型过于理想化,在实际教学中难以全面贯彻实施;教师主导的训练、实践或模拟学习活动,则可放到课前或课后环节,进而满足部分或全部的教学事件的要求。

(3)建构主义学习理论。建构主义是认知主义理论发展的新阶段。建构主义可追溯到法国语言学家索绪尔提出的语言学结构主义,后经瑞士心理学家、发生认识论创立者皮亚杰发展完善。由于个体的认知发展与学习过程密切相关,因此结构主义可以较好地说明人类学习过程的认知规律。建构主义,也称结构主义,是在认知理论的基础上逐步形成的,衍化成了信息加工的建构主义、激进建构主义、社会建构主义、社会文化认知、社会性建构论等理论分野。

信息加工理论认为,知识独立于学习者而存在,意味着对真实世界的重建,包括大量、准确的教学信息,其主要的评价方式是客观测验。学生认知风格的特点是:广度有余,深度不足。建构主义将这种特点定义为知识的"客观主义",这显示了这两种学习理论观点的大相径庭。

激进建构主义认为,学习完全就是内部心理加工的过程,是学习者深层次的意义建构,意味着每个学习者都将拥有独特的思维习惯、理解水平和应用技能,培养探索、创造和发明能力是建构主义的价值诉求,教师充当的是引导者、教练、资源提供者等角色,在考核方式上则可采用项目驱动、角色扮演、绩效导向等。学生认知风格的特点是:深度有余,广度不足。建构主义的代表人物有皮亚杰、冯·格拉斯费尔德等。

社会建构主义认为,知识的建构性意味着其关注点从"对知识本质的判断"转向"知识的发生过程",即从"知识是什么"的问题转向"知识是如何发生"的问题,其核心命题是"知识是社会的建构"。知识的生成并非纯粹的个人事件,而是内外环境交互作用的结果。个体是在社会文化背景下,在与他人、他物的交互作用中主动建构自己的见解和知识的。"互为主体"取代了主体、客体分隔对立的局面,团队协作、分工协同、合作互惠是建构主义的核心价值,教师充当的是内容讲授者、学习促进者的角色,在考核方式上可采用小组项目或任务、成员配对等形式。学生认知风格的特点是:对话交流,建立共识。

总体来说,建构主义认为学习是学习者根据过去的经验主动建构知识的过程。教师只是一个引导者,鼓励学生在给定的框架内进行探索。学习者可以与他人合作来组织自己的想法,并通过相互学习来构建自己的知识。因此,自主精神和协作意识是建构主义学习理论的两个核心要素,有意义的知识建构是整个学习过程的最终目标。建构主义学习理论推动了情境教学、探究式学习、支架式学习、随机进入教学、协作学习等新型学习方式的兴起。

情境认知理论是当前建构主义中较有代表性的分支,在由真实活动和文化组成的社会情境下获得有意义的知识与技能是其最突出的特点。该理论认为技能与知识的习得是个体的社会性参与的结果,学习发生在真实的社会情境中,而其他理论却认为学习发生在学习者内部。该理论还提出:知识存在于跨文化背景下,是对社会价值的有效参与;认知具有一定的社会属性,人的思维与社会文化密不可分;教育的目标是帮助学生融入有意义的社会环境。总之,文化决定知识,知识是文化的有效融入,学习者不断塑造文化,建构起"文化—知识—学习者"的有机联系。情境认知理论的心理建构过程如图1.8所示。

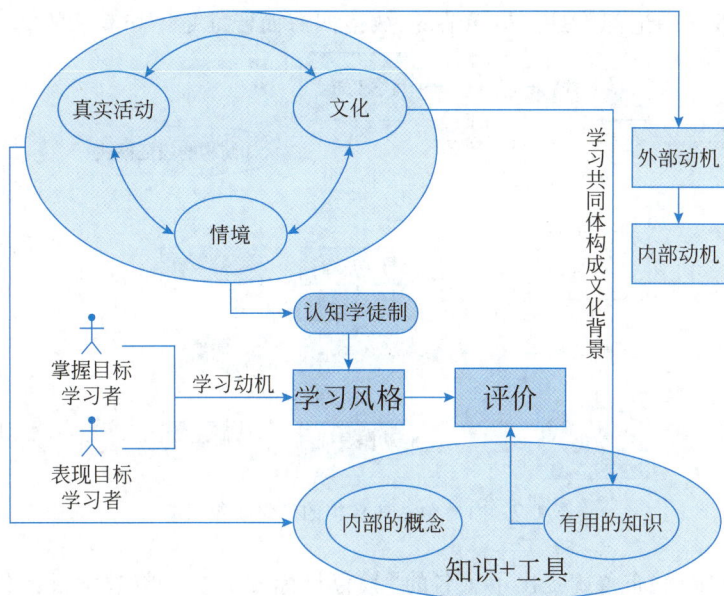

图 1.8　情境认知理论的心理建构过程

1.2.3　课程与教学论

课程与教学论"课程论""教学论""学科教学论"的总称。自 1632 年夸美纽斯的《大教学论》问世以来,人们对教学理论问题的研究未曾深入。1879 年,德国学者冯特建立第一个心理实验室,标志着科学心理学的诞生。1903 年,美国心理学家桑代克出版了《教育心理学》,开启了教育学与心理学相互融合的先河。当前,课程与教学论的研究已经与认知心理、教学设计、教育哲学等深度整合,显示出鲜明的时代特征。

20 世纪上半叶,美国教育学家杜威创立并实践了实用主义的教育哲学,积极推动民主主义教育,提出了"教育即生活""学校即社会"等思想,倡导"从做中学"。教育学家陶行知曾是杜威的学生,结合当时乡村教育改造的现实需要,提出了"生活即教育""社会即学校""教学做合一"三大主张,推动了我国民主教育的进程。

20 世纪 50 年代,苏联第一颗人造卫星上天,对美国科技和教育界造成极大震撼。美国在痛感美国科学教育已经落后的社会呼声中,教育心理专家布鲁纳被推上历史舞台,主导了第二次世界大战后美国最大规模的课程改革运动,围绕科学课程的"学科结构化、知识理论化和发现教学法"改革运动得以在全美推广。布鲁纳认为:知识学习要以掌握学科基本结构为基础,注重基本概念、原理及其相互之间的联系;按照螺旋式方法设计课程与编制教材,贴近儿童智力发展的进程和特点;实行"发现教学法",学生自己尝试去发现规律并得出结论;激发学生的内在兴趣和学习的内在动机,并以学生的认知结构发展为中心,提出了动作表征、映象表征和符号表征的表征模式等,如图 1.9 所示。

值得一提的是,布鲁纳主导的课程改革运动,导致了人才培养质量的严重下降。美国的学校培养出一大批空谈理论却不能实际解决问题的"差生"。从杜威倡导的"从做中学",到布鲁纳的"发现教学",历史似乎从一个极端走向另一个极端。可以说,布鲁纳的学术观点超越了时代,不仅忽略了广大一线教师的教学掌控能力,也忽视了学生多元化发展的复杂性。任何一种教学理论都不是完美无缺的,放诸四海而皆准是不切实际的。

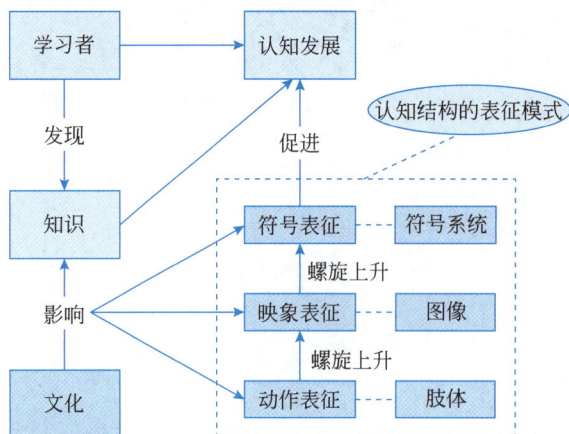

图 1.9　布鲁纳认知结构的三种表征模式

20 世纪 50 年代,布鲁姆提出了著名的"教育目标分类法",将教学目标分为认知、情感和动作技能三大领域,其中认知目标分类影响最大。具体来说,认知目标分为识记、领会、应用、分析、评价和创造六个层次,并依据从简单到复杂的顺序排列,成为美国学校课程设置的主要依据(见图 1.10)。布鲁姆认为,只要给予足够的时间和适当的教学,几乎所有学生对几乎所有学习内容都可以达到掌握的程度。这成为掌握教学理论的出发点。由于不同学生的认知结构在数量和质量上存在着差异,布鲁姆主张教师在学习的不同阶段,对学生进行诊断性评价,及时了解学生对教学目标的掌握程度,准确辨别学生需要帮助的程度。

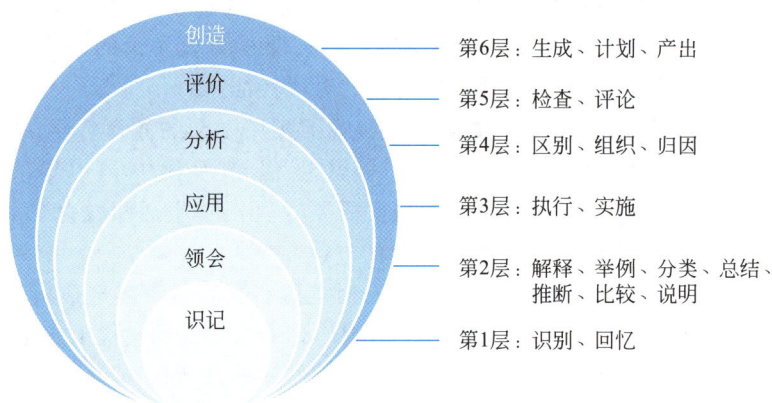

图 1.10　布鲁姆的教学目标分类法

注:2001 年修订。

在布鲁姆之后,美国教育心理学家奥苏贝尔提出了认知结构同化理论。他认为,影响学习的最重要因素是学生已有的认知结构,其结果是新旧知识意义的同化,并划分了三种同化模式:下位学习、上位学习和并列结合学习,提出了先行组织者的教学策略,有意义学习的实质、条件和类型,以及成就动机的三种内驱力:认知的驱动力、自我提高的内驱力、附属的内驱力。不过,奥苏贝尔的认识结构理论是思辨的产物,缺少科学实验证据的有力支持。另外,他对学习迁移的研究只注重具体知识的迁移,而忽略了学习方法和学习策略的迁移。实践证明,后者比前者更为普遍,意义更大。

20世纪70年代,苏联教育学家赞科夫的发展性教学理论传入我国,引起了我国教育界人士的极大关注。这一理论运用了他的导师、著名心理学家维果茨基的"最近发展区"理论,即只有当教学走在发展前面时,教学才有好的结果。通过长期广泛的教学实验,赞科夫提出了"以高难度进行教学、以高速度进行教学、理论知识起指导作用、使学生理解学习过程、使全体学生都得到一般发展"五条教学原则。

1982年,我国翻译出版了苏联教育家巴班斯基的《教学过程最优化》一书,引发了国内教育界的研究热潮。巴班斯基提出,教学过程的最优化是指在一定的教学条件下寻求合理的教学方案,使教师和学生花最少的时间和精力获得最好的教学效果,使学生获得最好的发展。巴班斯基以"最优化教学"为目标,围绕"规定教学任务、确定教学内容、优选教学方法和手段、选择教学速度和分析教学结果"教学过程的五个阶段,分别提出了教和学的最优化方法,推进了中国教育现代化的进程。

1.3 教育技术的学科定位与发展方向

自1991年我国启动本科专业名单备案制度以来,唯一一个电化教育专业是河北师范大学设立的。1993年沈阳师范学院、哈尔滨师范大学、浙江师范大学等6所院校设立了教育技术学专业,教育技术学专业得以正式命名。在30年的时间里,教育技术学专业不断发展壮大,2000—2003年的4年时间里,教育技术专业备案总数量达121所,实现了突飞猛进的迅速扩张。根据统计,30年的时间里,开设教育技术学专业的院校总数超过220所。2012年之后,由于各种各样的原因,部分院校的教育技术学专业被撤销(见图1.11)。

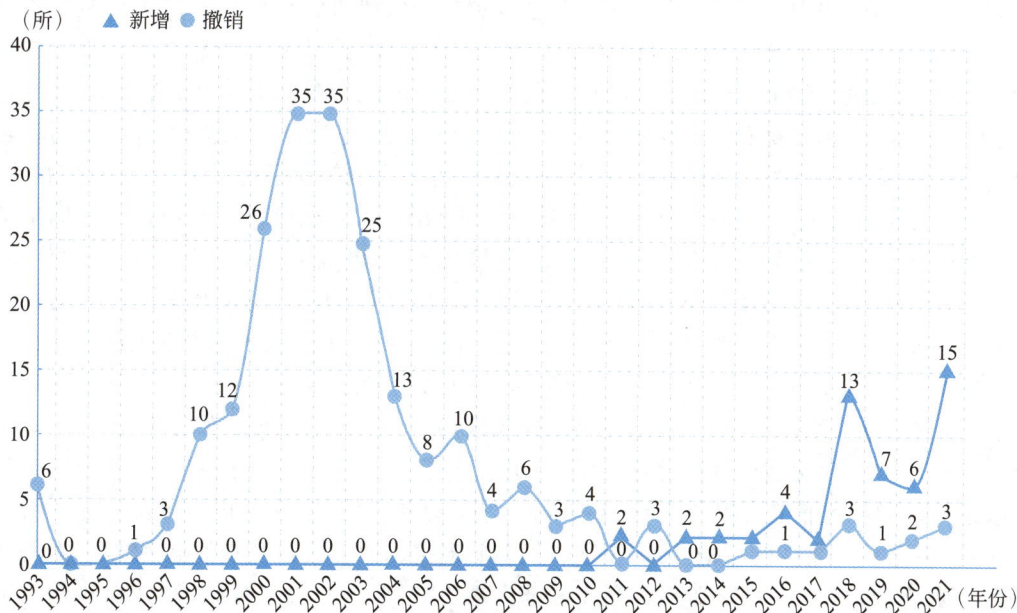

图 1.11 1993—2021 年教育技术学专业新增和撤销情况

2003年,一篇"目睹教育技术学十年之十大怪状"的文章在网上引发热议,尖锐地指出该学科存在的问题:学科定义,全盘西化;研究领域,严重泛化;理论功底,薄弱西化;桥梁学科,水土不服;理论与应用,盲目推崇等。可以说,质疑教育技术的声音一直存在,主要矛盾点在于人才培养和社会需求之间的不匹配。众所周知,教育技术学本科毕业生主要的就业出口还是各级各类学校,从事专门的信息化教学工作,但是岗位数量往往偏少又特别容易饱和,加上"一窝蜂"似的新增专业,以及计算机、数字媒体等相关专业毕业生的竞争,教育技术学专业毕业生就业率不高是必然的。对本科生而言,教育技术体系中理论知识偏多是事实,动手能力不强也是事实,需要结合自身特点有所为,有所不为。随着信息化教学、混合式学习、智慧教育等新教育形态的升级变迁,教师教育技术能力成为一种普遍的要求,能否变成专家型的信息技术教师或技术服务人员,平衡好理论研究与技术实践之间的轻重关系,将是摆在教育技术学专业师生面前的一道难题。

在我国,教育技术学专业在发展的过程中,已经形成了本科、研究生(硕士、博士)的完整层级。学习能力强、理论功底硬的学生可以更上层楼,追求学术理想和高阶发展。以北京师范大学的教育技术学本科专业为例,其专业定位是培养学生掌握现代信息技术和系统,利用各种技术与资源促进学生学习,使其在各级各类教育部门、事业单位、国家机关从事信息技术与教育应用的设计、开发、应用、评价、管理、培训和学科教学等工作。教育技术学专业的主要课程包括:教育技术学、数据结构、计算机程序设计、教学系统设计、远程教育原理、课程开发、媒体理论与实践、学习科学概论、教育测量与教学评价、多媒体与网络教学资源的设计与开发、网络教育应用等。可见,这是一种传统的教学设计师与教学辅助者的人才定位,师范教育的色彩浓厚,工程技术的底蕴不足。

教育技术学专业在综合类、理工类大学也有一定数量的分布,一般对应教育学或理学学士学位。令人唏嘘的是,中北大学、重庆三峡学院、西安工程大学、吉首大学、西藏大学、湖北工程学院、西南民族大学、燕山大学、盐城师范学院、安徽师范大学皖江学院等还曾授予教育技术学专业的毕业生工学学位,但这些专业已被撤销。撤销的根本原因在于,专业的工程技术含量不高,人才培养定位失当,缺乏高水平的师资等。不过,仍有不少理工类大学坚持设立教育技术学专业,且办学效果令人称道。以南京邮电大学的教育技术学专业为例,该专业是国家一流本科专业,授予毕业生理学学士学位,专业课程由三大类构成:教育技术与学习科学类、计算机与网络类、新媒体设计与开发类。该专业要求学生通过学习,掌握教育媒体、教学设计、学习科学等基本理论知识,掌握教育人工智能、大数据处理、计算机编程、网络通信、新媒体等与教育教学密切相关的现代信息技术技能,从事数字化教育资源、教育软件、移动学习与在线教育平台、教育游戏设计与开发等相关工作。可见,南京邮电大学将通信技术、信息技术等学科优势向教育学科延伸,形成了邮电类高校教育技术学专业的办学特色。

在研究生办学层面上,透过教育技术学硕士研究生招生目录,可以一窥专业未来发展的情况。西北师范大学设置五个方向,分别是现代教育技术原理、信息技术与教育应用、教学设计与绩效技术、现代远程教育、数字教学资源与环境。江南大学设置四个方向,分别是信息化教育基本理论、信息化教学设计、数字化学习资源与环境、学习分析与评价。这两所学校的专业方向具有高度的相似性,侧重于学科基础理论的研究。以北京师范大学、华东师范大学为例,下设四个方向,分别是教育技术基本理论、教学设计与绩效技术、知识科学与工程、教育信息工程。华南师范大学则设置五个方向,分别是教育技术学基本理论、信息技术教育应用、大数据与人工智能教育应用、智慧教育应用、数字媒体设计与现代远程教育。这3所学校的教育技术,更注重先进技术的教育应用,如人工智能、知识工程、软件工程、大数据等,体现出计算机科学与教育应用的融合趋势。此外,游戏化学习、STEAM跨学科课程、虚拟现实教育等都是不错的发展方向,代表着全新的生长点和可能性。

思考题

1. AECT对教育技术的定义主要有几种? 简述其主要观点。
2. 结合自己的认识,谈谈"教育技术学"专业是否有改名的必要。
3. 学习理论的三个发展阶段是什么? 简述其主要观点。
4. 阐述布鲁姆"教学目标分类法"的主要贡献和当代启示。
5. 结合自身专业背景,谈谈教育技术学在师范教育类专业中的应用价值。
6. 教育技术学应如何兼顾教育理论研究和技术实践之间的关系。

第2章 教育信息化与教学系统设计

本章教学目标

（1）了解我国计算机辅助教学发展的主要阶段。

（2）了解信息化校园、数字化校园、教育信息化等概念之间的联系。

（3）理解信息化教育的基本特征。

（4）掌握 TPACK 的基本框架与主要观点。

（5）掌握教学系统设计的一般过程。

2.1 计算机辅助教学与教育信息化

2.1.1 计算机辅助教学的产生与发展

人类社会经历了 5 次信息技术革命,分别是语言的使用、文字的创造、造纸和印刷术的发明、电报与电话等现代通信技术的发明和普及、电子计算机的发明和现代应用。以 1946 年第一台电子计算机"埃尼亚克"的诞生为起点,继蒸汽机发明、电气化革命之后的第三次科技革命拉开序幕。计算机技术的发展为计算机进入课堂教学环节提供了物质基础,而信息社会的来临也要求传统教育做出变革。

（1）研究试验阶段（20 世纪 50 年代末—70 年代末）。20 世纪 50 年代,斯金纳将锡德尼·普雷西（Sidney Pressey）的自动教学机器思想变成现实。不过,斯金纳设计的直线式程序,是一种简单的构答反应,回答正确会进入下一个提问环节,回答错误则程序直接给出正确答案。后来,美国科学家诺曼·A.克劳德（Norman A. Crowder）基于训练军事人员的需要,改进设计出可变（分支）程序模式,主张在问题后面列举若干答案,再由学生选择;在反馈环节,通过设计提示,进一步补充详细知识。一种新的程序教学模式被提出,它将直线式程序和分支式程序结合在一起,一方面弥补了直线式程序缺乏分支的缺陷,另一方面打破了分支式程序必须回到原点的限制,从而能够即时转向学习主线的下一个问题,优化了条件判断、学习步调和心理机制。

1966 年 3 月,IBM 公司推出了 IBM 1500 教学系统,以 IBM 1130 或 IBM 1800 计算机为基础,支持多达 32 个学生工作站,每个工作站都具有完备的视听功能,旨在对 32 名学生进行单独的程序教学,即计算机辅助教学。20 世纪 60 年代末,美国伊利诺斯大学与 Control Data 公司合作开发了世界上第一套计算机辅助教育系统 PLATO（programmed logic for automatic teaching operations）。它具有庞大的课程程序库,可同时开设数百门远程课程,记录下每一位学生的学习进度。1972 年,美国得克萨斯大学、杨伯翰大学、MITRE 公司合作研制了一个中型计算机辅助教育系统 TICCITs（time-shared interactive computer-controlled instructional television system）。该系统以个人计算机和电视技术为基础,用于教授大一学生的数学和英语课程。1967 年,斯坦福大学与 IBM 公司展开合作,基于 IBM 360-65、IBM 1800、IBM 2701 等的计算机基础设施最终被命名为 ITSS(information technology systems and services),为数理逻辑、外语、哲学、高等数学、音乐理论等课程的教学工作提供了支持。

（2）普及应用阶段（20 世纪 70 年代末—80 年代末）。20 世纪 80 年代,微型计算机开始广泛应用于社会生活的各个层面。10 年间,美国学校购置的微型计算机数量超过 200 万台,拥有计算机的学校数量则从大约 25%猛涨到近乎 100%,超过一半的州开始要求新进教师上岗前必须接受计算机培训。同时,各式各样的教育软件被开发出来用以支持学习。这一时期,学者们围绕着基于计算机辅助教育（computer based education,CBE）、计算机支持的教学（computer based instruction,CBI）、计算机辅助教学、计算机管理教学（computer managed instruction,CMI）、计算机强化教学（computer enhanced instruction,CEI）等提法展开激烈讨论,并在一定程度上达成了共识。下面分别介绍它们的特点。

① 计算机辅助教育、计算机支持的教学是涵盖范围最广泛的词,它们既可以指独立的计算机知识或技能的学习活动,也可以指通过计算机丰富、完善教学材料的相关行为。

② 计算机辅助教学是一个范围较窄的术语,通常指的是训练和实践、演练或模拟活动,独立发挥作用或作为传统的教师指导的补充。

③ 计算机管理教学既可以指学校教职工使用计算机来收集学生数据并做出教学决策,也可以指使用计算机来评估学生的学习成绩,指导学生选择并利用适当的教学资源,以及记录学生的学习进度的活动。

④ 计算机强化教学是一种发挥计算机能动性的教学活动,它可以记录学生学习的相关数据,运行学生开发的程序,在非结构性知识体系中给予学生以帮助或提示。

20 世纪 80 年代,计算机应用丁教育成为一种世界潮流,涌现了大量计算机辅助教学课件和实践案例。此时的人工智能技术发展迅速,并与计算机辅助教学相结合。最具代表性的是 LOGO 语言的发明和智能教学系统（intelligent tutoring systems）的出现。LOGO 语言使用机器人"海龟"和"海龟图形"技术向学生介绍几何世界,让学生能够通过直接编程而不是间接的指令进行学习,开辟了课堂之外的全新学习环境。智能教学系统则更接近传统的课堂教学,采取让计算机充当导师、教练、助手等不同模式,使学生通过系统讲授内容的方式进行学习。智能教学系统,连同后来出现的知识型教学系统、适应性教学系统、知识传播系统等不同叫法,均属于智能计算机辅助教学（intelligent computer assisted instruction,ICAI）的范畴。

（3）综合发展阶段（20 世纪 80 年代末—21 世纪初）。20 世纪 80 年代中后期,数字化和网络化传播的态势开始显现,万维网、电子邮件、BBS 等网络应用开始流行起来。

1989 年,美国凤凰城大学推出了网上教学计划,成为美国第一个提供网络教学的大学。20 世纪 90 年代初,欧洲一些国家建立了几所只提供在线课程的学校,通过充分利用互联网,帮助那些以前由于地域限制或时间限制而无法进入大学学习的人完成学业。20 世纪 90 年代后,随着微软公司的 Windows 视窗操作系统经历 3.1、95、98 等版本的迭代升级,奔腾处理器、个人计算机、网页浏览器等新事物迅速普及,超文本、超链接、多媒体等新名词对大众认知的重塑,教育界迎来了一场空前规模的革命。这一时期,在线学习主要有两种形式:计算机辅助培训和计算机辅助学习。计算机辅助培训关注学生与计算机系统之间的交互行为,计算机辅助学习则关注微观世界的呈现、模拟仿真的过程等学习方式。随着教育软件的大规模开发和使用,CAI 所取得的关注度和认知度远远超越了以往任何时候。与此同时,网络远程教育在一些发达国家率先出现,"数字鸿沟"的问题开始引起人们的讨论。

1999 年,电子化学习(E-learning)的概念首次被提出。2000 年,美国政府的高级分布式学习(advanled distributed learning,ADL)项目提出了共享内容对象参考模型(SCORM),目前较为通用的版本是 SCORM 2004 第 4 版。以 SCROM、xAPI 等为代表的在线学习标准的发布,解决了网络学习平台间的数据规格不统一、教材内容无法重复使用等问题。大量企业开始使用电子化学习来培训员工。新老员工均借此机会提升行业知识,增强专业技能。在居家环境下,普通人也可以参加课程,获得在线学位,扩展知识并充实生活。同时,计算机技术与传统课堂教学的结合,日益体现在软件使用、课件开发和资源利用上,活跃着 Authorware、Director、方正奥斯、几何画板等一大批教育软件。此后,学习管理系统(LMS)、内容管理系统(CMS)、开放教育资源(OERs)等 Web 2.0 新技术不断跃迁,计算机辅助教学(CAI)逐渐淡出人们的视野,进入了网络课程、精品课程、微课、MOOCs 等共生共享的新时代。

2.1.2 信息化校园、数字化校园和教育城域网

1984 年,邓小平同志在上海视察中国福利会少年宫儿童计算机活动时,提出"计算机的普及要从娃娃抓起",这句话成为我国计算机教育发展的一个里程碑,不仅确立了中小学计算机课程的重要地位,而且推动了计算机教学从试验走向大范围推广。

1990 年,美国克莱蒙特研究生大学的凯尼斯·格林(Kenneth C. Green)教授发起了一项名为"信息化校园计划"(the campus computing project)的科研项目。1994—2019 年,项目组织方共发布专题报告 25 份,将定量研究和定性分析相结合,以大学校长、教务长和教师为数据采集对象,深度调查了美国高校信息化发展的基本情况。迄今为止,这也是美国国内持续时间最长、覆盖范围最广的教育信息化调研活动。

1993 年 9 月,时任美国总统克林顿发表了《国家信息基础设施(NII)行动动议》,并在其中形象地称该行动动议为信息高速公路计划,目的是在全国范围内建立高速计算机通信网络,促进政府、企业、学校、研究机构、图书馆以及家庭的信息联通和信息共享,为学校提供计算机辅助教学等。1998 年,时任美国副总统戈尔提出"数字地球"的倡议,将数字地球看成是"对地球的三维、多分辨率表示,能够放入大量的地理数据"。尽管这只是一种大概的轮廓设想和粗略描述,却列举了建立数字地球所需要的各种关键技术,指出了数字地球无比广阔的应用前景。在这一概念的启发之下,数字城市、数字校园等新提法开始涌现。

1994 年,中国教育和科研计算机网(CERNET)开始投入建设,这是我国第一个互联主干网。1998 年 6 月,江泽民总书记指出:"当今世界,以信息技术为主要标志的科技进步日新月异,高科技成果向现实生产力的转化越来越快,初见端倪的知识经济预示人类的经济社会生活将发生新的巨大变化。"1998 年,全国中小学计算机教育研究中心的有关研究人员借鉴西方国家的提法,第一次提出了"计算机与各学科课程整合"的概念。1999 年年初,教育部印发《面向 21 世纪教育振兴计划》,提出实施现代远程教育工程,试图利用网络通信等技术实现优秀教育资源的共享,构筑具有中国特色的终身教育体系。

1999 年 9 月,蔡立德在《建设数字化的校园》一文中首次提出"数字化校园"理念。2000 年

6月,万新恒主编的《信息化校园:大学的革命》由北京大学出版社出版,对信息化校园的概念、内涵与外延、功能、社会影响等问题进行了综合性、较为深入的理论探讨。2000年10月,教育部召开"全国中小学信息技术教育工作会议",颁布了《中小学信息技术课程指导纲要(试行)》《关于中小学普及信息技术教育的通知》和《关于在中小学实施"校校通"工程的通知》等重要的指导性文件,明确提出要"培养学生良好的信息素养";从2001年开始,用5~10年时间,在全国中小学(包括中等职业技术学校)普及信息技术教育,并将信息技术课程列为中小学必修课。从此,"中小学计算机教育"的名称正式改成了"中小学信息技术教育"。

2001年5月,教育部下发《关于中小学校园网建设的指导意见》,教育局域网(或城域网)的建设被提上日程。2001年6月,教育部在《基础教育课程改革纲要(试行)》中指出:"大力推进信息技术在教学过程中的普遍应用,促进信息技术与学科课程的整合,逐步实现教学内容的呈现方式、学生的学习方式、教师的教学方式和师生互动方式的变革,充分发挥信息技术的优势,为学生的学习和发展提供丰富多彩的教育环境和有力的学习工具。"从此,信息技术与学科课程整合的问题开始受到学界关注,并成为学校教育信息化工作中的一项重要内容,引发了学科课程的深入改革和全面探索。在国内,Intel未来教育、Apple明日教室等是这一时期较为典型的实践案例。

2.1.3 教育信息化、精品课程和智慧教育

2007年1月,教育部、财政部发布了《关于实施"高等学校本科教学教学质量与教学改革工程"的意见》,提出:推进国家精品课程建设,遴选3000门左右课程,进行重点改革和建设;启动"万种新教材建设项目",加强新教材和立体化教材建设;积极推进网络教育资源开发和共享平台建设,建设面向全国高校的精品课程和立体化教材的数字化资源中心,建成一批具有示范作用和服务功能的数字化学习中心。

2010年,美国发布了"变革美国教育:以技术增强学习"的《国家教育技术规划》,推动学习方式、评估方式和教学方式变革,以巩固和保持美国在全球的教育优势。日本发布了《教育信息化指南》,从学习、使用、提高教师指导能力等九个方面推进信息化运用。我国印发了《国家中长期教育改革和发展规划纲要(2010—2020年)》,首次将教育信息化上升为国家战略,包括加快教育信息基础设施建设、加强优质教育资源开发与应用、构建国家教育管理信息系统等。

2011年,《美国创新战略》中提出"交通基础设施是工业经济竞争优势的一个主要来源,而数字基础设施是知识经济竞争优势的主要来源",实施"网络学习改造计划",以实现"教育技术的飞跃"。韩国推出"智慧教育战略",投资20亿美元开发电子教科书,进行教师再培训,建立云网络,宣布到2015年所有学校的纸质课本将被电子教科书取代。

2012年3月,教育部正式颁布《教育信息化十年发展规划(2011—2020年)》,启动了"三通两平台"的建设工作,即宽带网络校校通、优质资源班班通、网络学习空间人人通,建设教育资源公共服务平台、教育管理公共服务平台;力争实现四个新突破,即教育信息化基础设施建设新突破、优质数字教育资源共建共享新突破、信息技术与教育教学深度融合新突破、教育信息化科学发展机制的新突破。2012年、2015年,教育部组织召开了第一次、第二次全国教育信息化工作电视电话会议。2017年以后,全国教育信息化工作升格为一年一度,在总结经验的基础上系统谋划教育信息化发展举措。

2018 年,教育部印发的《教育信息化 2.0 行动计划》明确提出,到 2022 年基本实现"三全两高一大"的发展目标,即教学应用覆盖全体教师、学习应用覆盖全体适龄学生、数字校园建设覆盖全体学校,信息化应用水平和师生信息素养普遍提高,建成"互联网+教育"大平台,推动从教育专用资源向教育大资源转变、从提升师生信息技术应用能力向全面提升其信息素养转变、从融合应用向创新发展转变,努力构建"互联网+"条件下的人才培养新模式,发展基于互联网的教育服务新模式,探索信息时代教育治理新模式。

2019 年年初,教育部发布《关于"智慧教育示范区"建设项目推荐遴选工作的通知》,重点提出:以课程和实践为核心建构师生信息素养全面提升的途径和机制;探索新型教学模式以推动信息技术与教育教学实践的深度融合;依托学习过程数据提高学生综合素质评价的精准性;构建数据互联融通的个性化教学支持服务环境;采用协同创新机制提升区域教育资源供给服务能力;利用人工智能和大数据等新技术提升现代教育治理能力。

2019 年 2 月,中共中央、国务院制定了《中国教育现代化 2035》,明确提出加快信息化时代教育变革,对教育信息化发展做出整体设计和统筹部署。此后,教育部制定了《关于推进教育新型基础设施建设构建高质量教育支撑体系的指导意见》《教育信息化中长期发展规划纲要(2021—2035 年)》等政策文件,鼓励充分发挥市场机制作用,优化教育资源供给;支持信息化教育装备制造、教育软件工具研发、数字教材及资源开发、平台运营服务等供应链健康发展;强化人才科技支撑,加强教育政策、基本理论、关键核心技术等研究,科学规范引导在线教育发展,为社会提供优质教育资源;建立健全制度体系,破除制约互联网教育服务业发展的政策壁垒,构建产业与教育相互促进、协调发展的良性生态环境。

2021 年,工业和信息化部等十部门印发《5G 应用"扬帆"行动计划(2021—2023 年)》的通知,提出赋能 5G 应用重点领域,包括 5G+智慧教育:加快 5G 教学终端设备及 AR/VR 教学数字内容的研发,结合 AR/VR、全息投影等技术实现场景化交互教学,打造沉浸式课堂。推动 5G 技术对教育专网的支撑,结合具体应用场景,研究制定网络、应用、终端等在线教育关键环节技术规范。加大 5G 在智慧课堂、全息教学、校园安防、教育管理、学生综合评价等场景的推广,提升教学、管理、科研、服务等各环节的信息化能力。

2022 年,教育部发布《关于开展职业教育教师队伍能力提升行动的通知》,明确提出加强职业教育教师队伍建设,提高职教教师培养质量,健全职教教师培训体系,具体措施有:实施"职教国培"示范项目;调整国家级职业院校校长培训基地布局;打造高水平职业院校教师培训基地;严格落实职业院校教师素质提高计划;加强教师发展(培训)中心建设;推动职教教师数字化学习平台建设。

2.2 信息化教育与教学模式

当今世界,以信息通信技术(ICT)为代表的现代科技已经深入应用到社会生活的各个层面。近年来,云计算、物联网、5G、人工智能等的迅速推进,更为人们呈现了未来教育的崭新图景。计算机与网络技术的发展是教育信息化的基础条件,教育信息化的整体提升离不开理念、应用与实践的协同推进。以教育信息化工作为主导,面向教育高质量发展的现实需要,促使教学手段科技化、教育传播信息化、教学方式现代化,是信息化时代教育变革的牵引力量,也是建设教育强国、推进教育现代化的根本途径。

2.2.1 信息化教育的概念、特征和建设目标

教育信息化与信息化教育是一对既相互联系,又有着内在区别的概念。教育信息化是指在教育领域全面、系统、深入地运用现代信息技术,以实现课堂教学方式、人才培养模式和教育管理体系的全过程。教育信息化是一个动态、变化的过程,它既具有"技术"的属性,又具有"教育"的属性,其本质就是实现教育信息与知识的共享,教学技术与手段的革新,教学效果和评价的优化,教学管理和服务的高效。狭义的教育信息化主要以课堂教学为中心,一方面,体现信息技术手段的有效应用,体现技术对教育的无缝衔接和有效支撑,注重教育资源开发与利用,提高教育教学质量和效率;另一方面,教育信息化以构建信息化教学环境为宗旨,致力于提高教师、学生、管理人员的信息素养,培养适应信息社会发展的人才。简单来说,一个是"事",一个是"人",也可合为"事"在"人"为。

(1) 信息化教育的概念。所谓信息化教育,则是在现代教育思想、理论的指导下,运用现代信息技术,开发教育资源,优化教育过程,促进教育改革,培养信息素养的一种全新的教育方式。与教育信息化的侧重点不同,信息化教育是对一种理想教育形态的整体描述,它不过于注重技术实现的形式、方式,更加关注信息化教学的基本特征、要素和原则,具有可行性的实践路径、教学范式或教育模式。总之,教育信息化以技术革新、媒体创新为抓手,如多媒体、大数据、人工智能、网络通信等具体技术应用方式,其实施主体是教育主管部门、管理者及技术人员。信息化教育则以教育目标为导向,以人才培养为要务,以信息技术教学、学科课程整合、创新型人才培养为工作中心,确保信息化教学的原则、方法、技巧等得以具体实施和最终落地,其承担主体是一线教师、教学研究人员和相关专家学者等。

(2) 信息化教育的基本特征。信息化教育是信息科技与当代教育教学相互融合、互相促进的结果,呈现了未来教育发展的一系列基本特征,具体如下。

① 优质丰富的数字内容资源。信息化教育是信息时代社会发展的产物。它并非是对传统教育的否定,而是扩展了信息传播的内容,扩大了受教育对象的范围,打破了学校教育的时空限制。众所周知,学校是知识荟萃的殿堂,是人才培养的"摇篮"。信息技术融入教育教学,首先体现在数字化学习内容上:不仅教科书、教辅材料、课后作业都采用数字化形式,传统教育中不易呈现的图像、音频、视频、交互媒体等都可轻松展示,并且易于控制,实现与学习者全方位、全维度、全感官的亲密接触,从而提高学习兴趣,增强学习效果。

② 虚实结合的真实学习情境。人类的发展离不开教育环境,而教育环境是社会系统的组成部分。结构主义学习理论尤其强调学习环境的重要性,学习环境是由学习者、学习资源、认知工具、学习空间、教育者等各种因素组成的,涵盖物质条件和非物质条件等。教育信息化基础设施的不断投入建设,为学习者在学校课堂场景下开展学习创造了外部条件,传统的面对面教学仍然发挥着强大的效力,借助于计算机、手机屏幕、平板计算机等电子化设备,现在的学生可以进入虚拟学习空间中,与相隔万里的学习同伴建立联系,与虚拟现实软件构建的场景进行深度交流,虚实一体化,交流无障碍,协作有依托,真实性、有意义、探索性的学习正在持续发生。

③ 开放共享的网络学习环境。信息化教育是一种互联网络下的新教育形态,在信息传递、对话交流和成果展示等方面具备天然优势。与当代社会发展思潮相呼应,互联网的出现

在一定程度上消解了种族对立、身份差异和文化冲突，使不同国家、民族、群体之间的交流日益密切，也使科技、文化、教育等呈现竞合共生的态势。与结构封闭、信息缺乏、沟通不畅的传统教育相比，信息化教育实现了内容开放与资源共享，打破了保守陈旧的教育结构，为师生群体的职业成长、学习发展带来了全新的机会与可能性。

④ 自主协作的交互学习体验。精神分析心理学的代表人物荣格指出，个体在环境和自我交流的过程中产生内驱力。教学过程中的内驱力就是学习的动力，一般分为三类：认知内驱力、自我提高的内驱力和附属内驱力。个体为了实现发展，离不开外部的诱因，即那些能满足个体需要的物体、情境或活动。将内驱力和诱因两个因素合起来，就是动机。信息化教育所创设的学习环境或情境，有利于引发学习者内部心理动机的发生。借助自主学习与协作学习策略，通过交互学习行为体验，个体能够始终对学习保持热情，不断追逐更高的目标，在"推"（内驱力）与"拉"（动机）的力量之间，实现自我价值与集体价值的高度统一，从而塑造健全的独立人格和合作意识。

⑤ 弹性灵活的智慧学习机制。信息化教育是一个常论常新的命题，它与教育产品的升级换代有关。录播系统、交互白板、电子教室等教育基础设施，可以满足常规的信息化教学需要。如今，智能化教学平台的广泛应用，大数据、云计算、人工智能等的加速渗透，教师也面临着越来越多的任务和挑战，如海量化数据处理、精准化教学研究、个性化学情分析、层次化作业辅导等。对学习者而言，基于大数据的科学记录分析，可以及时掌握自身的能力薄弱点、素养薄弱点与知识薄弱点，有利于促进个性化学习，督促学习进度，提高学习质量，提升学科能力。

⑥ 目标导向的综合过程考核。教育信息化是一项系统工程，涉及人力、物力、财力等资源的全面投入，更注重高质量教育教学成果的产出，满足学生成长成才的终极目标。传统的教育教学评价相对粗放简单，甚至不够客观、准确，这与评价测量所使用的技术工具有关。对学生能力素质进行全面考核，需要紧密结合新兴技术，发挥电子档案袋、在线试题库、评价量规等过程性考核工具的支撑作用，详细记录学生的学习轨迹、学习成果和综合表现，引导学生发挥认知力、创造力和想象力，进而成长为具有探索、创新、智慧的高素质人才。

（3）信息化教育的发展目标。随着信息时代的到来，信息技术应用能力已成为新时代高素质教师的核心素养。信息技术已成为最具有潜力的生产力，信息资源已成为国民经济和社会发展的战略资源，信息化水平也成为一个地区和城市现代化程度的重要标志。作为社会信息化的重要组成部分，加速教育信息化进程是时代赋予的责任和使命。

一是优化基础设施建设。完善各级各类学校的信息化基础建设，进一步改善教育信息化环境，加强数字校园建设。加强数据、资源与服务的规范化建设与管理，形成覆盖城乡，满足学校、社会、家庭需求的远程教育网络。

二是完善教育服务体系。充分利用现代新技术和丰富的数字资源，深化教育教学改革，创新教与学模式，探索优质教育资源的开发和应用。构建以学习者为中心，融合校内外学习，支持个性化与开放式的数字化学习与服务平台。搭建服务全社会的开放式网络教育教学管理与服务平台，提供丰富多样的终身学习服务。

三是推进智慧教育工程。推动信息技术与教育教学深度融合，实施教育信息化教学应用实践共同体项目。促进人工智能等新一代信息技术在教学领域的深度应用，开展基于新技术的教育教学模式与机制创新研究。充分利用现代信息技术和网络条件，推动实现教育优质均衡发展。探索信息技术支持的教育评价改革，建立学生综合素质档案。全面开展教育管理数据应用和服务,为教育管理和科学决策提供重要支撑。

2.2.2 信息化教育模式与教学方法

(1) 信息化教育模式。技术正在改变人们周围的世界,同样,它也在改变教育。教师使用技术让课堂教学变得更具创意、更具吸引力。重要的是,它可以帮助学生提高获得感,赢得未来成功的机会。将技术融入教学是提高教学质量的一条可行途径。莫顿(Morton)认为,使用技术并不意味着仅仅将计算机作为附属,或是教与学的工具。赫希特(Hechter)等认为对学生而言,参与活动并从中学习技术是最理想的教学实践。海因德曼(Hyndman)认为技术融入教学过程,有助于提高设备或工具的使用意义。"技术融入教学"的概念不断发展,一般定义为:发挥技术优势,融入教学过程,通过理论、框架和模型对其进行扩展,以达成最终教育目标。

在 20 多年的时间里,许多学者提出了将技术融入教学的不同方法。目前,主要的"技术融入教学"模型包括:替代、扩充、修改和重定义(SAMR)、教学创新水平(LOTI)、技术融合矩阵(TIM)、三重 E 框架(扩展、增强和参与)和整合技术的学科教学知识(TPACK)等。在特定的条件下,每种模型都有其潜在价值和意义。Shirley 以批判和分析的观点,列出了将技术融入教学的问题和障碍,最后得出结论:技术无法取代教师。然而,蔓延全球的新型冠状病毒感染疫情(下文简称"新冠疫情"),导致技术融入教学的必要性尤为突出。但是,实现技术融入教学的最佳路径是什么? 则是仁者见仁,智者见智。

(2) TPACK 的理论框架。早在 1987 年,舒尔曼(Shulman)就提出了"教学推理模式"。在这模式中,教师把学科知识转换成学生可理解的知识的过程,可划分为六个阶段,即理解、转换、教学、评价、反省和新知。2005 年,美国学者科勒(Koehler)和米什拉(Mishra)在舒尔曼(Shulman)基础上,提出了"整合技术的学科教学知识"(technological pedagogical and content knowledge,TPACK)。国内外学者对 TPACK 展开了大量的理论和实践研究,一般认为,TPACK 的理念建构与深入实施,有利于提高教师掌握和运用信息技术的能力。教师的 TPACK 能力是未来教师必备的能力。利用 TPACK 框架将教学与技术相结合,以设计数字服务,是当前较为流行的一种教育教学范式。

TPACK 框架包含三个核心要素,即学科内容知识(CK)、教学法知识(PK)和技术知识(TK);四个复合要素,即学科教学知识(PCK)、整合技术的学科内容知识(TCK)、整合技术的教学法知识(TPK)、整合技术的学科教学知识(TPACK)。TPACK 是技术知识、教学法知识和学科内容知识的交叉,提供最核心、最关键的技术知识,使复杂的概念更容易学习,这种知识需要对使用技术和教学技术的概念表示有着深刻的理解。TPACK 的理论框架如图 2.1 所示。

关于 TPACK 理论框架的运行逻辑问题,尼斯(Niess)等指出,教师的学科教学知识(PCK)是由教学法知识(PK)和学科内容知识(CK)两个元素组成,而随着教师知识的发展,并经由认知(教师能够使用技术,并认识到可以将技术和教学内容结合,但还不能在教学中整合技术)、采纳(教师赞成或不赞成在教学中使用适当的科技)、适应(教师参与一些活动,由此教师开始选择或者拒绝在教学中使用适当的技术)、探索(教师积极地在教学中整合适当的科技)和提升(教师不断在教学中运用技术于教学)五个阶段,教师的技术知识、教学法知识、学科知识三方面彼此交叉、相互影响,最后成为整合技术的学科教学知识(TPACK),

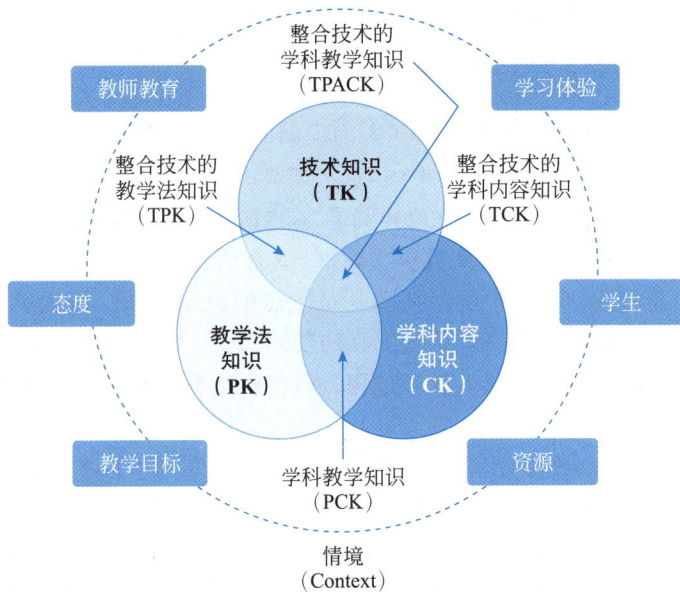

图 2.1　TPACK 的理论框架

才是教师积极运用技术引导学生学习的一种有效知识。某些特定的技术知识在 TPACK 模型的发展过程,要经历从某一层级迁移到下一层级,并非是有规律、持续向上的形式,而是需要教师重新思考它与学科内容、教学法的适用性;在经过反思与再次整合之后,才可能进入下一个层级。因此,TPACK 是在不断认识、接受、验证、修正、适应的过程中才得以发展的,这是一种螺旋式上升的辩证思维过程。

TPACK 的观点被学界广泛接受,在实施过程中需要注意以下三点。

第一,TPACK 为教师教育技术能力发展,提出了一种可供参考借鉴的思维范式。它的贯彻、实施离不开教师,教师是教学改革的主导者、参与者,是课堂教学的设计者、实施者。在将技术整合到教学过程中时,教师应当发挥引导和监控作用。

第二,TPACK 涉及学科内容、教学法和技术知识三种要素,但绝非三种因素的简单组合、排列或叠加,而是要将技术整合到具体的学科内容教学、具体的教学法知识应用中。TPACK 只是一种理论框架,不能只是机械地照搬照抄,不能过分地强调技术,应当充分重视信息化教学理论、学科知识体系的融会贯通。

第三,TPACK 的核心是三种知识要素的有机结合,不能忽视外部条件和内部因素,不能脱离师生的人文背景,对于教育环境中的"结构不良"的知识,要有灵活处理的认知策略和因材施教的教学原则,不存在唯一、绝对地适用于每一位教师、每一门课程或每一种教学场景的解决方案。只能依赖教师的教学智慧,并且在不断探索、求证和完善中,获得三种知识的理想匹配和施教方案。

(3) 信息化教学方法。利用信息技术手段更好地完成教学,是现代教学区别于传统教学的基本特征之一,按照互联网技术在课堂教学中的使用层次,教学方法可分为三种。

① 同步教学法。教与学的过程是实时进行的,称为同步教学法。借助于网络通信技术,教师与学生不一定处于属于同一地理空间,但彼此之间始终保持着即时地交流。在同步

教学中,教师可以出现在任意地方指导学生,学生的学习活动则高度依赖于教师的时间安排和教学设计。大多数即时聊天、视频会议、音频会议、网络直播等都属于同步技术的范畴。

② 异步教学法。教学事件与学习行为并不是同时发生的,而是相互独立的存在。教师提前把教学资源放到网络平台上,或直接发送给学生,学生根据自己的时间掌握学习的节奏。在异步教学法中,学生是自定步调、自我监督和完全自愿的。教师根据学生已发生的学习行为,提供相应的学习指导或反馈,但这一时间并不确定,学生对教师的反馈也不一定会马上做出回应。因此,在时间维度上,教师与学生都有一定的自由度,远不像同步教学法那样具有强制性和限制性。异步教学法对学生的自主学习意识要求很高。电子邮件、论坛、留言板、博客、微博、MOOC 等学习渠道或空间,均属于异步教学法的典范技术形态。

③ 混合式教学。技术自身是实践性的,是面向实际问题的一揽子解决方案。技术要发现作用,需要特定的应用环境,取决于社会需求的变化。新冠疫情的到来,加速了在线学习落地的进程。为了满足学生的教育需求,各种各样的在线学习平台被建立起来,包括移动学习平台、虚拟学习社区、各种教育应用等。在线教学具备以下优势。

- 远程接入:通过注册登录,理论上可以接入任何一种学习平台。
- 易学便捷:由于音视频教学资源的极大丰富,学习者可以对着屏幕轻松地展开学习。
- 弹性灵活:由于各种认知工具的加入,学生掌握学习主动权,并按照个人意愿学习。
- 降低成本:大多数在线学习平台都是免费开放的,不需要额外支出成本。
- 广泛参与:教师统一组织,学生在同一平台下学习、沟通、协商、交流。
- 有效教学:混合式教学是师生学习的应然选择,经过实践检验,做法日臻成熟。

当然,混合式学习尽管受到各方面的肯定,不过仍然存在以下一些问题。

- 易接触性:对成年人来说,它很容易学会,但对低龄学习者来说,并不一定有效。
- 数字鸿沟:对于边缘和落后地区,这种学习方式受到各种制约,并不能真正落地。
- 缺乏反馈:隔着屏幕的在线学习,教师无法得到准确的反馈。
- 不易观察:不能像传统课堂那样直接观察学生的行为,无法达到心理期望的教学效果。
- 难以共鸣:师生面对面交流时会激发很多灵感,混合式教学则缺乏临场感。
- 设施问题:软硬件基础设施需要更新维护,应配置专业人员,以应对不时之需。
- 学生素质:学生若不具备一定的信息素养,使用电子产品容易失当或滥用。

2.3 信息化与教学系统设计

教学设计是教育技术体系中的一个中心问题。许多专家、学者都曾试图给出一个确切的定义,尝试用某种框架或模型加以概括。作为大学间联合项目的一部分,John Barson(1967)将教学开发定义为改进教学的系统过程,并认识到影响学习的因素有很多种。随后,Twelker、Urbach 和 Buck(1972)提出,系统化开发教学尽管很受欢迎,但必须注意,教学设计方法从简单到复杂,有一个发展变化的过程。20 世纪六七十年代,学界对教学设计模型的研究主要来自从多媒体技术开发中提取到的一些教学技术和设计过程,却因此产生了30 多个不同类型的教学设计模型。这些教学模型为简化教学过程做出了尝试,提供了系列化、标准化、跨情境的教学设计方法。Gustafson(1991)起草了他的第一个专著《爆炸:理论与模型》。进而,Branch & Dousay 撰写了教学发展模型的调查报告,并于 2015 年发行了第5 版,对教学设计模型进行了简要概述,按照课堂产品、过程导向等相关教学问题做了梳理和分类,以可视化的方式展示了教学设计方法的全貌。

2.3.1　信息化教学设计理论

(1) ADDIE 教学设计模型。ADDIE 是分析(Analyzing)、设计(Designing)、开发(Developing)、实施(Implementing)和评价(Evaluating)的完整过程。这一过程,即达到最终结果所需的一系列步骤,其要点如下:分析,找出造成绩效差距的可能原因;设计,验证所需的性能和适当的测试方法;开发,生成并验证学习资源;实施,准备好学习环境和参与的学生;评估,评估实施前、实施后教学产品和过程的质量。当讨论教学设计过程时,ADDIE 作为总体范式或框架使用,通过它还可以解释 ADDIE 部分要素的组合或是其分化出来的模型。例如,分析(Analyzing)、设计(Designing)、开发(Developing)三个因素合并为计划(Plan),ADDIE 模型就变成了 PIE 模型。Newby、Stepich、Lehman 和 Russell(1996)提出的PIE 模型强调技术如何辅助教学设计,在计划阶段注重回答"做什么""时机是""原因是""如何做",教学设计人员要解决这些与教师、学习者和技术资源相关的问题。在解决问题的同时,也要考虑到这些问题在实施、评估环节的具体情形。

为了体现 ADDIE 模型的可操作性,可以将其分为两个阶段,即"项目整体分析与设计""单个知识单元的开发、实施和评估"。这一模型的第二阶段,通过设定一个深层的、并行的开发系统来编写教学目标、设计评估工具、选择教学策略和评估已有资源。当需要创设、引入新的资源时,要考虑到以往使用的评价工具。需要注意,ADDIE 不只作为一般意义上的流程,更是涵盖特定应用、过程与步骤的模型,如图 2.2 所示。

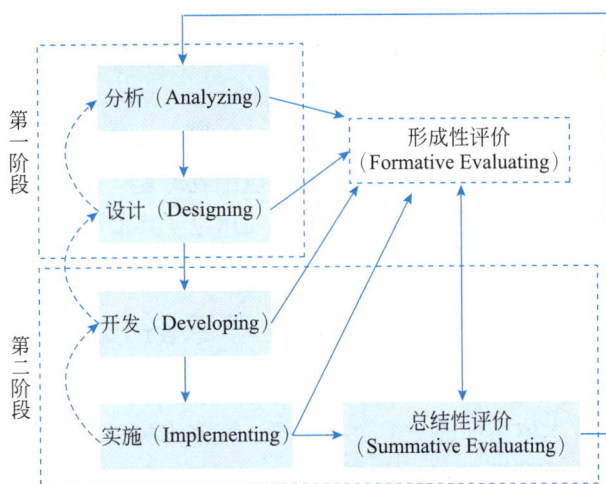

图 2.2　ADDIE 教学设计模型

(2) UbD 教学设计模型。2000 年以来,美国教育学家格兰特·威金斯(Grant Wiggins)和杰·麦克泰(Jay McTigue),积极倡导"追求理解的教学设计"(understanding by design,UbD),在 K12 教育教育领域中产生了深刻的影响。UbD 在方法上倡导逆向设计,以教学预期目标为教学设计的起点,提前预设评估标准,再设计学习活动,促使学生真正理解所要学习的知识,并把所学知识迁移到新的环境和挑战中。

按照传统的教学思维,教师都是从输入端开始思考教学,即从固定的教材,擅长的教法,以及常见的活动开始思考教学,而不是从输出端开始思考教学。换言之,多数教师都只关注自己的"教",而不是学生的"学"。学生热衷于参与有趣的课堂活动,而不是对活动意义的深刻思考,这不利于培养学生的知识迁移力和持久学习力的获得。UbD 不是一个预设的程序,它是一种目的性更强、更为细致的思维方式,它更多的是关注学习的内部过程而不是外部教学方法。从本质上来说,UbD 是一种指向有效教学的设计框架。

UbD 注重以目标为导向,适合于大单元和课程整体设计,以大概念(big idea)和重要的表现任务为核心,提出了逆向设计三阶段,即确定预期结果、确定合适的评价证据、设计学习体验和教学阶段。"如何证明学生达到了既定的目标""什么证据能够证明学习目标的达成""什么活动能够促进学生达成学习目标",环环紧扣的逆向问题设置,充分尊重和展现了学生的主体地位,调动了参与学习活动的积极性,提高了学生的知识迁移能力,有效提升了学生的学科核心素养。同时,这种"以终为始",从学习的结果开始逆向设计的模型,即确定优先学习次序,根据学习目标要求或暗含的表现性行为设计课程,以理解为先的教学和学习体验,更能使学生成功地完成学习任务,达到内容标准的要求。图 2.3 展示了 UbD 教学设计模型。

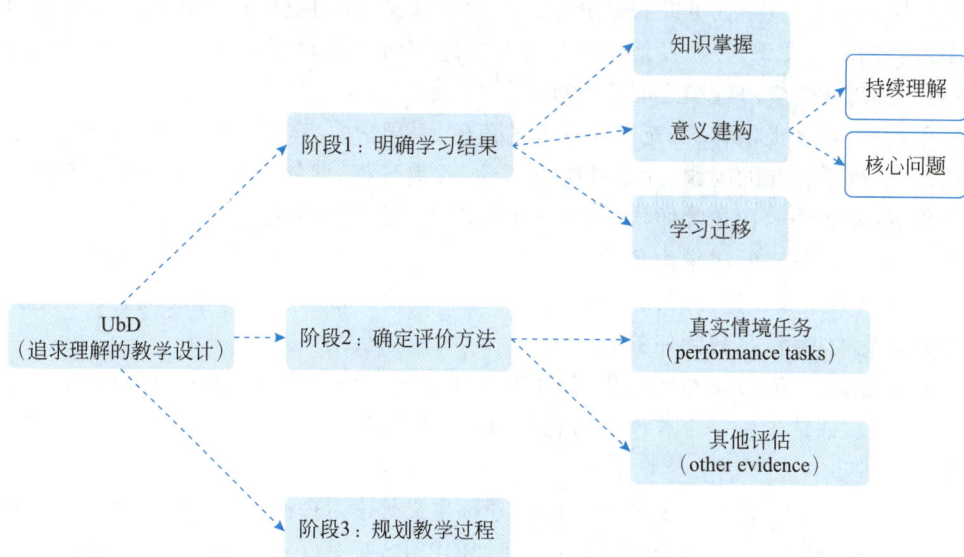

图 2.3 UbD 教学设计模型

UbD 教学设计模型确立了"理解"的六个维度。
- 解释(explain)。运用理论和图示,有见地、合理地说明事件、行为和观点。
- 阐明(interpret)。演绎、解说与转述,从而提供某种意义。
- 应用(apply)。在新的、不同的、现实的情境中能有效地使用知识。
- 洞察(perspective)。能提出批判性的、富有洞见的观点。
- 移情(empathize)。能设身处地感受到别人的情感和世界观的能力。

● 自知(self-knowledge)。知道自己的思维模式与行为方式是如何促进或阻碍了认知。

区分于传统教学的情形,UbD 以实现"知识掌握、意义建构和知识迁移"的三个中心任务和目标,促进学生的深层次理解能力,合理安排教学活动,重新建构课堂教学序列,并提出了 12 个步骤来开展课堂教学,依次是:①提出问题,激发学生兴趣;②引入单元关键问题;③事先交代学生最后的学业表现要求;④提供直接教学;⑤提供基本知识点操练;⑥学生开展深入对话讨论;⑦提供一项应用任务;⑧引导全班学生讨论;⑨提供一项小组应用任务;⑩回顾单元教学中最初用于激发学生兴趣的问题;⑪布置最后的学业表现要求;⑫学生反思单元关键问题。

(3) 5E 教学设计模式。20 世纪 60 年代初,特金(Atkin)和卡普拉斯(Karplus)将学习周期的概念纳入科学课程改进研究项目(science curriculum improvement study,SCIS),将学习周期划分成三个阶段:探索、发明与发现。20 世纪 80 年代末,SCIS 项目中的生物科学课程研究(biological science curriculum study)增加了两个额外阶段:参与和评估。至此,5E 教学模式初步成型,并应用于 BSCS 的总课程设计,占据着十分重要的地位。

基于结构主义教学理论是 BSCS 课程的一个重要特征。它描述了一种能用于总课程、具体学科课程或某一节具体课的教学程序,是一种致力于引起学生学习兴趣的有效的教学模式和教学方法。5E 教学模式共分 5 步,这 5 步分别是参与(Engagement)、探索(Exploration)、解释(Explanation)、迁移(Elaboration)和评价(Evaluation)。

参与阶段:确定教学任务并将其介绍给学生。课堂上,通过设计简短的学习活动,用来吸引学习者的参与意识,并激发他们的好奇心。这些活动使教师能够了解学习者以前的知识,在过去和现在的学习经验之间建立联系。

探索阶段:教师提供材料,充当促进者的角色,引导学生集中注意力,利用旧的知识来产生新的想法,探索存在的问题,并设计调查活动,收集证据,回答问题。通过动手实践,学生彼此合作、探索想法。在老师的指导下,学生理清主要的概念和技能。

解释阶段:将学生的注意力集中在某个探索层面上,提供概念理解、技能展示的机会。学生负责解释概念和表达理解,教师则致力于纠正错误。帮助学生将相关概念联系起来,加深学生对概念的理解,是教师任务的关键。

迁移阶段:学生通过参与系列化、延伸性的活动,运用新知识、新理解,解决新的问题。

评价阶段:评估学生是否获得了概念和知识。鼓励学生评估自身的理解和能力,教师则评估学生的进步。

(4) BOPPPS 教学模型。依据认知主义、建构主义等学习理论,克尔(Kerr)教授于 1978 年提出了一种增强师生互动的闭环教学模式,即 BOPPPS 模式。这一理论关注教学互动和反馈环节,使学生在课堂上最大限度地掌握知识。BOPPPS 模式将教学内容切割为若干教学小单元,每个教学小单元都有其内在逻辑关系,所有教学小单元组合而成单元课程。

① 导入(Bridge-in)。教师说明学习此课程的理由,提出和教学主题相关的问题来引导学生进入课程。导入的目的是吸引学生的注意力,让学生产生强烈的学习动机和明确的学习目的,专注于即将介绍的内容。

② 学习目标(Objective)。教师清楚地表达本节课的学习目标,便于学生掌握学习的重点,如课程的知识要点、可操作性的能力指标,让学生明确学习的方向。

③ 课堂先测(Pre-assessment)。对教师而言,透过课堂先测可以了解学生的兴趣与能

力,进而调整内容的深度与广度;对学生而言,透过课堂先测将聚焦于特定的学习方向,提高学习自信心。

④ 参与式学习(Participatory Learning)。参与式学习有两种形式:一种是教师与学生之间的互动,另一种是同学之间的讨论。教师可以使用分组讨论、角色扮演、动手推算、专题研讨、案例分析等教学策略,为课堂内的参与度加温。

⑤ 课堂后测(Post-assessment)。教师了解学生的学习成效是否达成教学目标。强调及时性教学原则,学生可以了解自己对知识的掌握程度,教师反思并调整教学设计,使教学目标更易实现。

⑥ 总结(Summary)。教师归纳一节课的知识点,总结课堂内容,整合学习要点,理清知识脉络,引出下次课的内容。总结应该是学生自己对知识的归纳,教师应适当表扬学生的努力和已取得的学习成果。

(5) OBE-CDIO 教学设计模式。CDIO 是一种工程教育导向的教学设计模式,代表构思(Conceive)、设计(Design)、实施(Implement)和运行(Operate),2004 年由麻省理工学院等多所高校提出(见图 2.4)。它以教育教学产品、过程和系统的全生命周期为研究对象,以 CDIO 教学大纲和标准为基础,培养学生以主动的、实践的、建构的方式学习和获取工程能力,包括个人的科学和技术知识、终身学习能力、交流和团队工作能力,以及在社会、企业环境下产出成果的能力。我国于 2016 年加入国际本科工程学位互认的《华盛顿协议》,工程教育专业认证成为一种趋势。

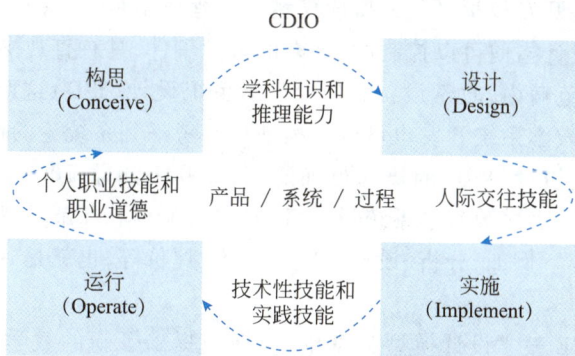

图 2.4 CDIO 教学设计模型

CDIO 是以《CDIO 能力大纲》所代表的"预期学习结果"集合来驱动课程内容、教学方法、教育文化等设计的模式。目前,CDIO 教学大纲已更新至 3.0 版本,作为可以参考执行的标准,为工程教育实施提供了具体的方法论。CDIO 主张,所有的教育举措都是为了培养 CDIO 能力;实施主动性教学方法(PBL、探究式等);重视营造工程教育文化(开设工程导论课、建设覆盖 CDIO 各个环节的实验室等)。CDIO 模式在产生与发展过程中受到了以学习结果为导向的工程教育(OBE)认证与实践的影响,满足了工程教育的实际社会需求,强调工程教育实施的过程和方法,严格遵守规定程序和操作规范,为工程教育提供一体化的实施过程和方法指引,重点解决"怎么做"的问题。

随着高等教育改革的深入,OBE 与 CDIO 出现互相渗、透融合发展的趋势。OBE 是以"预期学习结果"反向驱动整个教育结构的设计理念。该理念强调:以生为本,由教师中心转变为学生中心;侧重于发展学生的高阶能力;注重教育软环境建设,如教师对学生的高期待,加强师生互动;建立开放、透明、互认和富有弹性的工程教育结构等。学习成果产出是国际高等教育互认、学分转换的基础,是高等教育国际化和人才流动的基石。可见,OBE 与 CDIO 有实质上的内在联系,两者相互借鉴成为工程教育发展的必然。

2.3.2 教学系统设计的一般过程

教学设计领域历来注重学生学习效率的提高,而对学习能力的评判则建立在认知负荷理论之上。加涅指出,教学事件是指教师和学习者在教学过程中的行为。在理想的课程设计中,选择适当的事件并以正确的体例和顺序规划它们,是至关重要的。课程设计是一个计划,显示出教学事件的类型、顺序,以及每个事件中发生活动的类型。在设计课程时,有两个重要的因素:目标和学习者。

通常,教学设计一词被定义为利用教学理论与学习理论的知识和经验,有效地分析、设计、发展、管理和评价教学过程的系统方法。也可以说,培养教学技能是师范类专业培养计划中所有活动的总称。为了培养合格的教师,可以使用多种路径、方法、框架和模型,逐步实现这一目标。其中,模型是用图解的形式对一个系统、理论或现象进行描述,用来解释其已知或推断的特性,并可用于对其特征进行进一步研究。不过,模型应当以更简单的方式呈现复杂的信息,而不是故弄玄虚,令人无法入手。模型可能是程序性的,如描述某件事如何工作;也可能是概念性的,如描述组件和这些组件之间的关系。心理模型是人类表达知识的一种方式,而教学设计是开发教学过程的概念模型。心理模型是一个抽象提炼的过程,具有抽象思辨的特性;教学设计指向可以控制的、外在的教学事件,具有直观操作的优势。

在教育技术学科范畴内,教学设计(ID)、教学系统设计(ISD)这两个术语可以互换使用。同样,教学开发、教学系统开发也可以互换使用。考虑到系统论的观点在教育技术中已被广泛接受,教学系统设计(ISD)的概念更加通用,它几乎涵盖任何领域的教学过程,强调完整的教学规划过程。大多数教学系统设计模型,尽管流程和环节不尽相同,但也具有相对一致、共性共通的内容。例如,分析、设计、开发、实施、评价等,也就是 ADDIE 教学设计模型的一般性描述过程。

2011 年,以 ADDIE 教学设计模型为基础,伊斯曼提出了新的教学设计思路,即通过有效地计划、发展、实施、评估和组织长期的、全面的学习活动,从而确保学生有良好的表现。这一模式建立在行为主义、认知主义和建构主义等学习理论基础之上。在教与学的活动中,学习者主动学习、建构新知识,同时运用了与目标或目的有关的教育技术材料。伊斯曼教学设计模型贯穿教学系统理论,包括五个部分、12 个阶段:输入(五个阶段)、过程(三个阶段)、输出(两个阶段)、反馈(一个阶段)和学习(一个阶段),如图 2.5 所示。

这一教学设计模型可以用来计划各种教学方法,从教师授课到以学生实践为中心的活动。此外,作为这一过程的结果,教师能够发展有效的教学,可以帮助学生学习更多知识,并能长期记忆新知识。此外,它可以促进学生参与课堂活动。

第一部分是输入,是整个教与学的活动的基础环节,用以识别学生的特征,提供给教师有关教学有效性的信息。在这里,这些步骤可以帮助教师确定"教什么"和"如何教"的教学活动,共分为五步。第一步是确定需求。采用调查、观察和访谈的方法来确定学生需要学习什么。需求的定义可以从对特定课程的需求评估中得到。第二步是确定内容。内容来源于

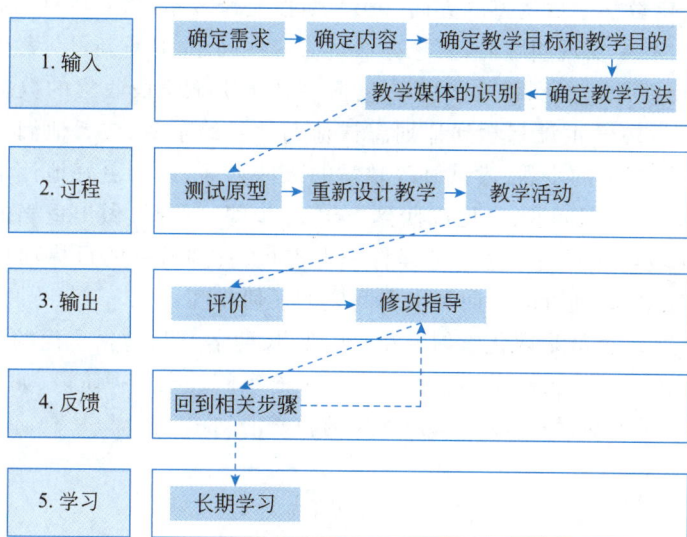

图 2.5　伊斯曼教学设计模型

学生的需求。这一步的主要目标是明确要教什么。第三步是确定教学目标和教学目的,解决学生能够在教学过程后做什么的问题,结果通常是明确的行为目标、学习目标或绩效目标。学习成果分为五类,即智力技能、认知策略、语言信息、运动技能和态度。目标通常包含技能、知识和态度。技能可以是运动技能和智力技能。当学生学习运动技能时,他们会发展肌肉动作。当学生学习智力技能时,他们会发展识别、执行和解决问题等认知活动。教学目标和教学目的源于需求评估和内容。第四步是确定教学方法。教学方法应该与内容和目标相联系,因为目标和目标需要用适当的方法来教授。第五步是教学媒体的识别。它是教学设计过程中的一种传播方法。换言之,它告诉教师如何对学生进行指导。教学媒体有两类。这就是经典教学媒体和现代教学媒体。经典的教学媒体包括书籍、期刊、图表、模型、图片、海报、漫画、报纸、立体模型、游记、黑板等。现代教学媒体包括多媒体、电影、广播、电话、电视、计算机、数据投影、网络等。教学媒体通常被教学设计师用来促进学习,激发学生学习的动力,并对新知识形成长期记忆。确定教学媒体是基于对学习需求、教学内容、教学目标和教学方法的回顾。

第二部分是过程,包括三个阶段。第一阶段是测试原型。教师与学生一起尝试预设的教学计划,主要目标是找出哪些阶段是有效的,哪些阶段是无效的。换句话说,教学设计中的问题是在测试原型过程中发现的。测试原型告诉老师学生真正想学什么,以及如何达到目标。第二阶段是重新设计教学。发现问题之后,教学设计者重新组织教学活动。对教学活动进行重组,前测是设计有效教学的关键。有效的教学设计才能成功地实现教学目标。第三阶段是教学活动。教师以教学媒体为载体,从教学内容、教学方法、教学目的等方面着手开展教学活动。

第三部分是输出,包含两个阶段。第一阶段是评价,教师在教学设计模型中对教与学活动进行评价,运用形成性评价和总结性评价的方法来检验教学目标。这一过程要求教师利用评估工具来确定学生是否展示了教学目标和目的中描述的技能、知识和态度。为了确定学生的学习情况,教师应实施教育测量与评价过程,了解学生从教学中学到了什么。教师应该分析结果,并决定教学今后调整的方向。第二阶段是修改指导,对所有的教学活动进行评价。在教学设计过程中发现问题后,要想办法解决这些问题,并重新设计教学。

第四部分是反馈,即"回到相关步骤",包括对基于实施阶段收集的数据的修改。如果在这个阶段,教师发现学生没有学到计划想让他们学习的东西,或者他们不喜欢学习的过程,教师就可以回到相关的步骤,尝试修改教学的某些方面,以便更好地让学生完成学习目标。如果"输入"步骤出现问题,也可以回到"输入"步骤。然后,做出适当的策略调整或改变,并从"输入"阶段重新开始。这个过程将一直进行,直到所有的目标和目的都被学习者掌握。在这个循环中,教师可能会回到出现问题的任何步骤。

第五部分是学习,也就是内化学习结果,实现"长期学习",包括全面的学习。在这个过程中,教师仍然要确保学生已经学到了教学计划中的东西。在这一阶段,如果教师发现学生在教学活动中达到了预期目标,就可以开展新的教学活动了。

思考题

1. 谈谈《教育信息化 2.0 行动计划》的主要特征和时代意义。
2. 谈谈信息化教学模式、信息化教学之间的联系和区别。
3. 论述 UbD 教学设计模型的主要阶段划分。
4. OBE-CDIO 教学设计模式如何与工程教育认证结合?
5. 如何认识教学系统设计的一般过程?

第 3 章　教学媒体与网络教学资源

本章教学目标

（1）了解媒体的三种定义，并比较其中的不同。
（2）掌握教学媒体的主要功能特性。
（3）掌握教学媒体的划分依据、共性和差异性。
（4）按功能作用，举例说明教学媒体的具体类型。
（5）了解教学媒体的基本应用原则。
（6）辨析"组合使用"和"适当使用"的联系和区别。
（7）了解开放教育资源的时代背景和现实意义。
（8）了解开放教育资源的常见类型。

3.1　教学媒体的基本概念

3.1.1　媒体、媒介、媒质的定义

"媒体"一词来源于拉丁语 medius，意为两者之间。"媒体"一般对应英文单词 medium 的复数 media。媒体是用来传递信息、获取信息的工具、渠道、载体、中介物或技术手段，也指文字、声音、图像、视频、应用程序等承载信息的设备、产品和人工制品。媒体有三层含义：一是承载信息的物质实体，二是存储、呈现、处理、传递信息的介质或载体，三是专门负责信息传递工作的机构。

"媒介"一词，一般与英文的 medium 相对应，是使双方（人或事物）发生关系的各种中介，更多指代中间介质。在传播领域中，媒介更加侧重信息传播内容的物质载体，常作为科学术语或专业名词使用。媒介既包括肢体语言、服饰等实物媒介，也包括击鼓、语言、军号、广播等声波媒介，还包含诸如烽火、信号灯、电影电视等光波媒介，以及像书信、电话机、传真机、扬声器、情况简报等人际、群体、组织传播媒介，还有书、报、刊、收音机、电视机等大众传播媒介。

"媒质"一词，也与英文的 medium 相对应，作为传输某种力或效应之手段的物质，也专指信息传播的物理介质。一种物质存在于另一种物质内部时，后者就是前者的介质。某些波状运动（如声波、光波等）借以传播的物质叫作这些波状运动的介质。如水和空气是声波的媒质。媒质可以是固体、液体或气体。不存在实物的真空有时也称媒质，电磁场就存在于这种媒质内，并在其中传播。目前，媒质与信息的存储、传播等技术关联密切。可以说，磁盘、光盘、半导体等存储技术的快速发展，为海量数据存储带来了便利。

我国从西方引进传播学术语时,对 medium 和其复数 media 常常不加区分,均译为"媒介",也有的译为"媒体"或"传媒"。后来,媒体、媒介、传媒的使用时常混淆,时常又因地、因人而异。如 Media Literacy 一词,在我国台湾地区译为"媒体素养",而我国香港特别行政区则译为"传媒素养",我国内地则译为"媒介素养"。传媒可以是大众传播媒介、媒体或传媒机构的简称,也可以是它们的统称,涵盖生产信息内容、负责信息传播的新闻出版机构、广播电视机构、门户网站、短视频平台、自媒体等各种机构。在这个意义下,传媒通常会把从事基础设施建设的中国电信、中国移动、中国联通等运营商排除在外。

总之,媒体、媒介、媒质、传媒等几个词在词义上有重叠和交叉。媒介是传递信息的中介,强调中介之物的本体特性和技术特征,如文本符号的抽象、图像画面的直观、音视频的流动性、交互媒体的参与性等。媒质主要侧重信息载体的物理性质,如传统介质的低成本,磁盘介质的大空间,半导体介质的高速率等。媒体则更多地融合了媒介、媒质的表述意义,并赋予了新的内涵和特征,是目前广泛使用、内涵丰富的传播学术语。

3.1.2 教学媒体的功能特性

教学媒体是指在教学活动中传递教育信息的载体和中介。显然,教学媒体是媒体的子集。媒体的范围比教学媒体要大得多,并非所有的媒体都是教学媒体,只有那些进入教育教学过程的媒体才是教学媒体。从理论上来说,任何媒体都具有变成教学媒体的潜质,只是需要一个筛选、处理或者再利用的过程,需要教育者进行把关。因此,教育者首先需要认识媒体的一般特性,进而把握教学媒体的典型特性,将媒体优势和教育过程结合起来,建立一般媒体转向教学媒体的联系,实现信息内容和媒体形式的最佳结合。

根据弗莱明(Fleming,1987)对教学任务和教学目标的六要素分类法,理解媒体的特性可以从六个方面展开:引起注意、知觉和回忆、组织和排序、指导和反馈、亲身参与、概念形成和高级思维。对于教育信息化环境下的一线教师来说,他们对教学媒体的把握也是从其所具有的功能和作用来加以区分。结合以上两个方面,可以得到以下分类:印刷媒体与文本媒体、静态图形图像媒体、语言与音乐音响媒体、视频和动画媒体、交互式数字媒体。充分发挥媒体的教学特性,使之实现特定的教学目标,是教学设计者的基本需求。依据弗莱明的理论框架,可以实现在这两个方面建立对应关系。

(1)引起注意。要实现有效学习,吸引并保持学习者的注意力至关重要。媒体在传播信息方面具有相当的共性特征,如扩散性、重复性、固定性、易用性、能动性等。对于掌握媒体工具与技术的教育者而言,首先要适应学习者的心理需要和个性特点,特别是充分认识学习者在注意力方面的心理特征,具体来说就是:个体性、选择性、流畅性和适度性。个体性强调个体的注意力水平不尽相同,不同时间里的注意力也不一样。选择性是指学习者的注意力都只能集中在学习内容的一小部分上。流畅性是指学习者随着教学主题的变化,应当知道何时以及如何转移注意力,然而,有些学习者可能会在注意力转移的过程中分心、困惑或失去重点。适度性是指媒体的使用应恰当,不必刻意使用复杂的媒体,应将重点放到内容含量上,要让媒体使用效果更高效。

(2)知觉和回忆。知觉要求学习者有选择地关注和理解环境中的刺激,包括学习者自己的内部状态和心理反应。教育的初衷是为了促进学习者的认知发展,提高其对外部世界的感知和辨识能力,从而提高适应环境的能力。回忆包括记忆力,利用相关的先前学习经验的能力,以及在特定情况下获得的学习能力。知觉和回忆在教学中的一个重要原则是知觉组织。影响知觉组织的因素有:知觉归类、知觉对象与背景的不同配合等。假如没有以某种有意义的方式组织起来,事件、想法、单词、概念和其他刺激就会难以理解和记忆,这就是知觉组织的意义所在。知觉归类有连续、封闭、接近、相似等方法。专注于差异的知觉呈现,更容易被学习者识别,其内容可能更容易回忆。比较和对比可以帮助感知和回忆,同样地,相似性和分组也可以帮助回忆。

(3) 组织和排序。学习者的学习需求是多样化的,这意味着对学习材料进行重新组织和重新排序是十分必要的。对教学材料进行组织和排序,是教学媒体设计中的一项重要任务。材料序列中第一项和最后一项尤为重要,"导语"和"总结"部分是学习者必须把握的学习机会。学习者可以在观察和参与中获得知识和技能,这实际上是积极的内部心理状态激发智力的表现,重复和复习也可以在一定程度上提高学习效果。

(4) 指导和反馈。学习者不仅需要熟练的指导,还需要反馈,使其能够监测自己的学习进展,发现错误或误解,并认识到应该继续坚持或改变,以获得更为熟练的操作或深入的理解。然而,并不是所有的反馈都同样有用,也不是所有的学习者都需要同样的反馈。在教学媒体设计时,要注意以下方面:学习者的经验越丰富,他所期望的反馈信息也应该越丰富,对于正确的回答,只需要简单地评分即可。对于成熟的学习者而言,过多的赞誉往往适得其反。反馈应该及时,但不必立即做出。对大多数学习者来说,反馈应该频繁,以确保建立起积极的初始体验,但当他们变得更有经验或更熟练时,反馈可以减少。

(5) 亲身参与。学习者对特定主题的参与,通常意味着某种行为表现或取得绩效。从心理动作技能来说,活动通常与身体相关,评价则基于可观测的结果。鼓励学习者形成认知结构的活动,有利于促进学习,即便是简单重复的信息加工活动,也比死记硬背要好得多。语言的使用可以形成新概念创设的学习环境,可以提高学习效果,也有助于知识记忆。这一点也同样适用于心理动作技能,形成学习者良好的行为习惯和运动控制能力。学习者知识和技能的发展有一个从低到高的过程,即陈述性知识、程序性知识和工艺性知识这样一种阶梯式过渡。在这一过程中,学习者的参与应该不只是被动地观察他人的过程或结论,而是应该预设目的并积极主动地开展协同合作。显然,教学媒体的运用必须结合学习者的参与。

(6) 概念形成和高级思维。对概念或原则的学习,往往通向新的概念或原则,这是一个不断深入发展的过程。学习的顺序是分层级的,一般遵循这样的规律:信号式学习、刺激反应式学习、线性链式学习、言语联想、多重鉴别、概念学习、原则学习、问题解决式学习。随着学习者在学习顺序上的移动,会出现更加复杂的学习路径。计算机辅助学习、使用智能代理和人工智能算法的案例式学习等信息化学习方式之所以受到质疑,主要是因为它们未能超越从仅仅识别和使用事实到创造性的、协同的概念连接之间的跨越。最大限度地培养高级思维,仍是基于技术的学习方式所面临的一个巨大挑战。

随着社会环境、技术变迁和产业格局的变化,传统媒体进入了数字化、网络化、智能化的进程,论坛、即时通信、Web 2.0、社交媒体、博客、App、微博、微信等新技术、新事物层出不穷,新媒体的爆发形成了一场前所未有的传播革命,多元化、平民化、个性化、碎片化的传播特性冲击着学校内外的教育环境。如何将数字媒体融入教育教学过程,如何利用技术工具提高学习质量,如何建设开放共享的数字化学习资源,如何打造智慧教育下的新型教学模型,这些才是教育教学媒体的根本任务和建设目标。

3.2 教学媒体的常见分类

教学媒体是教学内容的载体,是教学内容的表现形式,是师生之间传递信息的工具,通常要通过一定的物质手段而实现,如书本、板书、投影仪、大屏幕、音响、触摸屏、电子白板、计算机等。教学媒体有广义和狭义之分。广义上,教学媒体是人类全部教育过程中使用的所有媒体的总和。狭义上,教学媒体是学校教育环境下,以计算机为核心的数字化、交互性的现代媒体,既包括硬件基础设施,也包括软件技术。按照不同的标准,教学媒体还可以有不同的分类方法。

3.2.1 按照媒体发展的历史维度

按照媒体发展的历史维度,教学媒体可以分为传统媒体和现代媒体。传统媒体主要是指印刷媒体,以及采用模拟信号形式记录的广播和电视媒体。在物质形式上,传统媒体有黑板、粉笔、书本、挂图、标本、模型、实验装置、幻灯机、实物展示台等,从类别上可归为语言媒体、实物媒体、印刷媒体以及部分电子媒体等。

从性质上说,传统媒体的功能以信息展示、内容呈现、知识传授等为主,基本上不需要学生的参与,很大程度上依赖教师的教学智慧和操作技巧,受到时间、空间等物理因素的影响比较大,信息的表现力、重现力、覆盖面等效果相对有限。

如果追溯到文字符号的发明,以及人类用书写工具将信息记录到石材、竹木、绢帛、纸张、黑板等介质上,传统媒体在人类文明史上存在的时间相当长,其作用不可磨灭。传统媒体的优点显而易见,具有成本低、获取方便、易于使用等特点。必须指出的是,传统媒体的地位在下降,但并不会消失。

现代媒体主要是指计算机、数位板、投影仪、电子白板、智慧屏、智能音箱、教室中控系统等。与传统教学媒体相比,现代教学媒体具有多媒体化、数字化、网络化、智能化等新特性,更加符合师生群体的沟通交流需求,更加关注课堂内容的高效传输需求,更加体现科技的未来发展趋势,因此是一种形式内涵丰富、效率效果俱佳的理想选择。

3.2.2 按照电子媒体的技术本质

一般而言,信道上传输的信号有模拟信号和数字信号之分。二者之间有很大不同。在时间连续性上,模拟信号在时间上是连续的,而数字信号在时间上是不连续的。在幅度变化上,模拟信号的取值是连续的(幅值可由无限个数值表示),数字信号取值是离散的,幅值表示被限制在有限个数值之内。在信号传输方式上,模拟信号是用模拟量的电压或电流来表示电视信号,数字信号则通过 0 和 1 的数字构成的数字流来传输。因此,电子媒体可以有模拟媒体和数字媒体之分。当前,模拟媒体已逐步被数字媒体所取代。

数字媒体是以数字化形式存储、传输、接收和操作数据的工具、技术与方法。文本、图像、声音、视频、应用等都可以用数字格式在个人计算机、平板电脑、手机或其他类似设备上使用。数字媒体本质上是数字化的各类数据,以电子方式处理并存储为文件,然后在计算机系统内和网络间传输。数字化数据在计算机内部以二进制代码表示,可以描述为一串用 1 和 0 表示的数字序列。文本、图像、声音和视频经过数字化处理之后,都将是一系列这样的数字。

较之于模拟方式存储和传输的电子媒体,数字媒体的优势是碾压性的,如处理方便、形式多样、易于转换、功能强大等。模拟媒体在传播过程中容易造成信息丢失,如标准 VHS 磁带,它保存模拟数据或可变数据,每次在磁带上复制或转移这些数据时,质量都会下降。数字媒体很好地实现了百分百还原,复制文件与原始文件是百分百保真的。这种完全意义上的复制,质量没有下降,并且允许无限次的复制。

借助数字化设备,可将数据从模拟信号转换为数字信号,以便在计算机系统中使用。这些设备从扫描仪、条形码阅读器、数码相机、指向设备(如鼠标、轨迹球、操纵杆、光笔、触摸屏、触摸板、数字化或图形平板计算机、键盘和麦克风)收集数据。然后,将这些数据通过计算机系统、电子设备和任何网络进行操作、传输和显示。

3.2.3　按照媒体的显示方式

按照媒体的显示方式,教学媒体可以分为光学投影媒体、电声媒体、电视媒体、计算机媒体、全息媒体等。光学投影媒体出现的时间较早,包括幻灯机和幻灯片、投影机和投影片、电影和电影片、视频展示台等,这些设备一般采用光学原理将视觉材料展示在亮度较高的屏幕上,需要靠投影器材实现信息的传递。电声媒体是指以声音形式存储和传递教学信息的媒体。教学用途的电声媒体有:电唱机、扩音机、收音机、录音机、录音带、语言实验室、唱片、CD 等。电视媒体是指以视频或动态画面为表现形式,进行信息传播的媒体。教学过程中,教师将要传授给学生的知识、技能等内容制作成视频,进行多媒体教学,或者借助互联网、计算机技术将视频内容以流媒体的形式存于互联网之上,学生用计算机接收与播放,进行远程在线学习。计算机媒体主要指的是用计算机软硬件对信息进行表示和传播的载体,它集文本、图像、声音、动画、视频、交互等多种功能于一体,借助日益普及的宽带互联网,可实现全球联网和信息资源共享,是目前最广泛、最快捷、最全面的教学媒体。全息媒体是计算机媒体的全新阶段,一定程度上已经超越了图文、视频、游戏等固有媒体形式,信息的呈现更为立体,传播的形式愈加多元,给用户的体验也是各取所需、实时渲染。目前,全息媒体的技术形态还不成熟,VR、AR、MR、XR、裸眼 3D 等新技术仍在不断发展,其概念内涵仍有不断探索的空间。

3.2.4　按照媒体的信息维度

按照媒体的信息维度,教学媒体可以分为一维、二维、三维、四维、五维等类型。一维媒体即只有一个维度,如声音只有时间一个维度,属于一维媒体。二维媒体又称平面媒体,文字、图形图像、视频等都属于平面媒体的范畴。三维媒体,则是利用计算机模拟仿真或虚拟现实软件,构造出类似于人眼观察的透视效果,3D 游戏、动画、全景视频、VR 漫游等可归为此类。至于四维媒体、五维媒体等,则是在专门的影院或技术环境下,纳入人体的更多感官功能,实现全方位、全身心的感受,进而达到还原现实的真实感和临场感,实现虚拟世界和现实世界融为一体的境界。

3.2.5 按照媒体的功能作用

媒体的技术实现是一个复杂的过程,按照其流程环节的功能作用,可以分为感觉媒体(作用于人的感觉器官,使人产生直接感觉的媒体)、表示媒体(用于数据交换的编码)、表现媒体(进行信息输入和输出的媒体)、存储媒体(指用于存储表示媒体的物理介质)和传输媒体(指传输表示媒体的物理介质)。

(1)感觉媒体。按照媒体作用于人体器官的不同,感觉媒体分为视觉媒体、听觉媒体、视听媒体及综合感觉媒体。显然,视觉媒体仅仅作用于人的眼睛,如写在黑板上的板书、印刷材料、无声电影等。听觉媒体仅仅作用于人的耳朵,如语言、音乐、音响等声音材料。视听媒体则既作用于人的眼睛,又作用于人的耳朵,如电影、电视、网络视频等。综合感觉媒体则更加全面,可触及人眼、人耳之外的其他感官,引发触觉、嗅觉、味觉等感觉体验,如4D电影、虚拟现实、App等。媒体技术越发展,其呈现维度越丰富,表现形式越复杂。

(2)表示媒体。表示媒体即信息的表示方法。信息本身是无形的,如果要使信息能被人理解和接受,必须将信息通过一定的方法表示出来。作为传输感觉媒体的中介媒体,它用于数据交换的编码。具体有图像编码(JPEG等)、文本编码(ASCII、GB 2312等)、声音编码(PCM、AAC、AC-3、APE、MP3、WMA等)、视频编码(MPEG系列、RMVB、H.26X系列、AVS等)等。在计算机内部,常使用不同的文件格式来表示媒体信息。

(3)表现媒体。表现媒体又称为显示媒体,是计算机用于输入输出信息的媒体,如键盘、鼠标、光笔、显示器、扫描仪、打印机、数字化仪等。

(4)存储媒体。存储媒体又称为存储介质,是指存储二进制信息的物理载体,这种载体具有表现两种相反物理状态的能力,存储器的存取速度就取决于这两种物理状态的改变速度。使用的存储介质主要有半导体器件、磁性材料和光学材料。计算机系统中的大量信息都存储在某种媒体上,如磁盘、磁带、半导体、光盘、打印纸等。

(5)传输媒体。传输媒体包括导向传输媒体和非导向传输媒体。在导向传输媒体中,电磁波被导向沿着固体介质(双绞线、同轴电缆或光纤)传播,而非导向传输媒体就是指自由空间,利用无线电波在自由空间的传播可以实现多种通信,在非导向传输媒体中电磁波的传输常称为无线传输。

3.3 教学媒体的应用原则

教育技术学科发展的过程中,媒体的使用无疑是最重要的研究内容之一。因为现代教学媒体的使用,教师职业的专业性显著增强,课堂教学的信息量迅速膨胀,人机交互的可能性不断激活,学习成果的达成度全面提升。站在历史与现代的结合点上,教育者需要认识媒体的优势及短处,综合考量媒体所应起到的关键作用,实现教学掌控能力的跃升。为了更好地发挥媒体促进教学的作用,应确立一些基本原则。

3.3.1 价值至上、实用为准的原则

任何教学媒体的选择,无论是工具、手段、方法还是过程,都应该基于创造价值的原则,为师生群体提供切实的便利。在选择某种教学媒体时,应当首先基于功能性和实效性来衡

量,发挥它应有的作用,并应考虑可持续性。实用价值可以是诸如效率、效果、坚固性、可靠性、可用性、可改进、是否面向多数人等因素,它不必具备全部要素,部分具备即可。某种教学媒体有用,是因为它满足了特定的教学需求。证明教学媒体有用,依据可以来自很多方面,可能是客观的,也可能是主观的。

在教育教学过程中,新技术的采纳有一定的过程,无论是硬件、软件还是新的设计方法,很可能教育者最初并未完全理解,为什么这项新技术比过去一直使用的技术更好。正如计算机应用于课堂教学一样,起初人们都是盲目的,并非是深思熟虑之后的慎重选择。人们相信,计算机可以增强学习能力,可以提高考试成绩,是经过多年实践后才取得的共识。严格来说,真正发挥影响的并非是计算机本身,而是根植于背后的教学系统设计,是尊重认知发展的科学规律。媒体技术的不断创新和更迭,并不能脱离促进学习这一本质。媒体技术存在的根本意义,也是其不断彰显的教育价值。持续对教学媒体进行审视、评估和考量,不断发挥其潜在的教育功能和认知意义,是选择和利用教学媒体的首要原则。

3.3.2　关注教学、发展导向的原则

技术应用于教与学的过程,出发点和立足点只能是教学过程本身。不管是哪种形式的媒体,也不管是哪种技术类型,它们很大程度上最初并非出于学习目的而创造,在结构、内容、策略等设计思路上与教学情境相距甚远。技术的发明通常为了提高生产力、管理的效率,当它用于教学时,就必须尊重课堂教学对工具选择、网络带宽、数据安全、隐私保护、数据联网、个人需求等方面的特殊要求,实现从普通媒体向教学媒体的转换。

首先,教学媒体的选择应建立在有利于学习的原则之上,应考虑学习环境是否适应各种各样的教学理念和方法,课程设计是否与学习目标、课程活动和学习者评估相匹配,硬件设施条件是否妨碍了教师授课方法的选择等因素。其次,学习者使用的工具技术要和认知过程相匹配,换言之,低水平认知时需要简单的认知工具,高水平认知时则需要更加复杂的认知工具。最后,教学媒体是供教师使用,但目的是帮助提高学习质量。在设计和选择硬件、软件、网络等学习环境时,应广泛征求教育工作者的意见。

3.3.3　灵活选择、组合运用的原则

人类的高效学习离不开媒体技术的支撑。然而,教学媒体的构成是十分多样化的,涵盖文本、图形、图像、声音、视频、游戏、App等各种载体,具有各自不同的功能特性和技术要求。设计多媒体教学材料时,既要发挥单一媒体形式自身的优越性,注意多种信息通道的相互配合,选择将多种媒体组合起来使用,也就是实现"1+1>2"的效果。2005年,理查德·梅耶(Mayer)阐述了多媒体学习的认知理论(CTML),提出了使用认知科学的策略构建多媒体教学的观点,通过单词和图表结合起来的方式,以最大限度地提高学习效率。

梅耶进一步指出,人类的大脑试图在文字和图片之间建立重要的关系,它们比只使用文字或图表学习更有效。这一理论将学习者的内部心理表征与文字、图形等多媒体学习材料联系起来,人脑的任务是作为一个积极的参与者来感知新材料,并最终构建新知识。许多研究表明,多媒体教学可以支持和帮助低水平学习者,但对高水平学习者可能没有帮助。也有研究证实,当动画被添加到教学中时,低水平的学习者(新手)受益显著,而高水平的学习者则没有。这说明,有经验的高级学习者仅仅凭借文字或图形,就能够取得好的学习成果。同

时,许多研究发现,静态图形教学比动画图形教学更有效,原因是基于静态图形的课程帮助学习者创造了活跃的思维加工过程。另外,当学习者无法操控动画图形时,则可能导致被动学习的倾向。此外,一些证据也表明,动画教学可能是更有效的教学,特别是对那些需要动手、反复练习的材料。一般来说,静态图像适合于促进学习者对过程的理解,而动画指令适合于教授复杂的手工技能。

3.3.4　邻近匹配、适当使用的原则

媒体是信息传播的载体、渠道与手段,教学媒体与教学内容之间也是如此。设计教学材料时,描述同一内容的不同媒体应在空间上和时间上保持相邻且一致的原则,具体来说就是:空间邻近和时间邻近。以文字、图片媒体为例,对于同一教学内容,解释图片的文本和图片本身在空间上"相邻呈现"与"分离呈现"相比,往往更能促进学习者的学习。一定程度上,"分离呈现"降低了学习者对信息内容的整合和理解。这就是空间邻近的匹配原则。以语言、文字、图片媒体为例,对于同一教学内容,提供配音讲解的同时,如呈现相应的文字或图片,将有利于学习者对信息内容的理解和记忆。如果文字、声音和画面出现了不同步的情况,则会干扰学习者对正确信息的提取,甚至于造成信息的错乱、混淆和模糊,造成无法挽回的损失。这就是时间邻近的匹配原则。

3.3.5　易于获取、公平使用的原则

学生具有平等接受教育的权利,也拥有使用教学媒体的相同机会。对不同能力的学习者来说,教学材料应该易于获取和接受,尊重多样性、个性化选择,满足所有学生的学习期望。在设计学习过程时,学生应充分利用网络课程和在线资源,根据个人需要访问电子资源。在教学目标设定上,建立以学习者为中心、开放式学习、国际化教育的思想观念,倡导积极学习、提高时间利用率、适应不同学习方式等教学策略,确保全体学生都能够达成预期目标,完成教学任务。

教学设计过程中,要求各个环节是清晰明了的,与学生的期望相一致。同时,所用到的工具也应是直观的,易于被学习者所掌握。学习活动开始之前,就要让学生知晓教学目标、教学内容框架及评价标准,保持它们之间的内在一致关系。设计学习活动或任务时,要具体到最小化的非关键任务上,避免使用毫不相关的软件,以便学生能够立刻开始学习。对教学材料进行结构化和格式化操作,以利于学生阅读。区分基本材料和补充材料的不同,并持续前后衔接。学习评价指标上,要建立面向全体学生的评价指标体系,具有客观统一、公平公正的评分标准,而非主观随意、彼此矛盾、混乱无序,建立科学完备的评价量规。

3.3.6　不断深化、注重交互的原则

教学媒体有高低、优劣之分,有直观、抽象之别。从一般性概念知识的讲授,到过程性操作技术的解析,教学媒体均可体现其工具价值和实用功能。人类学习是一个不断完善自身知识结构的过程,呈现出鲜明的递进性和层次性。教学媒体的使用应当遵循认知发展的一般规律,即从低级到高级,从简单到复杂,从单向到多维。在直接教学中,结构化的有序材料可以利用媒体直接向学生呈现,此时达成教学目标的效率最高。而在间接教学中,注重深层次的概念转换、探究和发现的过程,此时就应严格设计教学媒体来支持这一过程。

参与互动是现代教学的典型特征,实现了学习者、学习系统和学习材料之间的内在联系。参与式教学观念认为,应以学习者为中心,充分应用灵活多样、直观形象的教学手段,鼓励学习者积极参与教学过程,成为其中的积极部分,加强教学者与学习者之间的信息交流和反馈,使学习者能深刻地领会和掌握所学的知识,并能将这种知识运用到实践中去。交互式学习观念强调,在教学活动中合理地运用多样化的教学方法,在师生之间、学生之间形成交流互动的关系。可见,让学生参与,促进师生互动是现代教学媒体的核心和灵魂,能够赋予学习者更大的自由空间,帮助学习者在学习过程中真正掌握主动权。

3.3.7 尊重差异、协同学习的原则

计算机技术给数字化学习创造了便利条件,教育者可以轻松地为每个学习者定制课程、计划和服务。学习者的资质是多样化的,在达成目标、学习步调、思维模式、心理动机、认知方式、学习能力、行为方式等方面都有各自的需求。梅耶认为,就教学设计的表现而言,低水平学习者优于高水平学习者,高空间能力学习者则优于低空间能力学习者。面向认知风格不同且知识背景迥异的学习者,课程设计可以做到量身定制,以满足学习者个性化的学习需求。学习是自我约束、不断持续的过程,而不能千篇一律、制度化、形式化。对教学设计者来说,应当树立终身学习的原则,这不仅要改变僵化保守的传统教学思维,还需要改变教学媒体的组织形式和作用机制,深入挖掘有利于持续学习的新技术。

学会分享和协作是现代社会对人才的一种要求,这一原则不仅基于社会利益和利他主义,而且基于实用主义的教育哲学。计算机支持的协作学习已经不是什么新鲜事物,它在课堂教学、企业培训、项目开发、案例设计等很多方面都有典型应用。学习者突破了地域和时间上的限制,进行同伴互教、小组讨论、分组练习、课题分工等协作学习活动,处于不同年龄、时间、地点的学习者紧密地结合起来,形成虚拟团队或虚拟学习社区。协作学习环境的搭建,使教师与学生、学生与学生得以交流观点、讨论问题、协商会话,弥补了自主学习方式的不足,有利于知识建构的完成与认知结构的优化。协作学习将分散的个体缔结成智慧的联合,极大扩展了个体的社会认知能力,有利于共享集体智慧和学习成果。

3.4 开放教育资源的特性与类型

2002年,联合国教科文组织组织了第一届全球开放教育资源(OER)论坛,以调查普及高质量教育的可能性和开放教育对发展中国家高等教育的影响。其中,麻省理工学院的开放课程计划(OCW)和其他院校的类似项目在论坛中被重点介绍和讨论。OER的目标是让每个人在任何地点、任何时间免费获得人类的全部知识。OER允许以开放的创作共用许可证定期发布,允许用户根据定义的教育目的复制、编辑和重用材料。随着开放教育资源在世界范围内的爆发式增长,OER运动在世界各地变得越来越普遍。

按照Johnstone(2005)的观点,开放教育资源包括学习资源、支持教师的资源、确保教育质量和教育实践的资源。学习资源,指的是课件、内容模块、学习对象、学习者支持和评估工具、在线学习社区等。支持教师的资源,指的是能够帮助教师创建、适应和使用OER的教师工具和支持材料,以及教师培训材料与其他教学工具。从广义上说,开放教育资源包括开放

获取的数字化学习内容和课程材料。然而,在未来的教育模式中,教育资源不仅包括学习内容,还包括学习环境和相关支持技术。

资源是教育技术学科的核心概念。它有时被理解为存储在数据库中的静态对象,有时被理解为集成了一系列服务的系统或产品。一般来说,什么是资源取决于各方所采取的视角,如教师的视角、学习者的视角、机构的视角、技术的视角和产业的视角等。对教师而言,资源是任何可以用来组织和支持学习经验的事物。对学生而言,资源是任何可以拿来调动、利用并支持学习的事物,包括课程材料、笔记、素材、同伴、专家等。万维网联盟(W3C)则把资源看作是任何能用通用资源标识符(URI)指向的东西。国际认可论坛(IAF)认为资源是任何可以通过 URI 访问的数字实体,包括教育目标和能力、内容资源、学习设计、学习者信息、元数据、问题和测试、词汇表、资源列表等。

结合不同学者、机构的观点,目前对开放教育资源的一般定义是:能够免费公开地提供给教育者、学生和自学者,并可重复使用于教学、学习和研究的数字化材料。开放教育资源的类型包括完整的课程、课程材料、模块、学习对象、开放教科书、公开授权、视频、测试、软件和其他用于支持获取知识的工具、材料或技术。开放教育资源可以是自由开放的静态资源,也可以是随时间变化的动态资源,或者是包含这些资源组合的课程或模块。

我国教育部颁布的《现代远程教育资源建设技术规范》指出,教学资源建设可以有四个层次的含义,一是素材类教学资源建设,主要分四大类:题库、素材库、课件库和案例库;二是网络课程库建设;三是教育资源管理系统的开发;四是通用远程教学系统支持平台的开发。在这四个层次中,网络课程和素材类教学资源建设是重点和核心,第三个和第四个层次是工具层次的建设。教学资源建设是需要长期建设与维护的系统工程。

3.4.1　教育资源库

教育资源库是伴随着国家教育信息化发展过程而形成的一种将资源合理积累、存储、使用的网络系统。教育资源库建设平台要以资源共享为目的,以创建精品资源为核心,面向海量资源处理,打造为一种集资源分布式存储、资源管理、资源评价、知识管理为一体的资源管理与教学的平台。教育资源则是网络课程建设的最基本素材,包括图像、视频、音频、多媒体教案、网络课件、试题库等。

本着开放性、共享型、可扩展性和可靠性原则,教育资源库建设途径有不同层次。首先,立足学校优质师资,开发校内教学资源。其次,采取校企合作开发、引进和整合国内外行业相关教学资源。最后,发挥 IT 企业的技术优势,开发海量存储容量、使用方便快捷的大型共享型专业教学资源库,提供集管理、教学、学习、社交于一体的丰富开放、安全可靠、通用标准和规范的教育云平台服务。

在国外,较有代表性的在线教育资源库有 MERLOT、OER Commons、hippocampus 等。MERLOT 是一个由教育工作者、学习者和研究人员组成的国际虚拟社区,提供设计良好的在线学习、支持材料、内容创建工具等的接入机会,拥有 10 万以上的海量学习资源,服务4000 家以上专业机构。知识共享开放教育资源网 OER Commons 创建于 2007 年,借助 Open Author 创作工具的编辑功能,进行开放教育资源的导入、修改和创作;利用自定义资源中心,组织、创建、共享和讨论资源;通过微站点,用户在唯一 URL 上使用自定义分类法以搜索资源集合。

在国内,教育资源库的建设已经持续多年,最具代表性的有国家高等教育智慧教育平台、国家中小学智慧教育平台、国家教育资源公共服务平台等。其中,国家高等教育智慧教育平台由高等教育出版社有限公司建设、运行和维护,致力于汇聚优质高等教育在线课程等资源,并推进广泛传播与共享,提供全面、优质、便利的课程搜索及相关服务。2012 年年底开通试运行的"国家教育资源公共服务平台"由中央电化教育馆网络部运行维护,建立了平台的门户网站,设立新闻、资源、活动、培训、导航、发现等网站频道,着力于教育信息化的工作进展、教育资源的推送推广、各类教育活动的举办实施、教育资源信息的智能导航等。

3.4.2 MOOC

在开放教育运动的推动下,美国的一些大学陆续在网上提供免费课程,Coursera、Udacity、edX 三大在线课程提供商开始崛起,给更多学生提供了远程学习的可能。与教育资源库的发展定位、应用路径不同,MOOC 是 Massive Open Online Course 的缩写,即大规模开放在线课程,又称慕课,本质上是一种课程的集合,而不是琐碎的教育素材,它更加强调教育内容的系统性、教学材料的视频化、网络平台的交互性和学习记录的完整性。同时,MOOC 与传统学校的课程学习不同,它一般不会执行严格的学分制,注册、学习、互动等环节都完全开放,考试合格还可能获得结课证书。在欧美一些国家,较有影响力的 MOOC 站点还有可汗学院、Future Learn、OpenupEd 等。

2007 年,孟加拉裔美国人萨尔曼·可汗成立了非营利性的"可汗学院"网站,用视频讲解不同科目的内容,解答网友提出的问题,还提供在线练习、自我评估及进度跟踪等学习工具。目前,可汗学院提供的课程已覆盖数学、科学、计算机、艺术与人文、大学和职业、经济和金融等领域。研究表明,可汗学院的个性化掌握学习对提高学习成果有效果。

在英国,最具代表性的 MOOC 是英国开放大学 FutureLearn。它于 2012 年 12 月建设运行,提供短期课程、专家捷径、微认证、在线学位等课程类型,覆盖 14 门学科、2900 余项课程。FutureLearn 的优势在于,每一项课程都被分解成许多步骤,开展协作式社会性在线学习,利用学习分析工具跟踪学习进度,组建专门团队创设定制课程等。

OpenupEd 是一个面向欧洲高等教育机构(HEIs)相关的 MOOC 课程的大学社区,以MOOC 的形式提供和发展开放在线教育。OpenupEd 与欧洲远程教育大学协会(EADTU)旗下的 Empower 项目有极为密切的合作关系,如联合举办活动和发行出版物等,产生了较好的学术影响力。

2003 年教育部启动了"国家精品课程"项目,促进现代信息技术在教学中的应用,铸造了第一批一流示范性课程。2013 年,教育部启动了"国家精品资源共享课"建设,关注推动之前的国家精品课程转型升级,提升功能提供更好的教学体验。随之,中国大学 MOOC、学堂在线、智慧树、学银在线、超星尔雅、人卫慕课、优课在线、好大学在线、融优学堂、华文慕课、优学院、正保云课堂等 MOOC 网站也如雨后春笋般发展起来。中国大学 MOOC 于 2014 年上线,是由网易与高等教育出版社携手推出的在线教育平台,承接教育部国家精品开放课程任务,提供数量众多的中国知名高校的 MOOC 课程,每门课程定期开课,整个学习过程包括观看视频、参与讨论、提交作业等多个环节,穿插课程的提问和终极考试,实现学生、社会学习者的个性化学习。当最终成绩达到所修课程的考核分数标准,可申请绑定学习者真实身份的认证证书(电子版)。

3.4.3 其他类型的开放资源

（1）开放式教材。开放式教材是得到作者和出版商的许可,可以自由使用和改编,免费下载、编辑和分发的电子教材及其附属资源的统称。以明尼苏达大学教育与人类发展学院开放教材图书馆为例,目前涉及商业、工程、法律等 14 个领域,共提供上千种开放教材。

Openstax 是一项始于 1997 年的非营利性教育计划,由莱斯大学运行,支持在线阅读和免费下载高中与大学教科书,支持教师辅助工具和基于技术的学习工具,并以 CC-BY 方式表彰作者姓名,授权使用者可以重制、散布、传输和修改内容。

此外,LibreTexts 提供化学、生物学等 12 种领域的书籍资源,有超过 400 种免费教科书、文本地图和 LibreTexts。

（2）开放获取期刊。开放获取期刊作者直接在互联网公开发表自己的科学成果,允许社会公众自由获取、复制、传播或其他任何合法目的的利用,但不得侵犯作者保留的权利(布达佩斯开放获取计划,2002)。这不同于传统订阅式期刊的付费阅读。

开放获取期刊目录(DOAJ)由瑞典的隆德大学图书馆研发,提供有质量控制及同行评审的金色开放获取的电子期刊资源。它于 2003 年推出,拥有 300 种开放获取期刊,提供对高质量、开放存取、同行评议期刊的访问和索引功能。如今,它包含了近 17500 份同行评议的开放获取期刊,涵盖了科学、技术、医学、社会科学、艺术和人文学科的所有领域。

开放知识库(OKR)是世界银行官方开放获取其研究成果和知识产品的知识库。OKR 构建在 DSpace 上,而 DSpace 是开放访问社区中大量使用的开源平台,支持超过 2000 个开放存储库,并且可以与其他存储库互操作。OKR 可以快捷方便地查找内容,用户可以按收藏、作者、发布日期、主题和标题浏览世界银行的内容。高级搜索是可用的,并搜索元数据,如标题、摘要、关键字等。还可以使用各种过滤器缩小搜索结果,如按作者、日期、主题、内容类型、关键字、地区或国家过滤内容。

中国科学院科技期刊开放获取平台,于 2010 年 10 月正式发布上线,现已收录 149 种期刊、约 65 万篇文章的数据资源,提供文章站内检索、文章跨库检索、按目次查看文章摘要信息、免费下载文章全文等功能,并与国家科学图书馆 Science China 数据库参数对接,获得期刊与文章的权威引证分析报告。

Socolar 是中国教育图书进出口有限公司旗下平台,已有 10 余年的运营经验,提供开放获取学术文献资源的集成一站式服务,以及付费单篇文献的及时获取服务。其中,外文文章的开放获取数量超过 1500 万,外文付费期刊文章超 5000 万。

（3）开源学习工具。教育领域中,需要用到大量的应用性、工具化软件,这就离不开免费的开源软件。教育即共享,开放即普惠,从开源软件到开放硬件,再到开放学习工具,正在改变教育的范式。

PhETInteractive Simulations 由诺贝尔物理学奖获得者卡尔·威曼于 2002 年发起,涵盖从小学、初中、高中到大学学段的互动教学仿真项目,已完成超过 11 亿次、159 项、3156 门相关课程的模拟项目。基于开放、免费的 PhET,通过直观的、游戏般的环境吸引学生,使其在探索和发现中进行学习。

TinEye 是创建于 2008 年的图像搜索和识别网站,在计算机视觉、模式识别、神经网络和机器学习方面具有多年的技术积累,提供快速、可扩展的图像识别和跟踪工具。TinEye 可以通过上传图像或输入 URL 进行搜索,既可以执行反向图像搜索,也可以简单地拖放图片来开始新的搜索。如今,TinEye 已爬取超过 550 亿张照片。

　　EduCreations 是 iPad 上运行的在线工具,它允许教师与学生在给定主题的说明下创建自己的视频。学生们可以在任何网页浏览器上重播这些视频,也可以在 iPad 上的免费配套程序中使用这些视频。

思考题

　　1. 简述教学媒体的主要功能特性。

　　2. 从技术进化的角度,阐述现代教学媒体的发展趋势。

　　3. 数字鸿沟背景下,谈谈"易于获取、公平使用"的教学媒体应用原则。

　　4. 开放教育资源背景下,论述 MOOC 的内涵、特征及本质。

第 4 章　文本与图像素材的获取与利用

本章教学目标

（1）了解文本素材的基本类型，理解文本素材的基本特性。

（2）掌握文本素材的采集途径、技术方法和优越性。

（3）理解 OCR 软件的基本原理和应用方法。

（4）掌握网页文本素材的获取方法和转化途径。

（5）了解图像素材的基本类型，理解图像素材的基本特性。

（6）了解图像素材的采集途径、技术方法和优越性。

（7）了解图像素材的主要文件格式及其特点。

（8）了解图像颜色模式的类型。

（9）了解 MindManager 主要特性和技术优势。

（10）学会利用流程图软件制作专业图形，并实现快速的内容设计。

4.1　文本素材的常见用法

　　文本素材是指以文字为媒介的素材，是承载和传递教学信息的最基本方式，包括字母、数字、符号等形式，在多媒体课件中主要用于呈现教学内容、各级标题、按钮名称、菜单名称、页眉页脚、注释等。文本所包含的信息量巨大，知识内容的呈现都离不开文本，如概念、定义、原理的陈述，问题的表述等。与其他媒体素材相比，文本容易处理，占用存储空间较少，便于计算机设备的输入、存储、复制和传播。

4.1.1　文本素材的基础知识

　　文本是精确表达教学信息的最基本方式。文本一般分为纯文本和图形文本。所谓纯文本，就是没有添加任何修饰，可直接在系统创作环境中利用键盘或手写输入，或通过外部文本编辑软件（如 WPS、Office 等）制作的文本素材。

　　（1）西文和中文编码标准。ASCII（American Standard Code for Information Interchange），即美国信息交换标准代码，是基于拉丁字母的一套计算机编码系统，主要用于显示现代英语和其他西欧语言，到目前为止共定义了 128 种字符，最后一次更新是在 1986 年。ASCII 使用指定的 7 位或 8 位二进制数组合来表示 128 种或 256 种可能的字符。标准 ASCII 也称基础 ASCII，使用 7 位二进制数（剩下的 1 位二进制为 0）来表示所有的大写和小写字母、0 到 9 的数字、标点符号，以及在美式英语中使用的特殊控制字符。

　　其中，0~31 及 127，共 33 个，是控制字符或通信专用字符（其余为可显示字符）。如控制符:LF(换行)、CR(回车)、FF(换页)、DEL(删除)、BS(退格)、BEL(响铃)等;通信专用字符:SOH(文头)、EOT(文尾)、ACK(确认)等;ASCII值为8、9、10和13分别转换为退格、制表、换行和回车字符。它们并没有特定的图形显示,但会依不同的应用程序,而对文本显示有不同的影响。32~126,共95个,是表示字符,32是空格,其中48~57为0~9的数字。65~90为26个大写英文字母,97~122为26个小写英文字母,其余为一些标点符号、运算符号等。后128个称为扩展ASCII。许多基于x86的系统都支持使用扩展(或"高")ASCII。扩展ASCII允许将每个字符的第八位用于确定附加的128个特殊符号字符、外来语字母和图形符号。

ASCII编码是最简单的西文编码方案。在英语中,用128个符号编码便可以表示所有单词,但对于其他语言,128个符号是不够的。例如,汉语的字就多达10万个左右。一个字节只能表示256种符号,这肯定是远远不够的,必须使用多个字节表达一个符号。又如,简体中文常见的编码方式是GB 2312,使用两个字节表示一个汉字,所以理论上最多可以表示$256^2 = 65536$个符号。汉字字符编码方案的国家标准有GB 2312、GBK、GB 18030等。GBK,即《汉字内码扩展规范》,于1995年制定,兼容GB 2312、GB 13000.1、BIG5编码中的所有汉字,使用双字节编码,编码空间为0x8140~0xFEFE,共有23940个码位,其中GBK1区和GBK2区也是GB 2312的编码范围,收录了21003个汉字,与Unicode组织的Unicode编码完全兼容。GB 18030—2005《信息技术中文编码字符集》是我国制定的以汉字为主,并包含多种我国少数民族文字的超大型中文编码字符集强制性标准,其中收入汉字70000余个。

(2)**西文和中文输入法**。输入法是指为将各种符号输入计算机或其他设备(如手机、平板电脑等)而采用的编码方法。输入法一般分为两类:一类以字形义为基础,输入快且准确度高,但需要专门的系统化学习训练,如五笔输入法;另一类以字音为基础,易于上手,但有时准确度不高,如微软拼音输入法、搜狗输入法等。键盘作为主要输入设备,且印有拼音字母,输入常用字词时无须专门学习。

中文输入法的编码虽然种类繁多,归纳起来共有拼音编码、形码、音形结合码三大类。拼音输入法采用汉语拼音作为编码方法,包括全拼输入法和双拼输入法。常用的输入法软件有智能ABC、微软拼音、搜狗拼音、谷歌拼音、百度输入法、必应输入法等。形码输入法是依据汉字字形,如笔画或汉字部件进行编码的方法。计算机上形码广泛使用的有五笔字型输入法、郑码输入法。常用的形码输入法软件有QQ五笔、搜狗五笔、极点五笔等。音形码输入法是以拼音(通常为拼音首字母或双拼)加上汉字笔画或者偏旁为编码方式的输入法,包括音形码和形音码两类。代表输入法有二笔输入法、自然码和拼音之星谭码等。常用的输入法软件有超强两笔、极点二笔、自然码输入法等。

以搜狗输入法为例,它专门面向学生平板、智慧校园设备等教育场景,带来输入性能提升,并打造输入全过程的辅导帮助,从而助力高效学习。校方/家长云管控、学科词库、手写公式识别、手写打分、拍照翻译、英文口语纠正、屏蔽脏话纯净联想、图片转文字等功能,使得输入法功能更趋智能,从而有效解决信息输入中的精细化和科学化,如图4.1所示。

(3)**字体及其管理工具**。字体(font)是文本素材的风格和样式。表意是文字的第一属性,而美观是文字的第二属性。在很多场景下,文字作为审美的对象,是完美的外在形式与丰富的内涵的统一体。从样式类别上来说,字体是一个类型;从字形上来说,字体是一个集合。而字体集(typeface),则泛指多个字体的集合,特指具有同一外观样式但排版尺寸不同的字体集合。具体来说,篆书、隶书、楷书、草书、宋体、仿宋体、黑体等分别是某类相似风格的许多个字体的集合,可称之为"书体",而不是一种字体,如图4.2所示。例如,在书法史上,"四大楷书"是对以楷书著称的四位书法家的风格化字体的合称,分别是唐朝欧阳询(欧体)、唐朝颜真卿(颜体)、唐朝柳公权(柳体)、元代赵孟𫛭(赵体)。宋体是计算机上最普遍使用的中文字体,但历史上又有中易宋体、新细明体等分法。

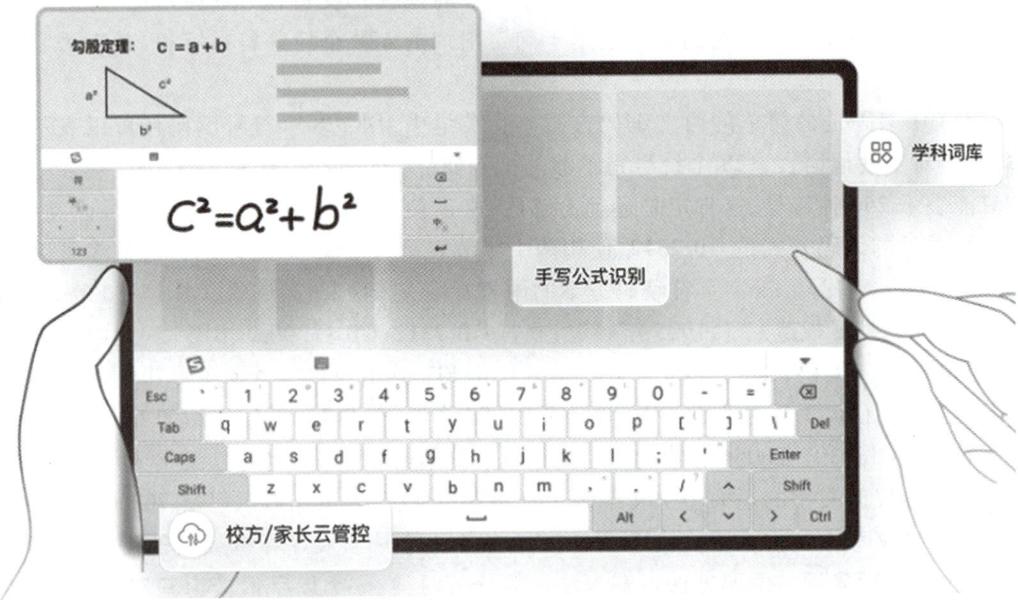

图 4.1　面向智慧教育场景的搜狗输入法

黑体　　宋体　　楷体　　隶书　　毛笔书法　　硬笔书法　　卡通创意　　拼音　　English

图 4.2　常见的字体样式和风格

　　在当今商业化的世界里,字体被开发并授权使用,形成了大量具备商业版权属性的字体,如方正字体、汉仪字体、蒙纳字体、博洋字体、雅坊字体、创艺字体、长城字体、金桥字体、文鼎字体、汉鼎字体等字体。在林林总总的字体之中,有一些字体因为鲜明的个人风格,受到特定人群的喜爱,如宋徽宗瘦金体、祝允明书法体、毛泽东字体、启功字体简体、田英章行书字体、静蕾简体、家书简体等。

　　根据字体特性和使用类型,字体风格有苍劲古朴、稳重挺拔、现代简约、秀丽柔美、文艺清新、动感活泼、开通可爱等审美倾向。在具体设计上,字体则分为无衬线字体、粗衬线字体、旧体本字体、过渡字体、变体字体等类型。其中,无衬线字体被广泛地用于阅读文本当中。变体字体是从书写中获得灵感而创造的一种奇特而复杂的书写体,是具有阐明意义或表述概念的特殊功能字体,虽然富有视觉表现力,但不适合用于长篇文本中。随着中华文化影响力日益增强,中国风字体受到追捧,特别是在古典文化题材的作品中尤为常见,代表字体有华康俪金黑、造字工房刻宋、方正楷体、方正华隶简体、汉仪字典宋体、方正珊瑚简体、禹卫书法行书简体等。

　　字体具备版权属性已经成为当今世界的共识。企业的品牌形象是企业对外宣传的第一要素,字体作为品牌形象的重要元素,受到越来越多企业的重视,因此定制字体服务的需求时倍增。在移动互联网时代,崇尚个性表达的年轻人正逐渐成为社会主力军,能体现创作者独立思考、鲜明个性的手写体,越来越多地出现在时尚圈、电视节目以及广告海报上。在国际市场上,字体设计已得到充分应用。面对设计全球化,国内字体设计公司在学习国外优秀设计方法的同时,也在通过全球多语言的字体设计,让中文字体更好地走向国际,满足全世界的使用需求。教育界要充分关注字体在课件制作、内容展示等方面的趋势和变化,用审美设计的眼光不断提高教学的艺术性,如图4.3所示。

图 4.3　"字体视界"网站自有版权的印品潮牌体

　　与此同时,类似于字体视界、字如网、第一字体网等商业字体授权网站开始出现。其中,"第一字体"网的字体转换器和艺术字体在线生成器,就像一部活生生的在线书法字典和字帖,无须下载字体到计算机上即可任意生成各种美观的书法和艺术字体,如图4.4所示。

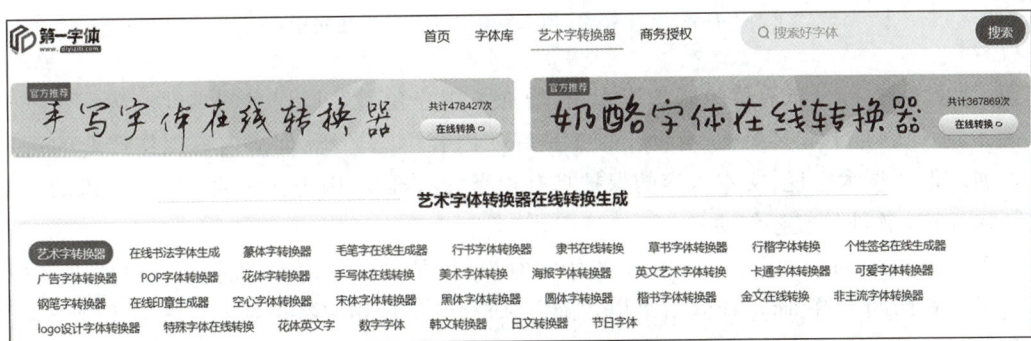

图 4.4　"第一字体"网的艺术字体转换器在线转换生成

　　随着教学工作的深入,很多教师也面临着管理字体的需要,由此推动了字体管家、以方·iFonts字体助手等工具软件的使用。字体管家能够一键安装,把安装字体简化为一步操作,"一搜就出来,一点就安装",真正的省心省力,内置了9000多种字体供用户免费下载安装,中文字体、英文字体、数字字体,应有尽有。字体管家还提供字体备份恢复功能,支持预览不同的字体样式和颜色。以方·iFonts字体助手是一款免费的设计工具。包含10多个设计辅助功能,内置991款商用字体,20多万个包括元素、背景、高清图、彩色特效字等设计素材,从而真正告别繁重的素材文件包,单击拖曳一步到位,如图4.5所示。

　　(4) 文本识别OCR软件。互联网时代,信息不断泛滥,获取优质资源变得更加困难。对于内容创作者而言,大量人工、物料、时间等成本的付出,通过有偿授权、会员订阅、限时优惠等方式取得劳动报酬是十分合理的。因此,出于保护版权的考虑,很多网站往往采取添加

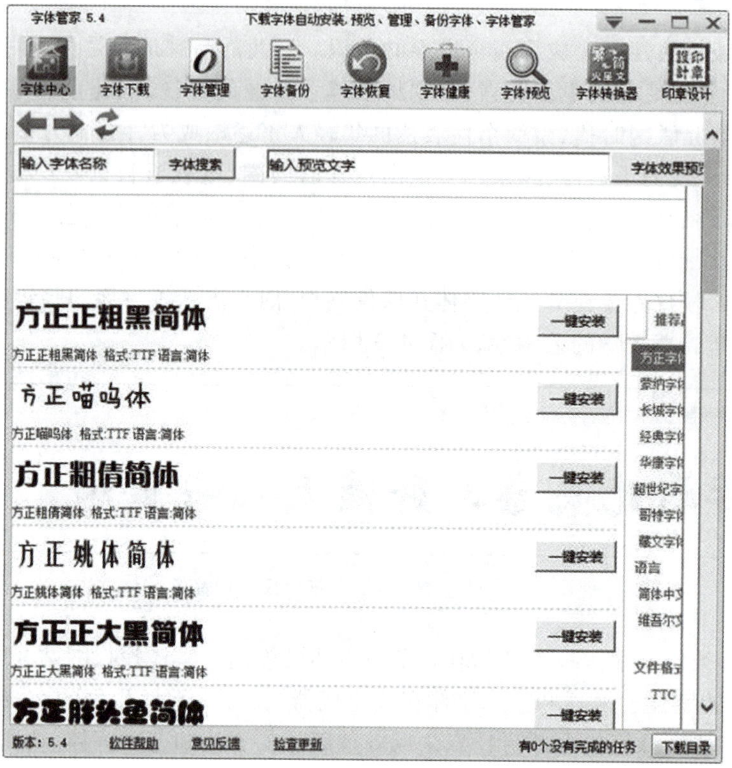

图 4.5　字体管家(FontSoft)V5.4 官方免费版

水印、禁止复制、部分试看等方式加以限制,增加了用户免费获取信息的难度。从商业逻辑上说,鼓励原创是十分必要的,有助于维护良好的内容生态环境,促进内容创作产业的可持续发展。但从技术上说,文本内容的保护具有相当大的难度,因为文字的识别可以借助于激光扫描、OCR 软件等轻松解决。

OCR(optical character recognition,光学字符识别)是指电子设备(如扫描仪或数码相机)检查纸上打印的字符,通过检测明暗模式确定其形状,然后用字符识别方法将形状翻译成计算机文字的过程。针对印刷体字符,它能采用光学方式将纸质文档中的文字转换成为黑白点阵的图像文件,并通过识别软件将图像中的文字转换成文本格式,供文字处理软件进一步编辑加工。一个 OCR 系统可分为三个部分:预处理部分、识别部分和后期处理部分。首先,把待识别的文本通过扫描设备输入系统,由软硬件完成数字图像处理,把待识别文本中的图形与文字分离开,并将分离出的文字分割成单个符号图形供识别部分使用。其次,把分隔出的文字图形规格化,提取文字的几何特征和统计特性,并把特征送入识别器,得到待识别文字的内码。最后,综合考虑识别结果以及预处理部分的某些因素,生成具有一定格式的识别结果,然后对整个识别结果进行语言学方面的检查,纠正误差,从而产生最终结果。

当前,扫描仪厂家一般都会配套自己的 OCR 软件,如方正 OCR、汉王 OCR、清华紫光 OCR、扫描全能王等。其中,汉王 OCR 支持多种功能,如印刷体字符识别、手写体字符识别、少数民族文字识别、自然场景下文字识别、公式字符识别、复杂表格识别、各类单据和证照识别、各类条码识别、古籍识别等。值得一提的是,汉王古籍识别核心采用深度学习技术开发,结合与古籍行业多年的深度合作与积累,具有超大字符集识别能力,刻本古籍识别正确率高于 95%,抄本古籍识别正确率高于 90%,如图 4.6 所示。

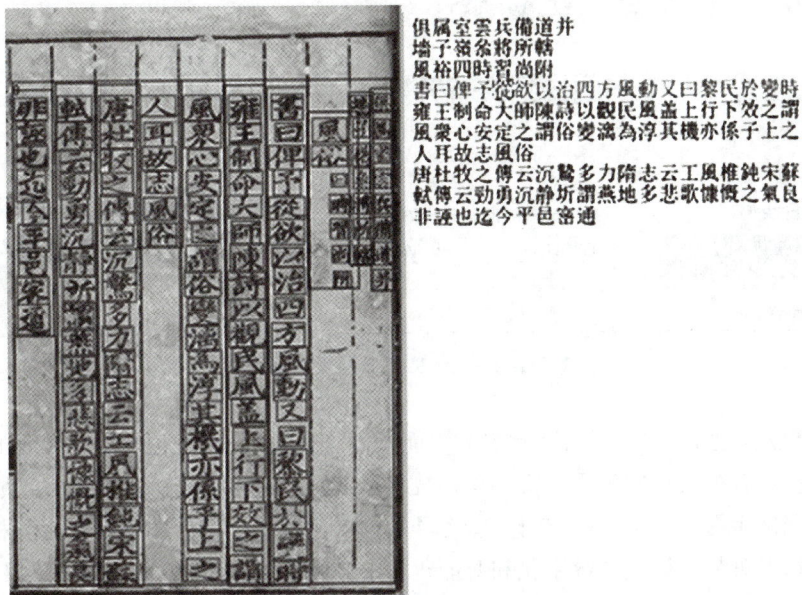

图 4.6　汉王 OCR 古籍识别技术

随着 OCR 软件的不断创新,开源化、在线化、便携化等成为新的趋势。开源意味着免费获取利用,在线意味着通过网站即可使用,而不必单独安装客户端或者任何硬件设备,便携化意味着在移动设备即可轻松使用。众所周知,中国国家知识基础设施工程(CNKI)收录了众多科研领域的学报、学位论文、报纸、会议记录、年鉴、参考文献、百科全书、专利、标准、科技成果和法律法规,涵盖的文献主题、文献种类、地理范围和年份范围均为全国之最。除了卷帙浩繁的收录资料,中文、越南语、泰语及绝大多数的欧洲语言等繁杂的资料语言也是亟待解决的问题。此外,科研著作与学位论文特有的大量插图、表格、方程、制图、图表等也至关重要,需要尽数保留。所有资料还需编入索引,保存为特殊的 CAJ 格式。为解决以上难题,ABBYY FineReader Engine 引擎发挥了很大作用。第一阶段,该引擎识别出文档中的所有文本。第二阶段,从文档内容中抓取检索值(元数据),再利用元数据实现知识数据库中数字化资料的快速高效检索。最终,既保存了文档的原始布局,又将经过处理的文档导出为 Word、Excel、可检索的 PDF/A,以及 CAJ 文件,并确保了检索结果 100% 精确。

TextConv 是一款免费的文字在线识别工具,支持上传 png、jpg、pdf、tiff、bmp、gif、heic、heif、webp 等格式。它通过图片识别文字,可保留原始格式,提供图像文字识别、提取图片文字、PDF 文字识别、扫描文件识别服务、PDF 转 Word 文档服务等,支持简体中文、繁体中文、日语、韩语、英语、法语、俄语、德语等多种语言,输出结果支持 PDF、Word 和 Text 格式。此外,Online OCR 是一项免费在线 OCR 服务,它允许用户使用在线光学字符识别软件,从图像中提取文本或将 PDF 转换为 Word、Excel 或其他文本格式,如图 4.7 所示。

在独特的教育场景下,识别作业及试卷中的公式、手写文字、题目等内容,智能阅卷、书摘、

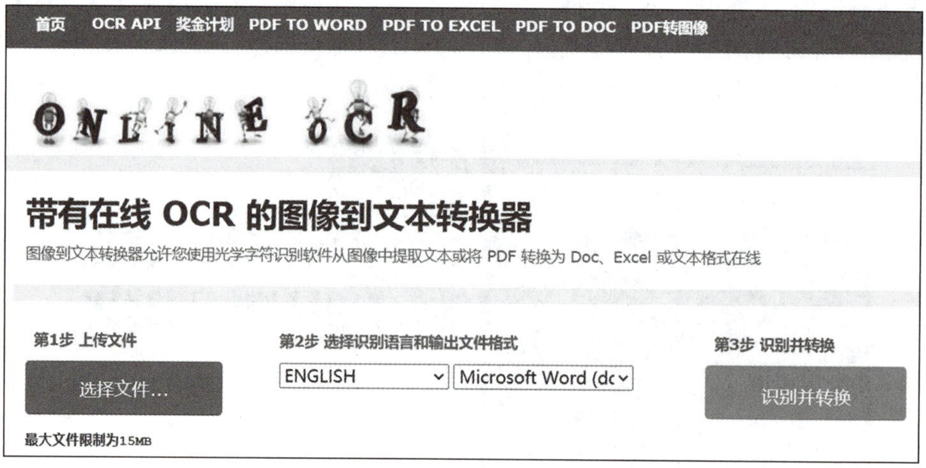

图 4.7　Online OCR 图像到文本转换器

笔记电子化等业务是十分普遍的,因此需要智能阅卷、搜题、书摘、笔记电子化等定制化功能。智能阅卷中,应结合公式识别和手写文字识别技术,自动识别学生日常作业及考试试卷中的题目、公式及答题区手写内容,实现学生作业、考卷的自动化录入及教学数据的自动分析,提升教师工作效率量,促进教学管理的数字化和智能化。书摘和笔记电子化,则需要自动录入手写书摘、读书笔记、课堂笔记等内容,便于用户进行快速编辑、查找及传输,提升内容管理效率,优化用户使用体验。在这方面,百度 AI 开放平台 OCR 是较为理想的解决方案之一。

在智能手机领域,扫描全能王 App 告别扫描仪烦琐的操作,具备扫描、归档、上传、查找等功能,实现手机、平板电脑、计算机多设备管理文档。图片转文本的 OCR 识别功能,可以识别中、英、日、韩等 40 多种语言;手机拍纸质文档,自动去除杂乱背景,生成高清 JPEG 图片或 PDF 文件;跨设备同步、备份,支持 PDF 文档的自由合并、拆分、压缩和批注,自由编辑 PDF 内文字,还能快速添加电子签名和水印;支持无线打印,支持邮件、微信、QQ、传真等多渠道分享,如图 4.8 所示。

图 4.8　"扫描全能王"实现 OCR 扫描、编辑

(5) 文本素材的文件格式。文本素材的获取途径有很多种,常见的有扫描、输入、转换等,又因为编辑排版工具的不同,进而可以获得不同格式的文档,文件扩展名也就有所不同,常见的有 TXT、DOCX、WPS、PDF、RTF、CAJ 格式等。

- TXT 格式。微软公司在 Windows 操作系统中附带的一种文本格式,主要存储文本信息,大多使用记事本等软件打开、查看和存储。除"硬回车"外,TXT 文档不包括其他任何控制符和格式化信息,属于最原始、最常见的一种文本格式。

- DOCX 格式。Microsoft Word 2007 以后版本专用的文本格式,DOC 则是其之前版本的文本格式。DOCX 格式的文件本质上是一个 ZIP 文件,在其中可以找到配置文件 XML、文本文件和各种媒体文件。

- WPS 格式。金山办公软件 WPS(word processing system)生成的文档格式。WPS 最早出现于 1989 年,具有丰富的全屏幕编辑功能,提供各种控制输出格式及打印功能,打印出的文稿即美观又规范,由三个模块构成:WPS 文字、WPS 表格和 WPS 演示。

- PDF 格式。PDF(portable document format)是一种跨操作系统平台的电子文件格式。可将文字、字体、图形图像、色彩、版式及与印刷设备相关的参数等封装在一个文件中,在网络传输、打印和制版输出中保持页面元素不变,还可包含超文本链接、音频和视频等电子信息,集成度和安全可靠性都较高。PDF 文档阅读器有 Adobe Acrobat Reader DC、福昕 PDF 阅读器等。PDF 文档编辑器有 Adobe Acrobat Professional、UPDF、迅捷 PDF 编辑器等。

- RTF 格式。RTF 是文本格式的一种,是 Rich Text Format 的缩写,即丰富的文本格式,主要用于各种文字处理软件之间的文本交换。通用兼容性应该是 RTF 的最大优点,但同时也就具有它的缺点,例如文件一般相对较大(可能因为嵌入了兼容各种应用程序的控制符号吧)、Word 等应用软件特有的格式可能无法正常保存等。

- CAJ 格式。CAJ 是中国期刊网推出的专用全文格式,本质上属于电子刊物的一种格式。它的打印效果可以达到与原版显示一致的程度。CAJ 全文浏览器对 CAJ 格式提供全面支持,同时允许打开 NH、KDH 和 PDF 格式文件。

4.1.2 Word 长文档处理技巧

考虑 Word 在教师备课、课堂教学、教学总结中的重要作用,系统了解并掌握 Word 在长文档处理中的应用是十分必要的。

(1) 在 Word 中高效创建内容。Word 是处理办公文档的必备工具,采用以结果为导向的用户界面,可以节省大量格式化文档所需要的时间,提高用户工作的效率。

① 快速输入特殊格式。方法有两种:一种是利用 Word 插入功能,例如可在"插入"选项卡中找到"符号"面板,从"符号"按钮中选择"箭头"等符号;另一种是利用输入法插入,在不同的输入法中,均可输入特殊字符。以微软必应输入法为例,它支持输入各种符号,如单位、序号、特殊符号、标点符号、数学、几何、字母,如图 4.9 所示。

② 公式输入。具体操作步骤为:单击"插入"选项卡→"符号"面板→"公式"按钮。

③ 应用构建基块。具体操作步骤为:选中需要作为基块的文本内容,单击"插入"选项卡→"文本"面板→"文档部件"按钮→"将所选内容保存到文档部件库(S)……"。此后,单击"文档部件"按钮,就可看到已定义好的构建基块,直接选中并单击,即可插入。一般常用

于公文头部分,如图 4.10 所示。

图 4.9　微软必应输入法中可输入的特殊符号

图 4.10　利用文档部件库构建基块

④ 自动更正。具体操作如下:首先,选择"文件"→"选项"命令,打开"Word 选项"对话框,在"校对"栏中单击"自动更正选项"按钮;其次,打开"自动更正"对话框,在"替换"文本框中输入简写的关键字,如"huawei",这里可以输入字母或汉字;最后,在"替换为"中输入关键字,如"华为网络科技有限公司",然后单击"添加"按钮,将该项自定义内容记录在 Word 程序中。

(2) 样式、大纲与目录生成。样式是字符格式和段落格式的集合,在编排重复格式时反复套用样式,可以减少重复化的操作。同时这也意味着,一旦样式发生改变,会产生多米诺骨牌式的连锁反应,影响正文内原本整齐的段落版式、格式及外观效果。无样式不成排版,在排版之前要谨慎,必须充分考虑文档中可能会用到的段落样式。样式可分为标题类样式和正文类样式。标题类样式,包括大标题、一级标题(章标题)、二级标题(节标题)、三级标题等,正文类样式,则指代正文、图片图题、表格表题、表格内容、公式等。一般来说,可事先设置好各级标题样式和正文样式,需要的话直接选中文本或段落应用样式,也可以随着排版内容的增加再不断增加样式,还可以根据需要随时调整已经定义好的样式,如图 4.11 所示。

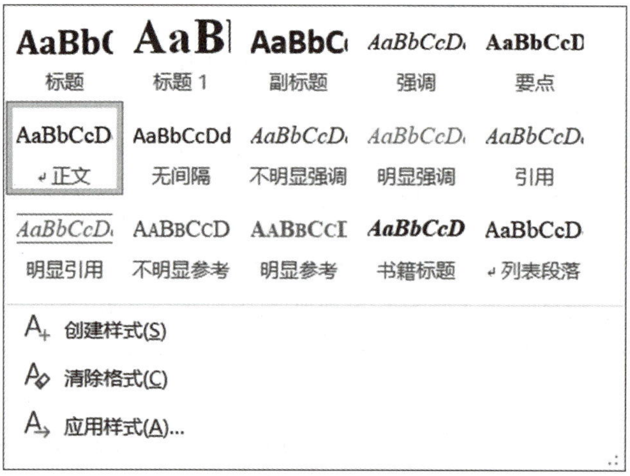

图 4.11　样式库中的正文样式

内置样式：Word 为了用户工作的需要，默认设定的样式，位于"开始"选项卡的"样式"面板，默认会在样式库中显示 15 个样式。正文样式是 Word 文档中使用的基于 Normal 模板的默认段落样式，也是 Word 内置段落样式的基准。默认正文样式不包含"首行缩进 2 字符"，这与中文文档段落首行空两个汉字的习惯不符。因此，就有必要右击修改"正文样式"进行修改，然后选中左下角的"格式"按钮→"段落"命令→"缩进"选项卡→"特殊"下拉列表里设置首行缩进 2 字符，如图 4.12 所示。

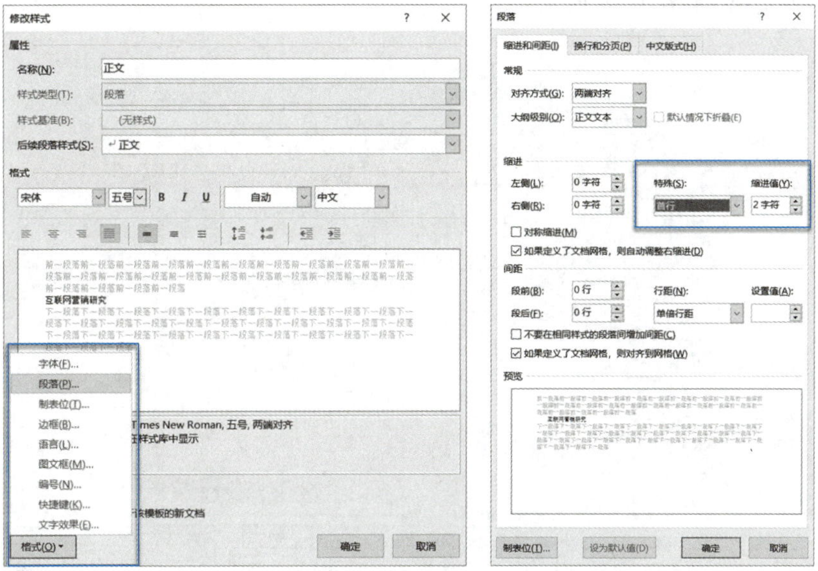

图 4.12　修改正文样式中的首行缩进 2 字符

样式库中展示的标题类样式有"标题""副标题""标题 1"等，这些标题样式可以与实际文档内容对应。在"视图"选项卡→"视图"面板→"大纲"标签打开"大纲视图"，可方便展示文档结构，可选中文档中的段落，为其指定等级结构（1~9 级）的段落格式，用于设定文档的层次关系。一般来说，标题 1 对应大纲级别 1，标题 2 对应大纲级别 2……依次类推，如图 4.13 所示。

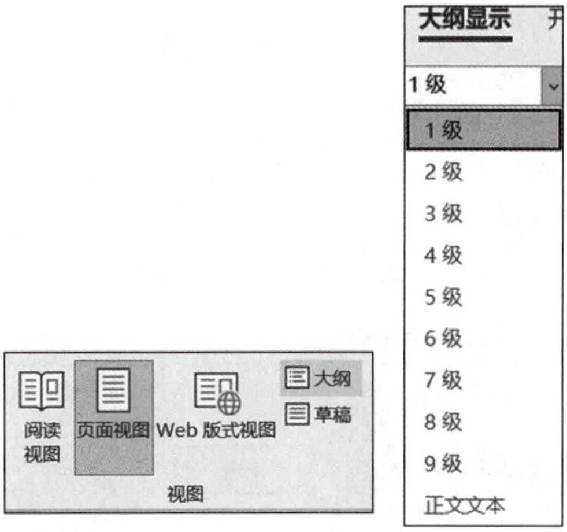

图 4.13　大纲视图的层次关系

标题样式是生成文档目录的基础,在"引用"→"目录"面板→"目录"按钮→"自定义目录(C)……",可自动生成文档目录。在该对话框中,可设定显示目录的层级,一般是三级,也可更改为更少的二级或更多的四级,制表符前导符可以选定风格,页码显示与否、页码是否右对齐等选项均可设定。对于一篇长文档,特别是毕业论文、说明书等正式文档来说,这是十分有必要的。目录一旦生成,可根据文档内容变化等情况,自动或手动更新目录的生成,保证最新版本的统一。同时,单击目录中的相应位置,可跳转到文档相应内容上,方便编辑内容或检查文档,如图 4.14 所示。

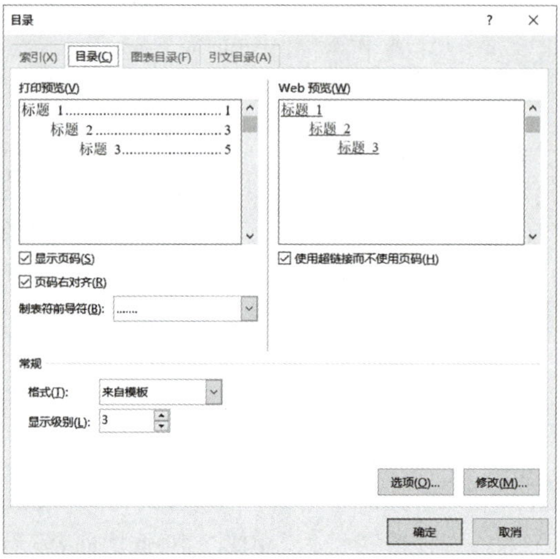

图 4.14 "引用"功能区中的自定义目录

(3)**题注与交叉引用**。题注的作用是给文档里的表、图、图表、公式等元素添加自动标注,即统一注释文字前缀、自动编号等规则信息。以图片为例,首先选中图片或定位光标,单击"引用"→"题注"面板→"插入题注"按钮,就会打开"题注"对话框。选择默认的题注标签,如 Figue、Table、表格、公式、图,也可以新建标签。还可进一步定义"题注编号",默认是连续的阿拉伯数字,可修改为大小写字母、罗马数字等,如图 4.15 所示。

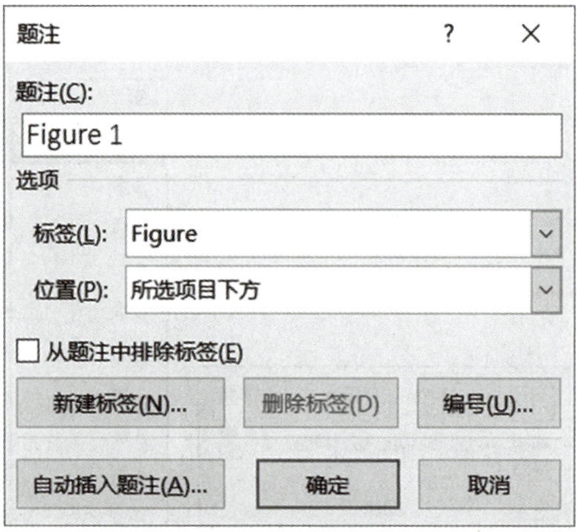

图 4.15 "题注"对话框

交叉引用是对 Word 文档中其他位置的内容的引用,例如,可为标题、脚注、书签、题注、编号段落等创建交叉引用。首先,确定插入点,在合适的位置对光标进行定位。其次,依次单击"引用"→"题注"面板→"交叉引用"按钮。接着选择引用内容,在打开的"交叉应用"对话框中单击"引用类型"下拉列表框右侧的下拉按钮,选择编号项、标题、书签、脚注、尾注、表格、公式和图表等内容进行引用。创建交叉引用之后,可以改变交叉引用的引用内容。例如,可将引用的内容从页码改为段落编号,如图 4.16 所示。

(4)艺术字、表格和特殊标记。在文本文档中,文字能够以艺术字的形式呈现。单击"插入"→"文本"面板→"艺术字"按钮,可以打开"形状格式"扩展菜单,在"艺术字样式"面板中设置"文本填充""文本轮廓""文本效果"等参数。还可设置"文字方向""对齐文本""替换文字""大小",以及更加丰富的"排列"功能。艺术字作为一种美术效果,超越了文字表意的基本内涵,扩展了文本文档的排版功能,展示出丰富灵活的视觉效果,如图 4.17 所示。

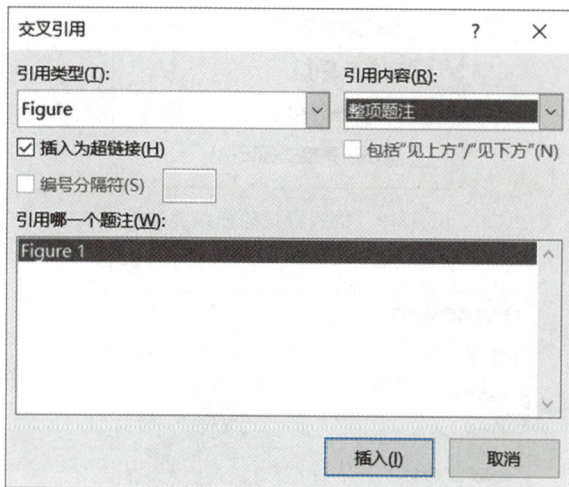

图 4.16 "交叉引用"对话框

图 4.17 艺术字样式中的"设置形状格式"

表格是 Word 文档中十分实用的实用功能,想要在文档上添加表格,第一种方法是框选法,首先定位光标,单击"插入"按钮,选择"表格"下拉按钮,根据需要框选要插入的表格区域。第二种方法是插入法,依次单击"插入"→"表格"面板→"表格"标签,选择"插入表格"菜单,之后跳出"插入表格"对话框,手动输入需要的表格列数和行数,单击确定。第三种方法是绘制法,单击"绘制表格"菜单按钮,这时文档上会出现类似铅笔的工具,直接绘制表格即可。若想退出绘制状态,可以直接按快捷键 Esc 键。

表格是格式化文档的重要组成部分,其中有很多技术技巧。例如,想要创建三线表格,一般是将整个表格选中,右击,依次执行"表格属性"→"边框和底纹"命令,把垂直线去掉,只保留最上面一行和最下面一行水平线。然后,选中标题行,右击,依次执行"表格属性"→"边框和底纹"命令,添加最下面一行水平线即可。又如重复标题行,一般是将表格选中,在"表设计"浮动选项卡中将"表格样式选项"中的标题行选中,再回到"布局"浮动选项卡中,将"数据"面板中的"重复标题行"按钮按下即可。此外,表格和文本还可以相互转换,单击"数据"面板中的"转换为文本"按钮,可选择默认的制表符选项,如图 4.18 所示。

注意：制表符是一种特殊标记，和回车符、空格、对象位置等一般是隐藏的，也可以根据需要随时显示出来。单击“文件”→“选项”→“显示”选项卡可对标记进行显示或隐藏，如图 4.19 所示。一般而言，文本和表格是可以互相转化的，这期间往往需要制表符的参与。按下 Tab 键，就可在文本之间插入制表符，如图 4.20 所示。选中这段需要格式化的文字，依次执行“插入”→“表格”面板→“文本转化成表格”命令，就可轻松实现，如图 4.21 和图 4.22 所示。

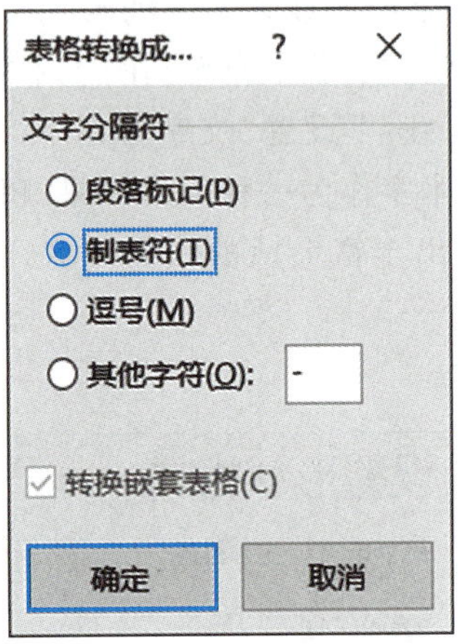

图 4.18　表格转换为文本

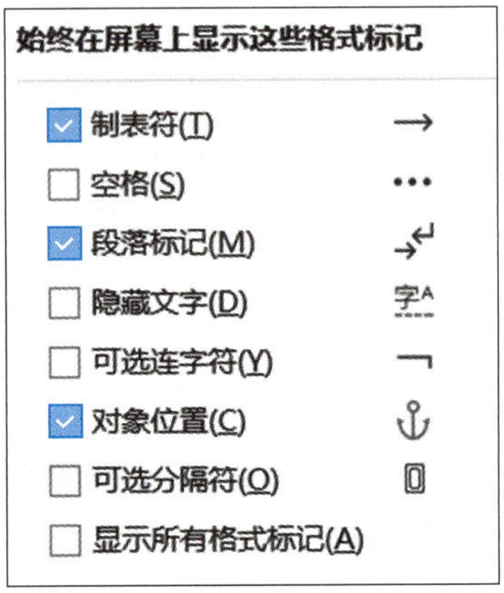

图 4.19　格式标记的显示或隐藏

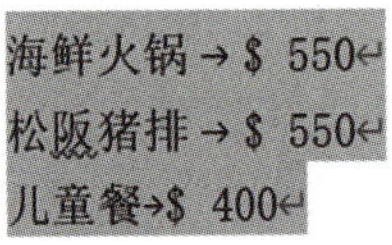

图 4.20　插入制表符的文本

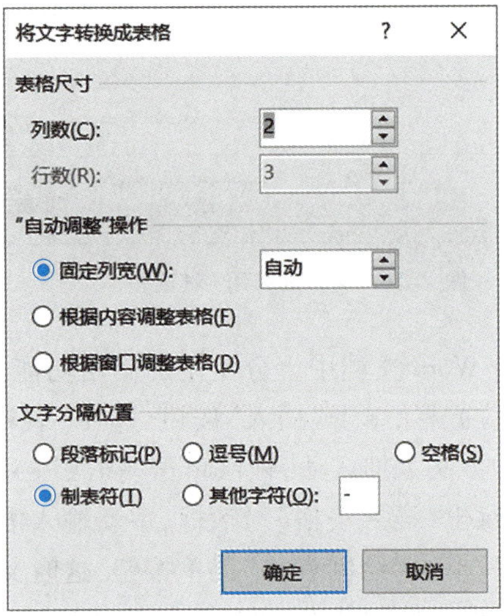

图 4.21　文本转换为表格

海鲜火锅↵	$ 550↵
松阪猪排↵	$ 550↵
儿童餐↵	$ 400↵

图 4.22　文本转换为表格的最终效果

制表符是一种特殊标记,在格式化文档操作中,通常需要对齐特定的文本,但有时仅利用空格键或缩进方式,难以做到这一点时,可以考虑插入制表符。将光标定位到制表符位置,再在水平标尺上单击,就会出现定位制表符的标记,此时移动该标记,就会对文本进行对齐操作。如此反复,就可让多行文本中的部分内容进行精确对齐。例如,很多合同文书的末尾,需要对甲乙双方单位、人员署名等进行对齐操作,这种方法就十分有效,如图4.23所示。

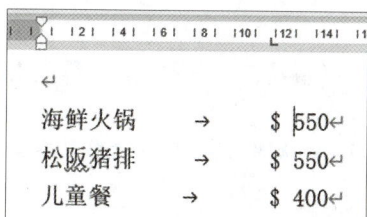

图4.23 利用制表符进行部分文本的对齐操作

注意:Word中的一种换行符号为"Enter"(回车),它实际上是一个段落标记,未选中"使用通配符"时,代码为"^p"。当直接将网页文字复制粘贴到Word的时候,出现在Word段落中的段落标记,就会变成手动换行符"↓",又叫作"软回车",代码为"^l"或"^ll",尽管两者类似,实际上有很大的不同。在版权问题敏感的时代,从网页上随意复制内容往往引发质疑甚至争议,一旦在Word文档中出现"↓"符号,便可推定内容复制粘贴自网络,导致文档编者难以自证清白,因此,教育技术人员必须引以为鉴。解决这个问题的方法并不复杂。当对网页上的内容进行复制后,在粘贴之时,需要选择"开始"→"剪切板"面板→"粘贴"标签下的"选择性粘贴"中的"无格式文本"命令,如图4.24所示。

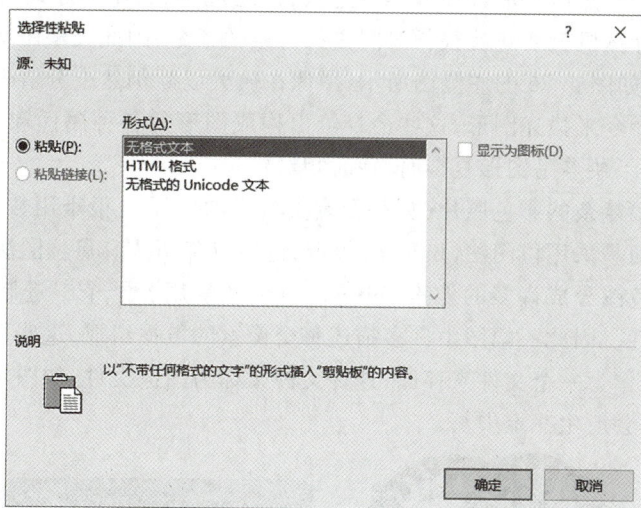

图4.24 选择性粘贴中的"无格式文本"

在对网页上的内容进行选择性粘贴时,可能出现大量的换行符变成回车符的情形,这是因为网页出于排版美观的需要,大量使用了换行符,而到了Word文档中则没有必要出现过多的回车符,从这个意义上来说,就面临着如何批量删除回车符或者空行的问题。解决这个问题的关键是,使用查找替换命令,将"^p^p",替换为"^p",如图4.25所示。

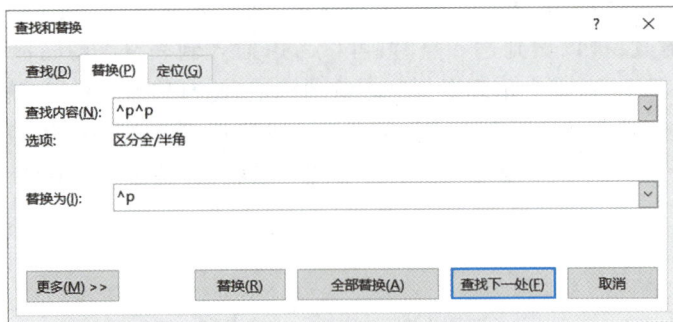

图 4.25　删除多余空行的查找替换操作

4.2　图像素材的常见用法

4.2.1　图像的基础知识

在计算机中表达图形图像和计算机生成的图形图像有两种常用的方法:一种是矢量图 (vector based image)法,另一种是点位图(bit mapped image)法。虽然这两种生成图的方法原理不同,但在显示器上显示的结果几乎没有什么差别。

(1) 矢量图与点阵图。矢量图(vector)是用一系列计算机指令来表示一幅图,包括点、线、曲线、矩形等,如圆可以是圆心坐标、半径以及粗细和色彩组成的。这种方法实际上是数学方法来描述一幅图,然后变成许多数学表达式,再通过编程,用程序语言来表达图形。当图变得很复杂时,计算机就要花费很长时间去执行绘图指令,因此矢量图文件的大小主要取决图的复杂程度。如图 4.26 的左侧图所示,图像在放大以后仍然十分清晰。矢量图较多用于图形,是用一组命令来描述图形,这些命令给出构成图形的各种属性和参数,优点是图形文件占用空间较少。缺点是图形复杂时,耗时相对较长。

此外,对于一幅复杂的彩色照片(如一幅真实世界的彩照),很难用数学来描述,因而就不用矢量法表示,而是采用位图法(bitmap)表示,也称点阵图法。点位图法与矢量图法不相同,它是把一幅彩色图分成许多的像素(pixel),每个像素用若干个二进制位来指定该像素的颜色、亮度和属性。因此一幅图由许多描述每个像素的数据组成,这些数据通常称为图像数据。而这些数据作为一个文件来存储,这种文件又称为图像文件,如图 4.26 右侧图所示,点位图在放大以后会产生一定失真。

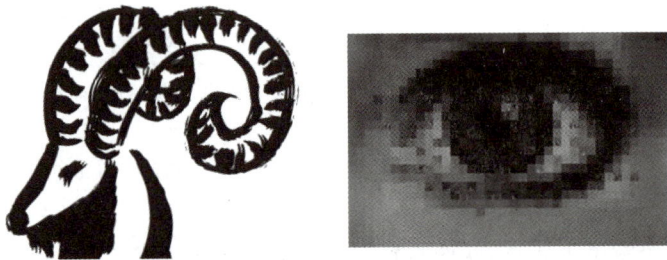

图 4.26　矢量图(左)与点位图(右)

位图属于在空间和色彩上已经离散化的图片,通过描述画面中每一像素的颜色或亮度来表示该图像,非常适合表现包含大量细节的图片(如明暗、浓淡、层次和色彩变化等)。点位图的优点是色彩和色调变化丰富,景物逼真。缺点是缩放等处理后容易失真,文件占据的存储空间比较大。影响点位图文件大小的因素主要有两个:图像分辨率和像素深度。分辨率越高,组成一幅图的像素越多,则图像文件越大;像素深度越深,就是表达单个像素的颜色和亮度的位数越多,图像文件就越大。

(2)图像的属性。图像的属性包括分辨率、颜色深度、真/伪彩色等。

① 分辨率(resolution)。图像分辨率可用来度量一幅图像的像素密度。对同样大小的一幅图,如果组成该图的图像像素数目越多,则说明图像的分辨率越高,看起来就越逼真。相反,图像显得越粗糙。在用扫描仪扫描彩色图像时,通常要指定图像的分辨率,用每英寸多少点(dots per inch,dpi)表示。如果用 300dpi 来扫描一幅 8 英寸×10 英寸的彩色图像,就得到一幅 2400px×3000px 的图像。分辨率越高,像素就越多,如图 4.27 所示。

图 4.27 72dpi 与 300dpi 的区别

随着像素数量的增多,其绝对清晰度呈线性增加,但由于人眼的分辨能力有限,其对视觉效果的感知逐渐趋于平稳,如图 4.28 所示。

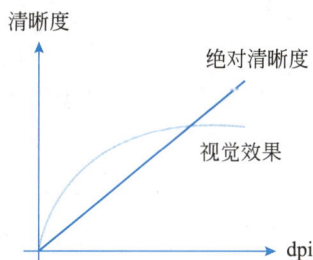

图 4.28 像素数、清晰度与视觉效果

图像分辨率与显示分辨率是两个不同的概念。图像分辨率是组成一幅图像的像素数目,而显示分辨率是显示图像的区域大小。如果显示屏的分辨率为 640×480,那么一幅 320×240 的图像只占显示屏的 1/4,而 2400×3000 的图像在这个显示屏上就不能显示一个完整的画面。

② 颜色深度(像素深度)。像素深度决定彩色图像的每个像素可能有的颜色数,或者确定灰度图像的每个像素可能有的灰度级数。例如,一幅彩色图像的每个像素用 R(红)、G(绿)、B(蓝)三个分量表示,若每个分量有 8 位,那么一个像素共用 24 位表示,即像素的深度为 24,每个像素可以是 $2^{24}=16777216$ 种颜色中的一种。

在这个意义上,往往把像素深度说成是图像深度。表示一个像素的位数越多,它能表达的颜色数目就越多,而它的深度就越深。同样地,对于 16 位的彩色图像,某一像素的颜色数

量为 $2^{16}=65536$ 色;对于 24 位的彩色图像,某一像素的颜色数量为 $2^{24}=16M$ 色。对于一幅 640×480 的图像,其文件大小可估算为:640×480×256 色(即 8 位)≈300k,如图 4.29 所示。

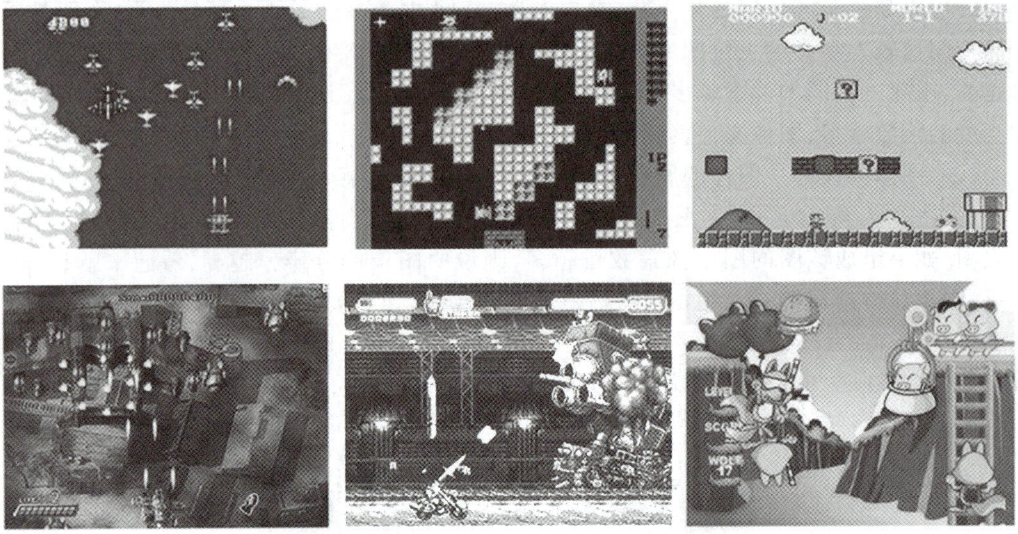

图 4.29 8 位和 32 位颜色深度游戏画面对比

像素深度越深,所占用的存储空间越大。相反,如果像素深度太浅,那也影响图像的质量,图像看起来让人觉得很粗糙和很不自然,如图 4.29 所示。标准 VGA 支持 4 位 16 种颜色的彩色图像,多媒体应用中推荐至少用 8 位 256 种颜色。由于设备的限制,加上人眼分辨率的限制,一般情况下,不一定要追求特别深的像素深度。

③ 真/伪彩色。图像深度与色彩的映射关系,主要有真彩色、伪彩色和直接色。

真彩色:显示图像时,真彩色由 RGB 直接决定显示设备的基色强度,而伪彩色则通过颜色查找表来决定。真彩色是指在组成一幅彩色图像的每个像素值中,有 RGB 三个基色分量,每个基色分量直接决定显示设备的基色强度,这样产生的彩色称为真彩色。例如用 RGB 5∶5∶5 表示的彩色图像,RGB 各用 5 位,用 RGB 分量大小的值直接确定三个基色的强度,得到的彩色是真实的原图彩色,如图 4.30 所示。

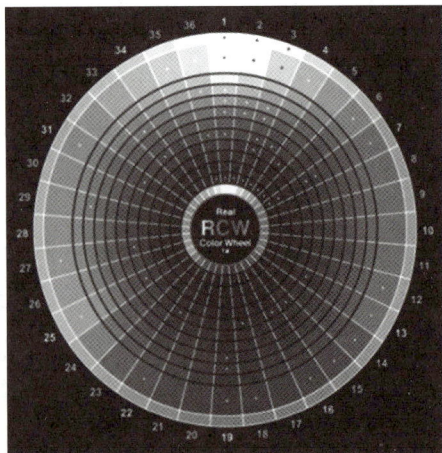

图 4.30 真彩色轮图

伪彩色:每个像素的颜色不是由每个基色分量的数值直接决定,而是把像素值当作彩色查找表(color look-up table,CLUT)的表项入口地址,去查找一个显示图像时使用的 RGB 值,用查找出的 RGB 值产生的彩色称为伪彩色。

彩色查找表 CLUT 是一个事先做好的表,表项入口地址也称为索引号,如图 4.31 所示。彩色图像本身的像素数值和彩色查找表的索引号有一种变换关系。使用查找得到的数值显示的彩色是真的,但不是图像本身真正的颜色,它没有完全反映原图的彩色。

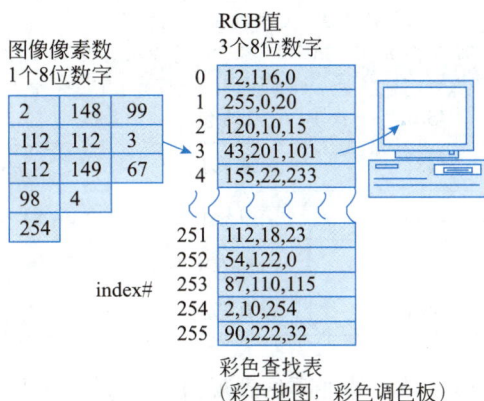

图 4.31 伪彩色的彩色查找表

直接色:直接色的每个像素值分成 RGB 分量,每个分量作为单独的索引值对它做变换。也就是通过相应的彩色变换表找出基色强度,用变换后得到的 RGB 强度值产生的彩色称为直接色。总之,直接色的特点是对每个基色进行变换。

直接色与真彩色系统相比,相同之处是都采用 RGB 分量决定基色强度,不同之处是前者的基色强度直接用 RGB 值来决定,而后者的基色强度由 RGB 经变换后决定。因而这两种系统产生的颜色就有差别。试验表明,使用直接色在显示器上显示的彩色图像看起来真实、自然。

直接色与伪彩色系统相比,相同之处是都采用查找表,不同之处是前者对 RGB 分量分别进行变换,后者把整个像素当作查找表的索引值作彩色变换。

(3) 图像文件的格式。数字化图像以文件的形式存在,其文件扩展名有严格的约定,如表 4.1 所示,主要的图像文件格式如下。

表 4.1 文件格式对照

文件格式	颜色与分辨率	主 要 用 途
GIF	256/96dpi	动画、多媒体程序界面,网页界面
BMP	$256 \sim 2^{24}/150$dpi	Windows 环境下的任何场合
TIF	$256 \sim 2^{32}/300$dpi	专业印刷
JPG	$2^{16} \sim 2^{32}/150$dpi	数字图片保存、传送
TGA	$256 \sim 2^{24}/96$dpi	专业动画影视制作

- JPEG（joint picture expert group）：有损压缩，多用于照片。
- GIF（graphics interchange format）：最多 256 色，可透明，可动画，多用于小图标。
- TIFF（tag image file format）：未压缩或简单压缩，多用于扫描及传真。
- BMP（bitmap）：Windows 中的位图，一般未压缩。
- EPS（encapsulated postscript）：矢量绘图软件和排版软件所使用的格式。

注意：图像文件的扩展名不要轻易修改，否则不能正确使用。

各种文件格式与其数据量如表 4.2 所示。

表 4.2　文件格式与数据量

文件格式	数据量大小/KB	颜　　色	特　　点
GIF	4501	256 色	格式转换容易失真
BMP	25481	真彩色	数据量大
TIF	25481	真彩色	数据量大
JPG	883	损失 15% 色	重复保存，损失加剧
TGA	25481	真彩色	数据量大

（4）颜色模式。颜色模式是将某种颜色表现为数字形式的模型，或者说是一种记录图像颜色的方式或规则。利用不同的规则，可形成不同的颜色模式。

① RGB 颜色模式。它是电子显示领域广泛运用的颜色模式，具有色彩鲜艳的突出特点。因为自然界中所有的颜色都可以用 R、G、B 这三种颜色波长的不同强度组合而得，这就是三基色原理。因此，这三种光常被称为三基色或三原色，如图 4.32 所示。

图 4.32　RGB 颜色模式

② CMYK 颜色模式。它是一种在印刷领域广泛应用的模式，其中四个字母分别指青（cyan）、品红（magenta）、黄（yellow）、黑（black），在印刷中代表四种颜色的油墨。CMYK 模式在本质上与 RGB 模式没有什么区别，只是产生色彩的原理不同，在 RGB 模式中由光源发出的色光混合生成颜色，而在 CMYK 模式中由光线照到有不同比例 C、M、Y、K 油墨的纸上，部分光谱被吸收后，反射到人眼的光产生颜色，如图 4.33 所示。

图 4.33 CMYK 颜色模式

③ LAB 颜色模式。LAB 颜色是由 RGB 三基色转换而来的,它是由 RGB 模式转换为 HSB 模式和 CMYK 模式的桥梁。该颜色模式由一个发光率(luminance)和两个颜色(A,B)轴组成。它由颜色轴所构成的平面上的环形线来表示色的变化,其中径向表示色饱和度的变化,自内向外,饱和度逐渐增高;圆周方向表示色调的变化,每个圆周形成一个色环;而不同的发光率表示不同的亮度并对应不同环形颜色变化线。它是一种独立于设备的颜色模式,即不论使用任何一种监视器或者打印机,LAB 的颜色不变。其中,A 表示从洋红至绿色的范围,B 表示黄色至蓝色的范围,如图 4.34 所示。

④ HSB 颜色模式。从心理学的角度来看,颜色有三个要素:色相(hue)、饱和度(saturation)和亮度(brightness)。HSB 颜色模式便是基于人对颜色心理感受的一种颜色模式。它是由 RGB 三基色转换为 LAB 模式,再在 LAB 模式的基础上考虑了人对颜色的心理感受这一因素而转换成的。因此,这种颜色模式比较符合人的视觉感受,让人觉得更加直观一些。它可由底与底对接的两个圆锥体立体模型来表示,其中轴向表示亮度,自上而下由白变黑;径向表示色饱和度,自内向外逐渐变高;而圆周方向,则表示色调的变化,形成色环,如图 4.35 所示。

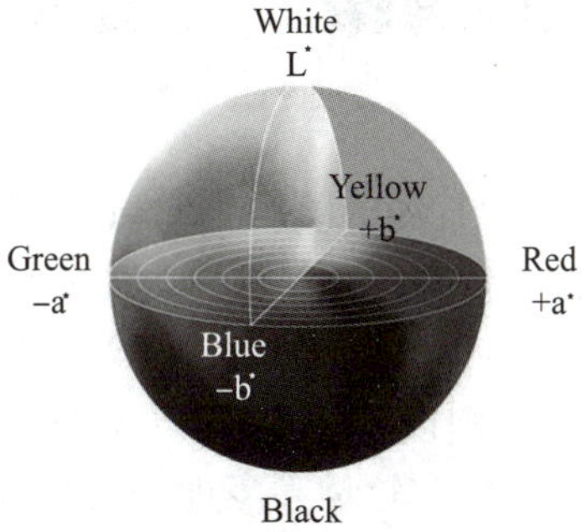

图 4.34 LAB 颜色模式

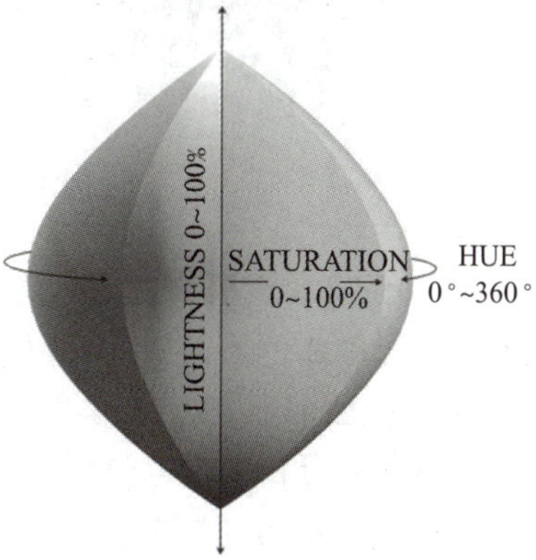

图 4.35 HSB 颜色模式

⑤ 灰度模式。灰度模式可以使用多达 256 级灰度来表现图像,使图像的过渡更平滑细腻。灰度图像的每个像素有一个 0(黑色)~255(白色)的亮度值。灰度值也可以用黑色油墨覆盖的百分比来表示(0 表示白色,100% 表示黑色)。使用黑折或灰度扫描仪产生的图像常以灰度显示,灰度图像可用于黑白照片、书籍报纸用照片等领域,如图 4.36 所示。

图 4.36 灰色图像(16 个级别)

灰度实际就是 LAB 中的 L,是从最黑到最白的一个过渡,当选择灰度时,每个颜色的色彩信息都会丢失,只剩下亮度,这时的饱和度为 0。通道位数越高,过渡越细腻,容量自然更大;反之通道位数越低,过渡越少,容量也很小。

⑥ 位图模式。位图模式用两种颜色(黑和白)来表示图像中的像素,每个像素不是黑就是白,其灰度值没有中间过渡的图像。位图模式的图像也叫作黑白图像,因为其深度为 1,也称为一位图像、二值图像。由于位图模式只用黑白色来表示图像的像素,在将图像转换为位图模式时会丢失大量细节。在宽度、高度和分辨率相同的情况下,位图模式的图像尺寸最小,约为灰度模式的 1/7 和 RGB 模式的 1/22 以下。位图模式一般用来描述文字或者图形,其优点是占用空间少;缺点是,当表示人物、风景的图像时,只能描述其轮廓,不能描述细节,如图 4.37 所示。

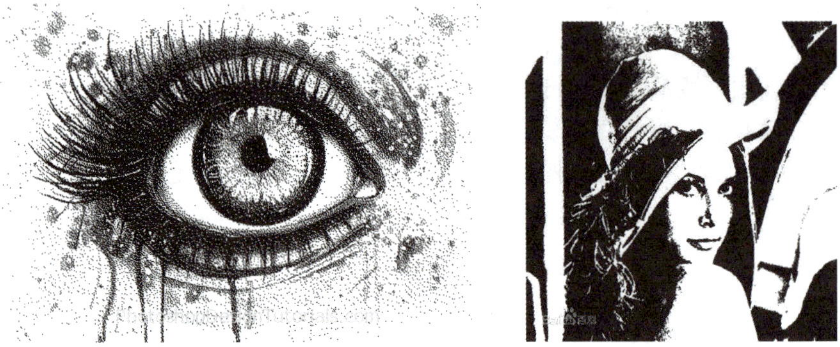

图 4.37 位图颜色模式

⑦ 索引颜色模式。索引颜色模式图像是网络和动画中常用的图像模式,它包含一个颜色表。如果原图像中颜色不能用 256 色表现,则绘图软件会从可使用的颜色中选出最相近颜色来模拟这些颜色,从而减小图像文件的尺寸,用来存放图像中的颜色,并为这些颜色建立颜色索引。颜色表可在转换的过程中定义或在生成索引图像后修改,如图 4.38 所示。

在计算机的图像处理过程中,通常支持 RGB、HSB、LAB、CMYK 等多种颜色模式及其转换。在图像处理和计算机视觉中大量算法都基于 HSB 颜色模式,只要对亮度信号操作就可获得良好效果。因此,利用 HSB 颜色模式可以大大简化图像分析和处理的工作量。LAB 颜色模式可以表示的颜色最多,颜色更为明亮且与光线和设备无关,不管使用什么设备(如显示器、打印机、计算机或扫描仪)创建或输出图像,这种颜色模型产生的颜色都保持一致,如图 4.39 所示。

图 4.38 索引颜色模式

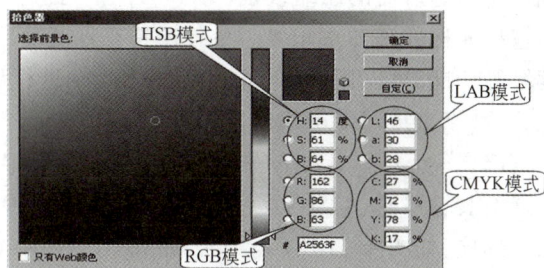

图 4.39 四种颜色模式

⑧ **色域**。色域是一个色系能够显示或打印的颜色范围。人眼看到的色谱比任何颜色模型中的色域都宽。Lab 具有最宽的色域,它包括 RGB 和 CMYK 色域中的所有颜色。CMYK 色域较窄,仅包含使用印刷色油墨能够打印的颜色。RGB 色域包含能在计算机显示器或电视屏幕(发出红、绿和蓝光)上所有能显示的颜色。因此,一些诸如青或黄等颜色,不能在显示器上精确显示,如图 4.40 所示。

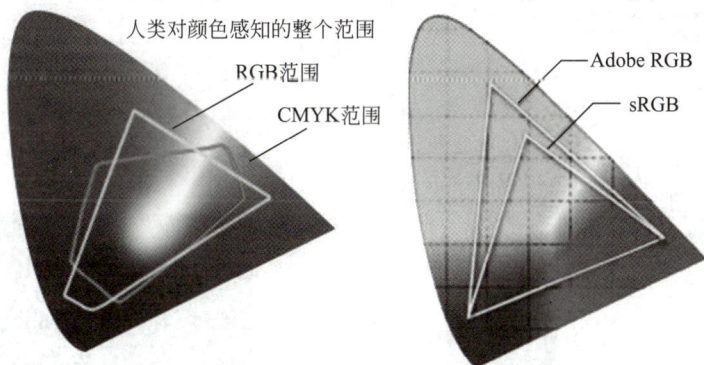

图 4.40 RGB、CMYK、Adobe RGB、sRGB 颜色空间

现今市面上大多数的在售显示器都是普通色域显示器,只有少部分用于专业设计的高端专业显示器可以拥有 100% 的 sRGB 和 Adobe RGB 色域,详见表 4.3。

表 4.3 普通色域显示器与广色域显示器的区别

类 型	sRGB 标准	Adobe RGB 标准	价格(以 23~24 寸为例)
普通色域显示器	100% 以下	80% 以下	900~1100 元
广色域显示器	100% 及以上	100% 及以上	4000 元以上

4.2.2　图像素材的获取和利用

　　SnagIt 编辑器是一个非常优秀的屏幕、文本和视频捕获与转换程序。新版 SnagIt 编辑器在界面上有相当大的变化,其风格扁平简约。它可以捕获 Windows 屏幕、DOS 屏幕、RM 电影、游戏画面,以及菜单、窗口、用户区窗口、最后一个激活的窗口或用鼠标定义的区域。图像可被存为 BMP、PCX、TIF、GIF 或 JPEG 格式,也可以存为系列动画,若使用 JPEG 格式则可以指定所需的压缩级别($1\% \sim 99\%$)。此外,SnagIt 保存屏幕捕获的图像前,可以选择是否包括光标并添加水印等。另外还具有自动缩放、颜色减少、单色转换、抖动,以及转换为灰度级等功能;可以用其自带的 SangIt Editor 进行编辑;也可以选择自动将其送至 SnagIt 打印机,也可以直接用电子邮件发送。

　　(1) SnagIt 编辑器的安装和使用。安装注意事项:双击打开 SnagIt 编辑器安装程序时,勾选"我同意"授权许可,在 Options 选项中设置安装目录和选项,如图 4.41 所示。安装完成后,会在桌面显示一个浮动的快捷功能区,如图 4.42 所示。从左到右,分别是"打开 SnagIt 编辑器、开始新的捕获、其他选项和帮助",最下面的一行是查看配置文件。

SnagIt 的基本使用

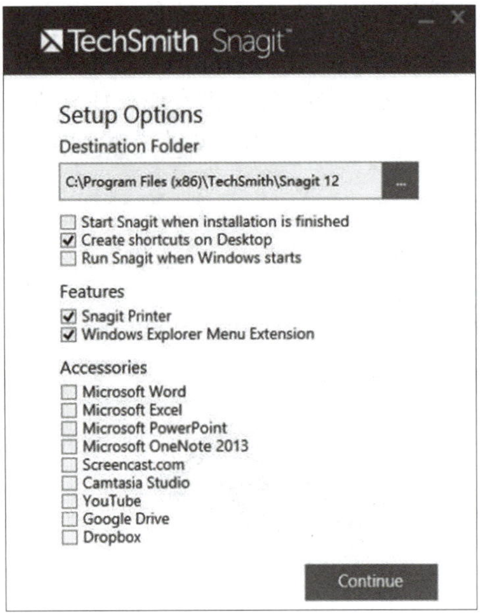

图 4.41　**SnagIt 编辑器的安装选项提示界面**

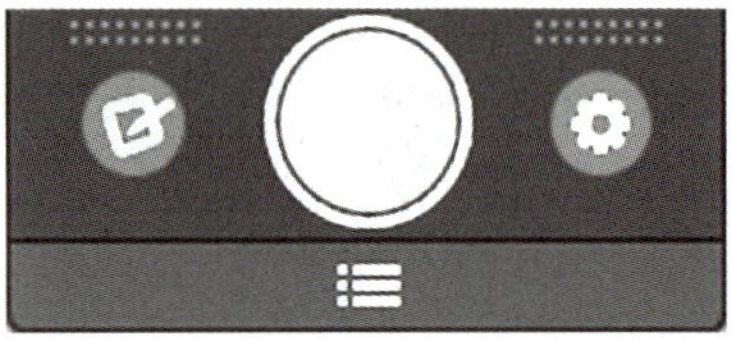

图 4.42　**SnagIt 编辑器的浮动快捷功能区**

　　此外,在任务栏的右下角 SnagIt 编辑器的图标处,右击也会弹出相应的快捷命令,如图 4.43 所示。当需要捕捉图像时,只需要按下 PrtSc 键,就可实现对屏幕上任何位置处图像的捕捉,如图 4.44 所示。从左到右,分别是图像捕捉、视频捕捉、图像宽度、图像高度、重新选择、撤销。

　　在捕捉状态下,可以移动、缩放捕捉区域的边框,下面的宽、高分辨率会实时显示出来。关于捕捉图像的分辨率在此可以准确设定,如改成 400×300,上方的捕捉画面会立即做出响应,并允许用户移动捕捉区域,如图 4.45 所示。

图 4.43　SnagIt 编辑器的任务栏右键快捷菜单

图 4.44　即时图像捕捉

图 4.45　在图像捕捉过程中重设分辨率

（2）SnagIt 编辑器的基本使用。单击捕捉对话框的小相机按钮,就会立即生成图像。此时,将进入 SnagIt 编辑器界面继续编辑。新版的编辑器改进、增强和优化了很多功能,使图片的注释和编辑更加方便快捷,注释图形更加现代化。在工具菜单的快捷图标中,能够快速添加箭头、图案、突出区域、模糊区域、标注、线条、形状、填充、擦除、步骤等元素,从而极大丰富截图后的二次编辑和利用,如图 4.46 所示。

图 4.46　SnagIt 编辑器的工具菜单

① 选择:可以在画布上拖拉选择一个要移动、复制或剪贴的区域。

② 提示插图:可以添加一个包含文字的外形,如矩形、云朵等。

③ 箭头:添加箭头来指示重要信息。

④ 印章:插入一个小图来添加重点或重要说明。

⑤ 钢笔:在画布上绘制手绘线。

⑥ 高亮区域:在画布上绘制一个高亮矩形区域。

⑦ 缩放：在画布上单击放大，右击缩小。

⑧ 文字：在画布上添加文字说明。

⑨ 线：在画布上绘制线条。

⑩ 外形：绘制矩形、圆形及多边形等。

⑪ 填充：使用任意颜色填充一个密闭区域。

⑫ 抹除：类似于橡皮擦的功能，可以擦除画布上的内容。

在 SnagIt 编辑器的图像菜单，可以对已经捕捉的图像进行裁剪、旋转、剪切、调整大小、修剪、设置画布颜色等选项，还可以实现褪色、撕边、鲨齿、卷页、斜面等边缘效果，增加边框、阴影、视角和剪切效果，设置灰度、水印、颜色、放大和变焦效果等，如图 4.47 所示，从而大大超越传统的截图软件的概念，而向更强大的图形图像领域开始新的探索。

图 4.47　SnagIt 编辑器的图像菜单

- 裁剪：删除捕获中不需要的区域。
- 剪切：删除一个垂直或水平的画布选取，并把剩下的部分合而为一。
- 修剪：自动从捕获的边缘剪切所有未改变的纯色区域。
- 旋转：向左、向右、垂直、水平翻转画布。
- 调整大小：改变图像或画布的大小。
- 画布颜色：选择用于捕获背景的颜色。
- 边框：添加、更改、选择画布四周边界的宽度或颜色。
- 效果：在选定画布的边界四周添加阴影、透视或修建特效。
- 边缘：在画布四周添加一种边缘特效。
- 灰度：将整个画布变成黑白。
- 水印：在画布上添加一个水印图片。
- 颜色效果：为画布上的某个区域添加、修改颜色特效。
- 变焦和放大：放大画布选定区域，或模糊非选定区域。

（3）其他截图功能的使用。SnagIt 编辑器是一款极其优秀的捕捉图形软件，和其他捕捉屏幕软件相比，它有以下两个特点。

一是捕捉的种类多。不仅可以捕捉静止的图像，而且可以获得动态的图像和声音，另外还可以在选中的范围内只获取文本。

二是捕捉范围极其灵活。可以选择整个屏幕，某个静止或活动窗口，也可以自己随意选择捕捉内容。其中，对于滚动页面的捕捉，是较为突出的功能。

打开"配置文件"→"管理配置文件"菜单，可以设置更为详细的捕捉方案，如图 4.48 所示。可以看到，它默认的捕捉方式是自由模式，单击下拉列表，可以设置"区域、窗口、滚动、菜单、自由绘制、全屏"等具体方案，还可以进一步进入高级选项，设置更特殊的捕捉方案，如图 4.49 所示。对于捕捉画面,可以包含光标、保持链接等。

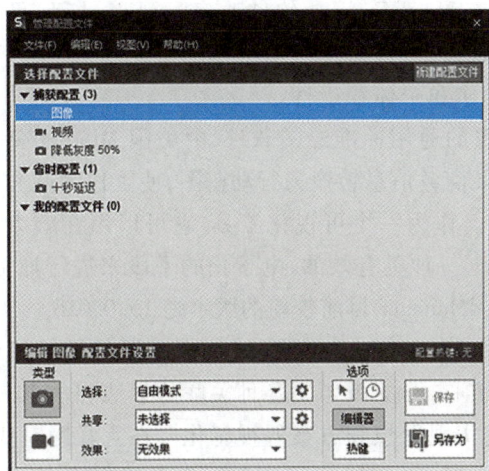

图 4.48　管理配置文件的参数设置

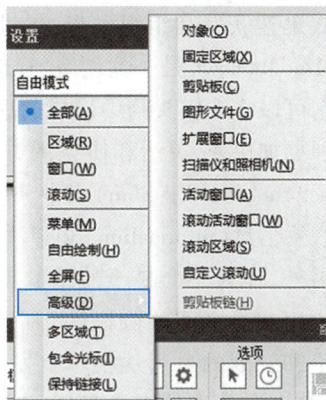

图 4.49　图像捕捉的模式选择

捕捉完成后,单击文件菜单的另存为命令,可以保存为标准格式、SNAG 格式、PDF 格式、SWF 格式等。其中,SNAG 是 SnagIt 编辑器所独有的格式,将来可以进行后期修改,如图 4.50 所示。除了捕捉图像外,SnagIt 编辑器还允许捕捉视频,并增加了全新的视频修剪功能,允许从已捕获的屏幕录像中快速删除任何不需要的部分,无论是开始、中间还是结束,以及任何需要修改的地方都可以。

图 4.50　输出的文件格式

4.3　概念图的案例制作

一般来说,传统的讨论式教学至少包含四个步骤:从图表或白板上获得思想,转录成为很难阅读的电子版,在组织信息资料的过程中不可避免地要

MindManager
的基本使用

损失某些思想的重要关系,通过印刷品或者电子邮件分发资料。时间和资源在重复的信息中被浪费了,人们很难理解会议的结果。但是,MindManager 软件改变了研讨过程,只通过几个步骤就可以在同一页中显示出每个人的观点,从而避免了不必要的重复性工作,以可视化形式迅速获取和组织思想,促进团队内的协作和个体积极性。

MindManager 是一款创造、管理和交流思想的通用标准绘图软件,由美国 Mindjet 公司开发。它可以将人们头脑中形成的思想、策略以及商务信息转换为行动蓝图,使工作团队和组织以一种更加快速、灵活和协调的方式开展工作。作为一个可视化工具,它可以用在脑力风暴(brainstorm)和计划(plan)当中,提供给商务人士一种更有效的、电子化的手段来进行捕捉、组织和联系信息(information)和想法(idea)。MindManager 目前较新的版本是 15.0.016。

另外,作为一个易于使用的项目管理软件,MindManager 能很好地提高项目组的工作效率和小组成员之间的协作性。它可从脑图的核心,分支派生出各种关联的想法和信息,可以使讨论和计划的过程从根本上发生变化,促进实现思想和方案的视觉化。在互联网时代,兼容性、多平台共享等需求显得越来越重要,它实现了与 Microsoft Office 的无缝集成,单击“输出”,就可以得到 PDF、Word、PowerPoint、HTML 和图片格式文件。此外,它还可以嵌入 Office 中的 Word 来输出文档,通过 PowerPoint 生成简介,借助 Outlook 生成会议安排、日程安排、任务安排、题目规划和会议记录,以及利用 Project 来生成项目计划,从而实现信息图表的导入导出、知识的创新和分享。

4.3.1 MindManager 的基本功能

MindManager 15 是目前的最新版本,对中文有良好的支持,但仅适用于 64 位操作系统。它提供了友好、直观、可视化的用户界面和丰富的功能,能够快速、轻松创建优雅的思维导图,有效完成信息的捕捉、分析和重新利用。安装完成后,会进入新建导图的页面,MindManager 提供 12 种空白模板,如图 4.51 所示。选择其中之一,预览其模板效果,单击“创建导图”按钮,开始空白页面创建,如图 4.52 所示。第一次打开,软件提供直观的帮助面板,提示下一步的操作,如图 4.53 所示。通过在空白的地方双击,就可方便地创建子主题,如图 4.54 所示。

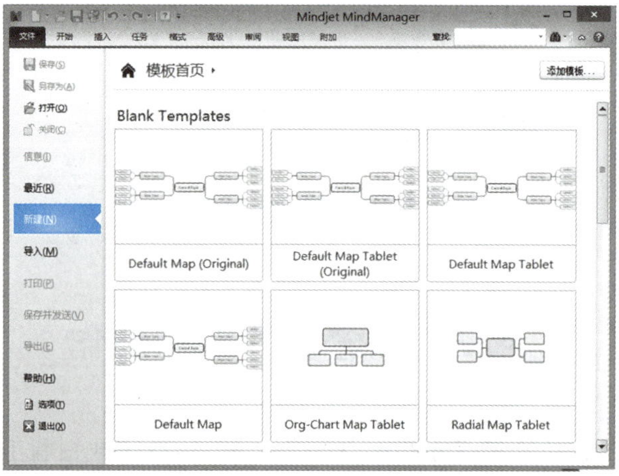

图 4.51　MindManager 的新建页面

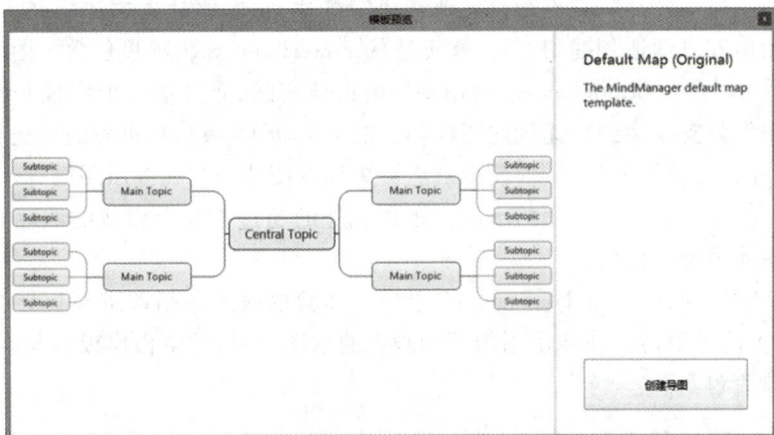

图 4.52 MindManager 的模板预览页面

图 4.53 MindManager 的教程面板

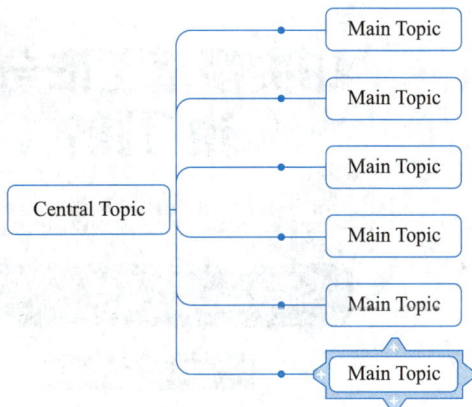

图 4.54 MindManager 的主题添加

作为一款十分优秀的思维导图软件,MindManager 可用作读书笔记、会议记录等的有效管理工具。它可以让用户随时记录并阅读笔记,梳理曾经读过的书或者工作计划,还可以帮助有条理地记录重要会议的相关内容,并能够直接向参与者分发会议记录,比以往更快地落实各种设想。可以说,它能有效地提高会议记录质量,提高办事效率,让相关内容变得更加清新有条理。

4.3.2 MindManager 的主要特色

(1)在短时间内切换项目。它极大地提高了项目管理的效率,这是因为当改变开始日期时,软件会自动更新所有相关任务项目,还可以选择是否要更新或维护里程碑日期。

(2)仅凭单击就能捆绑时间线。依靠示意图和甘特图来删除任务中一些不必要的松弛时间,以达到对项目进行加速的修订,从而确定选择是否调整特定任务或者整个项目的示意图。

（3）自动创建幻灯片。它不是机械地创建幻灯片,它能够让人关注所展示的内容。可以根据示意图内容自动地创建幻灯片,在可选的 PowerPoint 导出项里包含了图片。

（4）更快地绘图。MindManager 利用多年的最佳实践,通过从一个模板开始绘图,然后添加预构建图像分支以达到快速创建图像的目的。最新 15 版包括更多的模板和 30 个新主题图部分,另外它改进了模板导航,使用户能够更加方便地访问在线示图画廊。

（5）使会议更活跃。个性化的示图主题和额外的超过 150 个崭新的四色手绘图像,能够帮助引导集体讨论和会议。

（6）使经验个性化。MindManager 15 中用户体验的改进包括改进模板导航,改变旧模板的新模板,更简单地访问在线示图画廊和画廊的示图,崭新的空白模板以及添加可选话题处理过的简单话题。

4.3.3 概念图的案例制作

背景分析:2014 年 12 月 9 日至 11 日,中央经济工作会议在北京举行。会议使用大篇幅,全面、系统、深刻地阐述经济新常态,并提出 2015 年经济工作的主要任务。国内媒体进行了广泛报道,并使用图示化的方式进行解读,如图 4.55 所示。

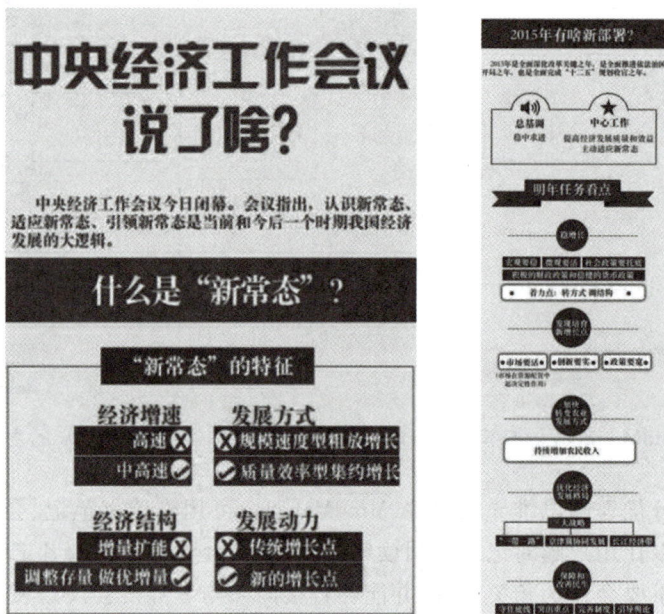

图 4.55　中央经济工作会议图示

这种项目式的工作在日常工作生活中很常见,有一定代表性。在这个过程中,为充分挖掘软件的功能,尽量多使用一些软件的功能和元素。

（1）创建工程文件。在工具栏的左上角依次选择"文件"→"新建"→Default Map 或者 Local Templates 选项卡,从中选择其一,单击"创建导图"标签,将建立一个新的工程,如图 4.56 所示。

MindManager 预先定义的模板,如会议事件、问题解决、项目管理、战略规划等模板,这些模板可以方便用户在类似项目中应用。

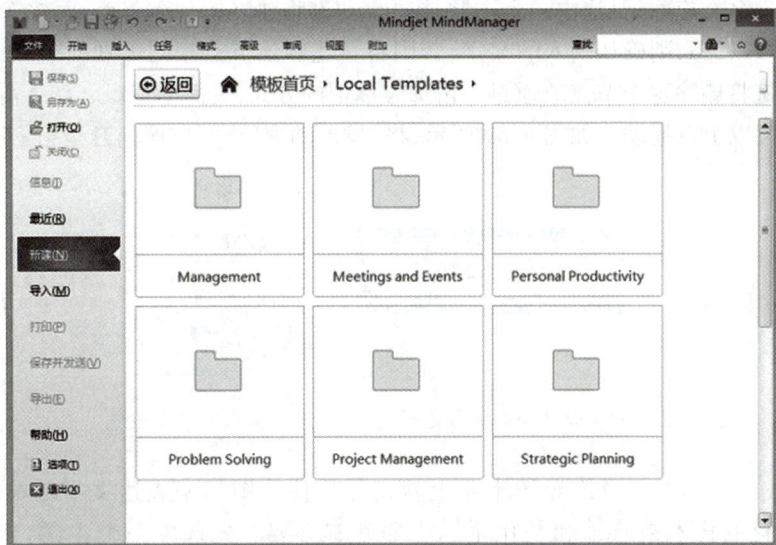

图 4.56　MindManager 的 6 种本地模板

（2）**创建主题**。将"Central Topic"重新输入文本,命名为"中央经济工作会议说了啥",单击左右两侧的加号按钮,可以插入子主题,其快捷键是 Ctrl+Enter,如图 4.57 所示。

图 4.57　重新命名主题并为主题插入子主题

（3）**创建子主题**。对于子主题而言,左、右、上、下的加号标记都有不同的含义。

左:为当前主题插入父主题,快捷键(Ctrl+Shift+Insert);

右:为当前主题插入子主题,快捷键(插入键或 Ctrl+Enter);

上:为当前主题插入同级主题,位于当前主题之前,快捷键(Shift+Enter);

下:为当前主题插入同级主题,位于当前主题之后,快捷键(Enter);

按照图 4.55 左图的内容,输入三级主题及其内容,如图 4.58 所示。

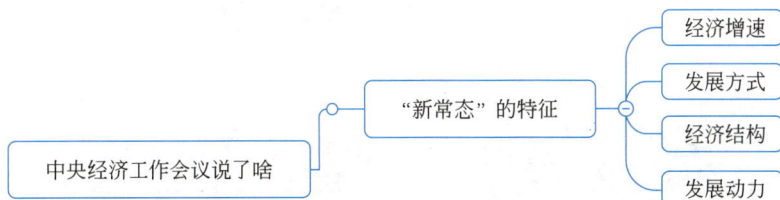

图 4.58　思维导图的三级主题示例

在这一步骤中,应熟记:选中一个主题,按 Insert 键将建立下一级节点,而按 Enter 键时,若该节点处于输入状态,则确认输入的文字,否则将新建和该节点相同级别的节点;选中一个节点,按 Delete 键将删除这个节点。通过单击加号标记的方式,更简单直观。如果需要改变同级节点的顺序,可以上下拖动。如图 4.59 所示,将"发展动力"由第四序列升至第三序列。

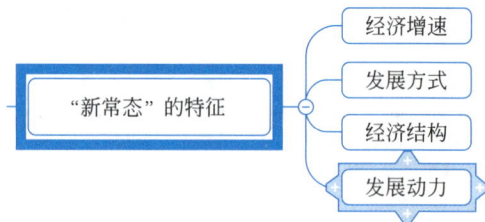

图 4.59 改变同级主题之间的顺序,可以选择并拖动主题

(4)更改主题样式。思维导图本质上就是尽量使用图形来表达文字的抽象含义。因此,使用图形化的技术来修饰和美化主题也非常有必要。先选中一个主题,依次单击"格式"选项卡→"主题形状"→"填充色",如图 4.60 所示。从对话框中可以看到,软件提供了很多样式参数。

图 4.60 主题形状和填充色

除了标准化的多种形状,如椭圆形、矩形和圆角矩形等,还可以选择不同类型的背景图像、图像、图标等进行个性化定义,如图 4.61~图 4.63 所示。

图 4.61 MindManager 主题的样式定义

图 4.62 主题线条样式、边界和关系线条

（5）插入图标。选中主题后，在工具栏中选择"插入"选项卡下的"图标"，弹出对话框，添加相应的图标符号，如图 4.64 所示。

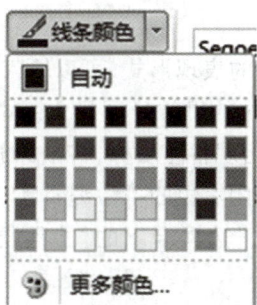

图 4.63 线条颜色和边界的增长方向

图 4.64 插入图标

（6）更改思维导图的样式。选择"格式"选项卡下的"导图模板"，选择下拉列表中的"导图样式"，对话框中用图形描述了每种样式的简图，从中选择一个，单击"应用"按钮，如图 4.65 所示。

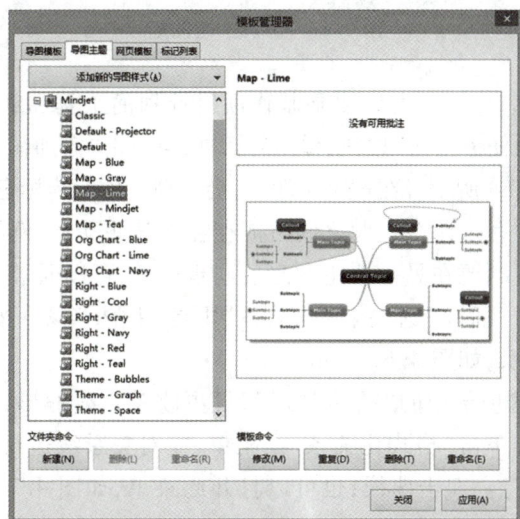

图 4.65 更改主题模板

（7）加入备注。在 MindManager 中可以为每个主题加入备注,加入备注的主要作用是对主题进行解释和说明。选定一个主题,单击"插入"菜单下的"备注"按钮,可插入水平或垂直的备注信息。此时,可以看到在备注编写区,能够使用默认的编辑器进行编辑,可插入表格、超链接、图片、时间日期等元素,具有完整的信息提示功能,如图 4.66 所示。

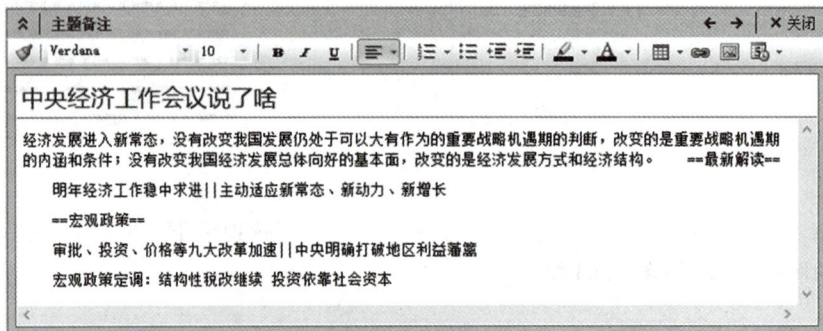

图 4.66　为主题添加备注信息

需要指出的是,MindManager 提供的备注具有类似于 Word 的表现形式,可以输入文字、图片、表格等,而且所有的操作和 Word 一致。加入备注后,将制作的思维导图导入 Word 后,备注信息可以成为主题下的正文。输入备注之后,在节点右边会出现备注图标,将鼠标放在该图标上,会出现对备注的提示,单击这个备注图标可以打开或者关闭右边的备注编辑区。

（8）添加提醒信息。选中主题后,在工具栏中选择"插入"选项卡下的"主题提醒",在弹出的对话框中添加相应的提醒信息,如图 4.67 所示。

图 4.67　添加主题提醒

（9）添加任务提醒信息。思维导图是制作项目计划的工具和利器。选中主题后,单击"任务"选项卡下的"显示任务信息"按钮,弹出对话框,再单击"添加任务信息"标签,添加相应的任务提醒信息,如图 4.68 所示。在这个主题上,会出现一些图标标记这个任务当前的状态。

（10）为主题添加关联。两个主题之间可能存在着某些联系,例如一个主题是另外一个节点的前提,或者一个主题要在另一个主题之后同步进行,可以通过一些曲线来标注这些联系。选中一个主题,单击"插入"选项卡中"关系"下的"插入关系"按钮,通过鼠标拖动,将之与另一个主题建立关系,如图 4.69 所示。

此时,单击"主页"选项卡中的"关系"按钮,可更改关系线的形状、箭头样式,还可翻转关联,即颠倒关联关系。单击"格式化关系"子菜单,能对关系线进行参数定义,如设置曲线的颜色、形状、箭头等信息。双击曲线,也可以打开此菜单,如图 4.70 所示。用鼠标拉动两个黄色的菱形小方块,可以调整曲线的弧度。

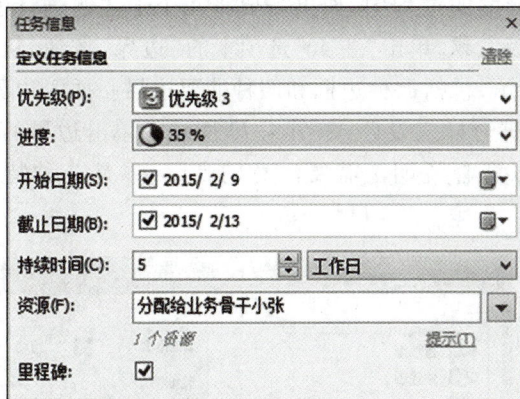

图 4.68 添加任务信息

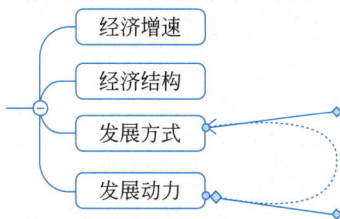

图 4.69 为主题建立关联

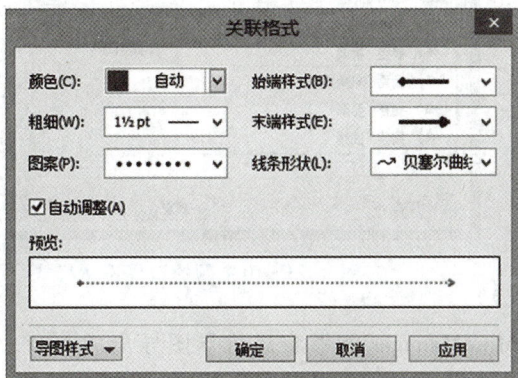

图 4.70 格式化关系

（11）为主题插入编号。选中思维导图中的全部"主题"，单击"插入"选项卡下"编号"的默认五个编号样式，可为当前导图的一级深度（根主题下的二级主题），按照创建的先后顺序和层次关系建立编号。单击"编号选项"子菜单，可以设置编号的具体规则、执行深度、是否重复以及为编号添加自定义的标签。设置以后，单击确定按钮，就能看到最终效果，如图 4.71 所示。

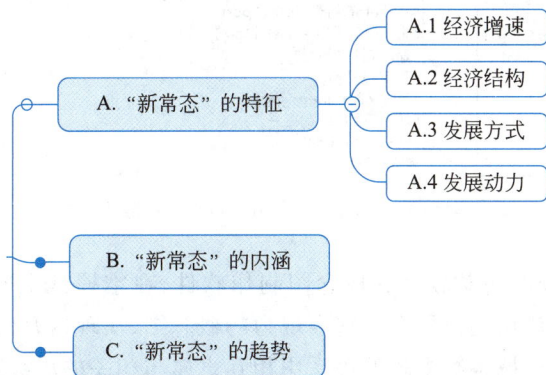

图 4.71 思维导图的主题编号（二级深度）

（12）**为主题插入边界**。在制作思维导图的过程中，如果需要将几个子主题进行汇总，从而进行归纳说明，可选中该子主题的父级主题，单击"主页"选项卡的"边界"按钮，从中选择一个样式，进行边界插入。如图 4.72 所示，包括七种边框和四种摘要边界。插入边界后，双击边界或者单击"边界格式"子菜单，可进行样式设计，如图 4.73 所示。单击边界的加号按钮，可为该边界插入子主题 Callout 加以解释说明。需要注意的是，边界是一种特殊的主题。

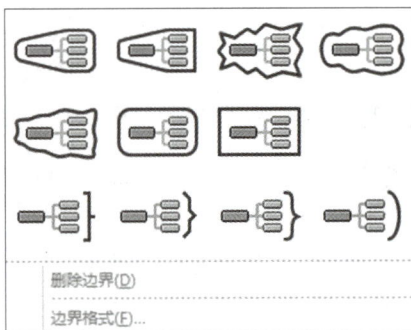

图 4.72　为主题插入边界

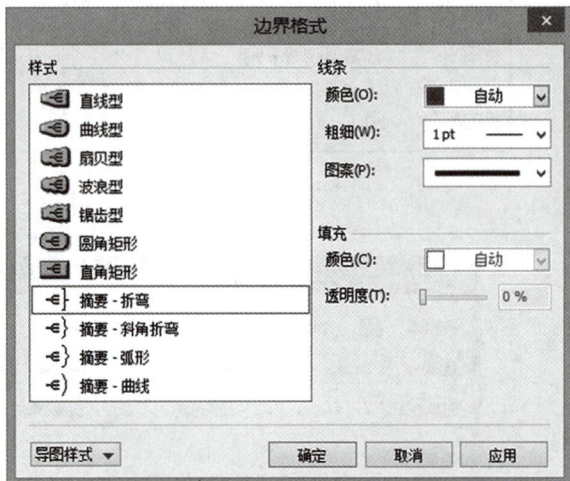

图 4.73　为主题的边界设置样式

（13）**思维导图的导出或另存为**。MindManager 能够将思维导图导出成 PDF、SWF、图片、CSV、网页、PPT、DOC 等格式，在"文件"菜单的"导出"或者"另存为"页面上提供功能选项，如图 4.74 所示。

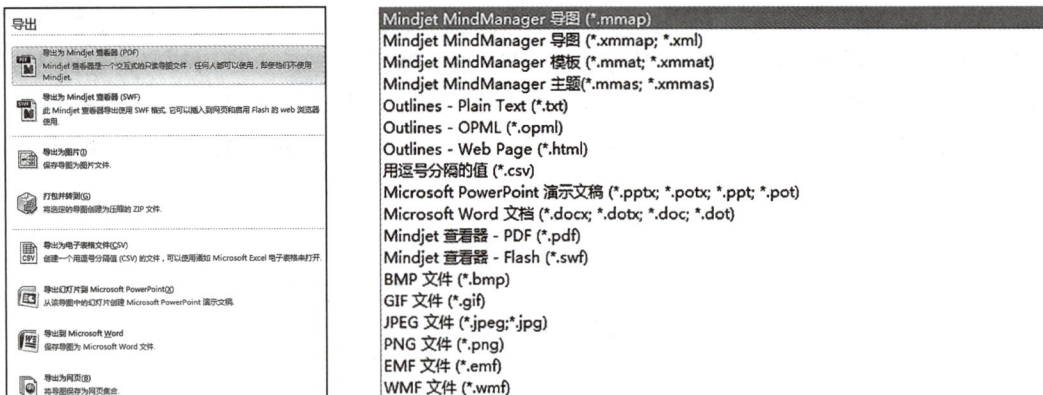

图 4.74　思维导图的"导出"或者"另存为"选项

总之，MindManager 是一款较好的概念图制作软件，在掌握其主要使用方法的同时，要注意利用主题模板，规范化制作具有丰富表现力的概念图，实现内容与形式的统一。思维导图运用图文并重的技巧，把各级主题的关系用相互隶属与相关的层级图表现出来，把主题关键词与图像、颜色等建立记忆链接。思维导图充分运用左右脑的机能，利用记忆、阅读、思维的规律,协助人们在科学与艺术、逻辑与想象之间平衡发展,从而开启人类大脑的无限潜能。思维导图因此具有强大功能。

思考题

1. 获取文本素材有哪些常见的途径?

2. SnagIt 编辑器如何捕捉带有上下左右滚动条的网页截图?

3. MindManager 中如何有机架构主题与节点构成的复杂网络关系?

第5章 音视频素材的获取与利用

本章教学目标

（1）了解录音设备的准备和连接。

（2）通过设置合适的录音源，对声音进行采集。

（3）了解常见的数字电视视频接口的类型。

（4）掌握常见的数字视频的主要文件格式。

（5）了解 Audition 软件界面的主要组成，能够认识各面板的主要作用和基本操作。

（6）掌握音频素材的外录和内录技术的主要过程，学会音频文件的基本剪辑操作。

（7）学会声音优化处理的主要技术，如降噪处理、修复破音、修正复歌、人声润色等。

（8）了解 Camtasia 桌面视频录制软件的使用过程，并对视频素材进行获取和保存。

（9）学会使用 OBS 桌面视频录制软件，并能实现软件的正确设置。

（10）掌握从流媒体网站上获取视频素材的主要技术途径。

5.1　音视频素材的基础知识

5.1.1　声音的基本属性

　　声音是通过一定介质传播的一种连续波。主要参数包括振幅和频率，振幅影响声音音量的大小，频率则是指每秒经过某一点的声波数量。声音按频率可分为次声波、人耳可听觉的声波、超声波，人耳可听觉的声波的频率范围在 20Hz～20kHz。

　　（1）数字音频的三要素。这三要素包括采样率、采样精度和声道数。

　　① 采样率：根据奈奎斯特采样定理，采样率至少应为声音信号最高频率的两倍，由此采样后的数字信号就能完整保留原始信号信息，这被称为无损数字化。图 5.1 展示了低采样率和高采样率。

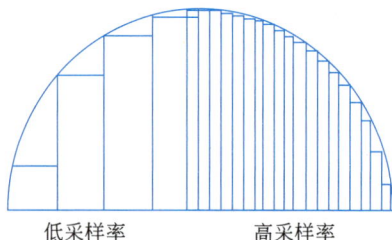

图 5.1　低采样率和高采样率（水平方向）

② 采样精度(量化等级)。采样精度用样本值的二进制位数来表示。位数越多精度越高,数据也越大。采样精度决定了记录声音的动态范围,它以位(Bit)为单位,如 8 位、16 位等。8 位可以把声波分成 256 级,16 位可以把同样的波分成 65536 级的信号。可以想象,位数越高,声音的保真度越高,如图 5.2 所示。

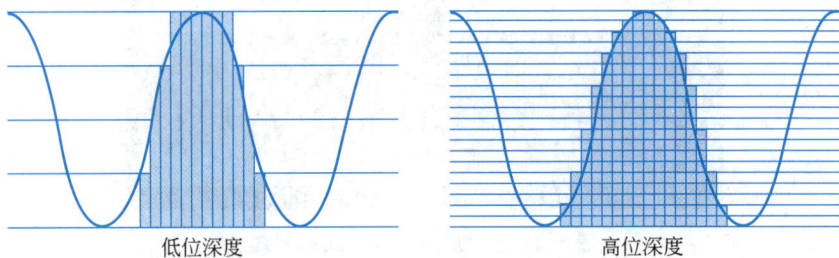

低位深度　　　　　　　　高位深度

图 5.2　不同的量化位数(垂直方向)

③ 声道数:使用声音通道的个数。立体声比单声道的表现力丰富,但数据量翻倍。

每秒数据量 = 采样频率×量化位数×声道数/8,如 CD 音质:44.1kHz×16 位×2/8B = 176400B = 172.27KB/s。

其中,1kHz=1000Hz;1B(byte,字节)= 8bit(位);1KB=1024B。

例如,语音信号的带宽为 300~3400Hz,采样频率为 8kHz,若量化位数为 8 位,双声道输出,那么每秒和每小时的数据量各是多少?

数据传输率 = 8kHz × 8bit × 2 = 128kb/s
每秒的数据量 = 128 × 1000 × 1s/8B = 16000B = 15.625KB
每小时的数据量 = 128 × 1000 × 3600s/8B = 57600000B = 50250KB = 54.93MB

(2) 数字音频的常见文件格式。数字音频的文件格式有很多,常见的有以下几种。

① WAV:是微软和 IBM 共同开发的用于个人计算机的一种数字音频文件格式。因其未经压缩,文件数据量很大,优点是声音层次丰富,还原音质好。

② MP3:一种 MPEG 标准的音频压缩格式,其特点是有损压缩,能够实现高压缩比(如 1∶11),同时又能保证音质优美。

③ MIDI(乐器数字接口):是由一组声音或乐器符号的集合,特点是文件体积很小,较难重现自然音。该格式最大的用处在于计算机作曲领域,能够达到纪录音符、时值、通道等目的。

④ APE:是目前流行的数字音乐文件格式之一,属于一种无损压缩,即从音频 CD 上读取的音频数据文件压缩成 APE 格式后,还可以再将 APE 格式的文件还原,而还原后的音频文件与压缩前的一模一样,没有任何损失。APE 的文件大小约为 CD 的一半,受到越来越多音乐爱好者的喜爱。

⑤ FLAC:Free Lossless Audio Codec 的首字母缩写,意即"无损音频压缩编码"。FLAC 是一套著名的自由音频压缩编码。不同于其他有损压缩编码如 MP3 及 AAC,它不会破坏任何原有的音频信息。

判别数字音频是否无损的关键在于查看频谱图中高频部分是否超过了 20kHz,波峰峰尖应该顺滑,看不出一刀切。波峰之下的部分应没有黑洞或缺失,如图 5.3 所示。

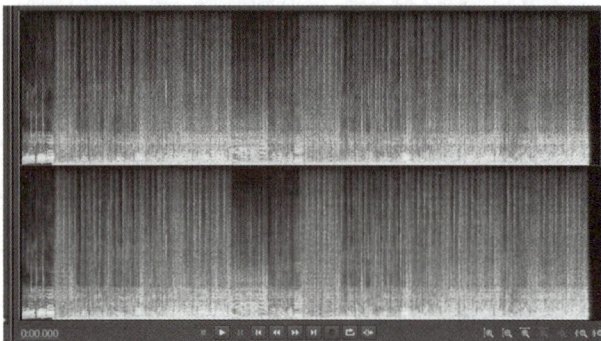

图 5.3　无损压缩的音频频率分布

（3）数字音频的关键概念。采样频率、量化位数、声道数是描述声音文件的音质与音调以及衡量声卡、声音文件的质量标准。由此,又延伸出 320K、码率、立体声、环绕声、全景声等很多关键概念。

① 320K。即指位速为 320kb/s 的 MP3 音频,表示音频播放时的比特率。人类听到音频的频响范围是 20~20000Hz,320kb/s 正是去除了低于 20 和高于 20000Hz 的频率范围,保留了人类能听到频率范围内的音频。一般 MP3 音乐的码率是 128kb/s(见图 5.4),最高质量为 320kb/s(见图 5.5)。

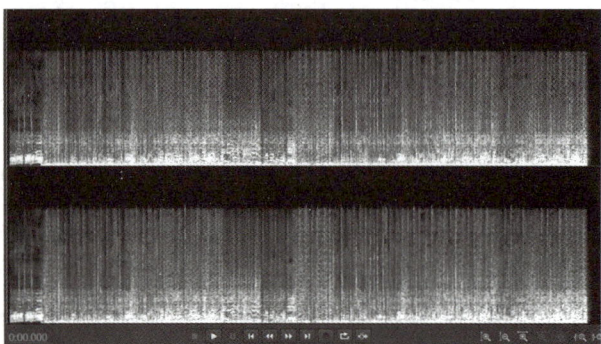

图 5.4　128kb/s MP3 的频率分布

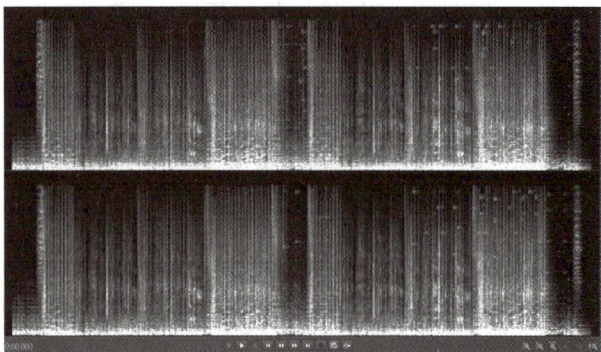

图 5.5　320kb/s MP3 音频的频率分布

动态比特率的 MP3,平均码率在 138kb/s,16K 以上几乎没有信息了,16K 之下的也有空洞,而网上的定值 128kb/s 将更差!

② 码率。码率的单位是 b/s(bits per second),即比特率、比特/秒、位/秒、每秒传送位数,是数据传输速率的常用单位。在数据传输中,数据通常是串行传输的,即一个比特接一个比特地传输。数据速率的单位是比特/秒(b/s),含义是每秒串行通过的位数。一首 4 分钟的 320kb/s 的歌曲的文件大小是:(320/8)KB×60s×4 = 9600KB = 9.375MB。

③ 立体声。立体声就是指具有立体感的声音。立体声源于双声道的原理,立体声和双声道不算是一个概念,但属于因果关系。立体声一般指双声道立体声,通过两个扬声器表现出声音的方向和深度,从而让听众获得更真实的声场感受。与单声相比,立体声有如下优点:具有各声源的方位感和分布感,提高了信息的可懂度,提高了节目的临场感、层次感和透明度。

④ 环绕声。双声道立体声只能再现一个二维平面的空间感,并不能产生置身其中的现场感。环绕声就是在重放中把原信号中各声源的方向再现,使欣赏者有一种被来自不同方向的声音包围的感觉。环绕声是立体声的一种。环绕声属于球面立体声,至少要有三个声道,并且听众必须处于各声道的发声点包围之中。除了听众前方"左—中—右"三声道外,其他的声道一般叫作环绕声道,但是在 7.1 以上声道环绕声中,左中声道和右中声道不被称为环绕声道(见图 5.6)。

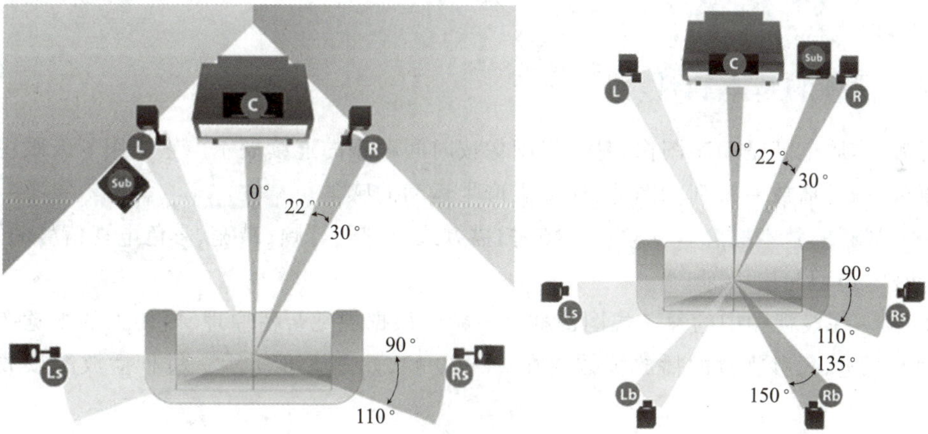

图 5.6 环绕声系统 7.1

杜比环绕作为最初级的环绕声标准,提供了四个声道的环绕声支持,目前已经很少应用。杜比数字能够提供了六个声道,其中五个是全频带声道,包括左前置、中置、右前置声道,独立的左环绕及右环绕声道。此外,还有一个独立的用于增强低音效果的 0.1 声道。中置声道很多时候也被用于强化对白,而环绕声道主要用于营造整体声场的立体感。当前,杜比数字环绕 EX、DTS、DTS-ES、THX 等环绕声标准,是目前广泛使用的影院音频标准,代表着环绕声制作的前进趋势和发展方向。

⑤ 全景声。全景声也叫作沉浸式环绕声,最先进的全景声是杜比全景声,是由美国杜比实验室研发的 3D 环绕声技术,于 2012 年 4 月发布。它突破了传统意义上 5.1 声道和 7.1 声道的概念,能够结合影片内容,呈现出动态的声音效果。图 5.7 展示了

全景声系统 Auro 11.1。不同于以往一路音频信号控制影院中一侧音箱发出相同的声音,它可以使一侧的多个音箱逐个发出不同声响,更真实地营造出由远及近的音效;配合顶棚加设音箱,实现声场包围,展现更多声音细节,提升观众的观影感受。除了杜比全景声外,后来又出现了 DTS:X、IMAXEnhanced 和 Auro-3D,它们都以自己的方法演绎沉浸式环绕声。

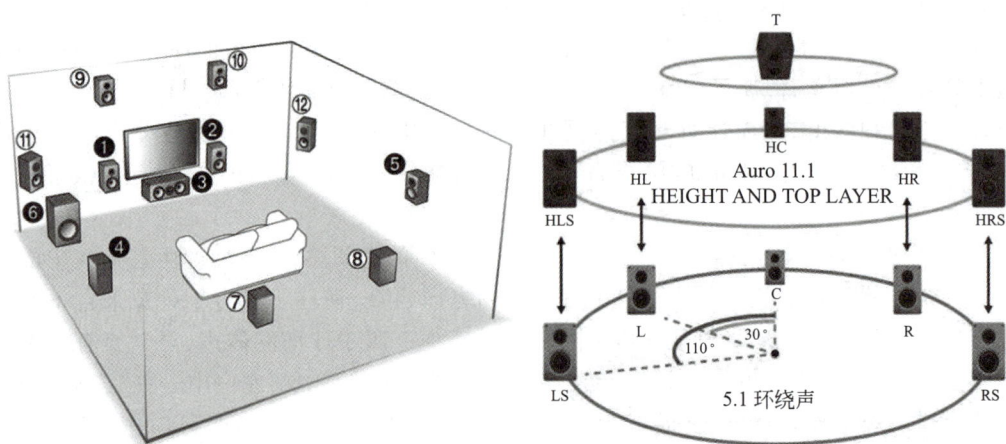

图 5.7　全景声系统 Auro 11.1

5.1.2　视频的基本属性

视频,本质上就是动态图像,是一组图像按时间顺序的连续展示。它利用了人眼视觉暂留的原理,通过播放一系列的图片,使人眼产生运动的感觉。

(1) 视频的基本概念。视频包括帧、扫描方式、场频、行频、带宽、彩色电视信号的制式、视频的技术类型与应用等。

① 帧。一段视频中的每一幅图像称为一帧。根据视觉暂留原理,要使人的视觉产生连续的动态感觉,每秒视频的播放帧数要在 24～30 帧,如图 5.8 所示。每秒播放的帧数简写为 fps。

图 5.8　电影胶片的播放速率是 24 帧/秒

② 扫描方式。电信号是一维的,而视频图像是二维的,把二维的视频图像转换为一维电信号是通过光栅扫描实现的。电视摄像机的作用就是将视频图像转换为电信号。传送电视图像时,将每幅图像分解成很多像素,按照逐个像素逐行的方式顺序传送或接收。扫描行数(扫描分辨率)越多,电视清晰度越高。

隔行扫描:每一帧由两次扫描完成,奇数场和偶数场。目前的电视系统大都采用隔行扫描,因为隔行扫描能节省频带,且硬件实现简单(见图 5.9)。

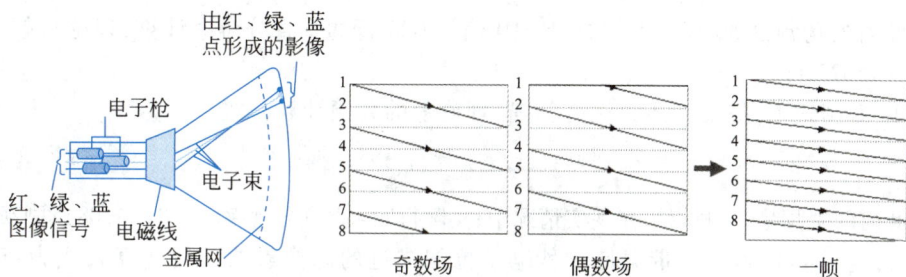

图 5.9 模拟电视的隔行扫描方式

逐行扫描:每一帧由一次扫描完成。逐行扫描能获得更好的图像质量和更高的清晰度,不过是以增加带宽和成本为代价的。

③ 场频。场频就是屏幕刷新频率,又称垂直扫描频率。场频越高,闪烁越不明显。视频电子标准协会曾规定 85Hz 逐行扫描为无闪烁的标准,现在已达到 100Hz。

对于传统显示器来讲,屏幕刷新频率越低,图像闪烁和抖动得就越厉害,不久后眼睛就会疲劳。有时会引起眼睛酸痛、头晕等症状,特别是设置为 60Hz 时。这是什么原因呢?因为 60Hz 正好与日光灯的刷新频率相近,当显示器处于 60Hz 的刷新频率时,会产生令人难受的频闪效应。当采用 70Hz 以上的刷新频率时,可基本消除闪烁。计算机上的屏幕刷新频率设置如图 5.10 所示。

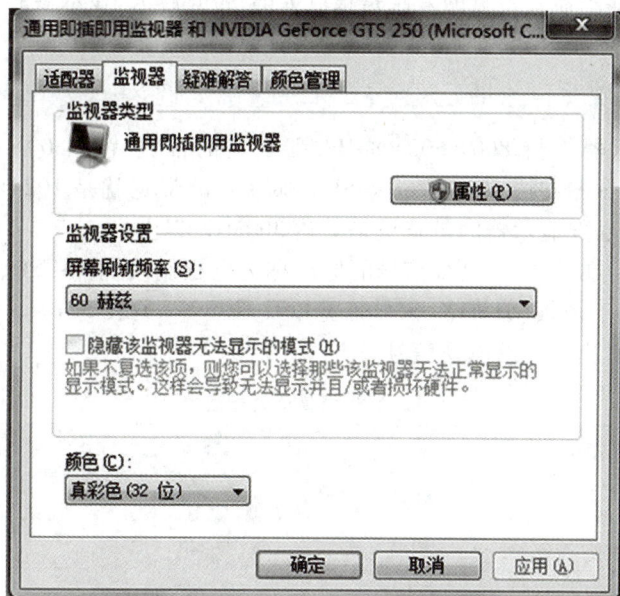

图 5.10 屏幕刷新频率的设置

对于液晶显示器来说,因为工作原理的不同,不存在屏幕刷新频率的问题。由于液晶显示器中每个像素都在持续不断地发光,直到不发光的电压改变并被送到控制器中,液晶显示器不会有"不断充放电"而引起的闪烁现象,故将屏幕刷新频率设置为 60 即可。

④ 行频。行频就是水平扫描频率,即电子枪每秒在屏幕上扫描过的水平线数量。在 PAL 制式下,扫描方式为隔行扫描,理论上的场频计算公式为

$$理论行频 = 垂直分辨率 \times 场频 /2$$

如此时的场频是 50 场/秒,以标清 SDI 信号 625 行的垂直分辨率计算,理论行频 = 625 × 50Hz/2 = 15625Hz。

在 PAL 制式下,扫描方式为逐行扫描,理论上的场频计算公式:

$$理论行频 = 垂直分辨率 \times 帧频$$

如此时的帧频是 25 帧/秒,在现实情况中,实际行频 = 垂直分辨率 × (1.04~1.08) × 刷新率。

⑤ 带宽(bandwidth)。带宽是每秒电子枪扫描过的总像素数。其计算公式为:理论带宽 = 水平分辨率×垂直分辨率×帧频(屏幕刷新率),在 PAL 制式下,以标清 SDI 信号 25 帧/秒、625 行的垂直分辨率计算,其理论带宽 = 625 × (4/3) × 625 × 25 = 13020833.3 = 13MHz。

在实际情况下,为了避免图像边缘的信号衰减,保持图像四周清晰,电子枪的实际扫描范围是要大于分辨率尺寸的,在水平方向通常要大 25% 左右,垂直方向要大 4% ~ 8%。实际视频带宽 = (水平分辨率×1.25) × [垂直分辨率×(1.04 ~ 1.08)] × 帧频(刷新率)。

对电视而言,本质是用电子手段把动态影像传播到远端供人观看。中间播送环节所允许的清晰度,决定了电视观看效果的清晰度,即电波信道带宽是决定清晰度的瓶颈。电视清晰度标准的制订,既充分考虑了观众的观看需要、带宽资源的占用以及某一频段所能容纳电视台的数量。第二次世界大战后,欧美地区最终确定 VHF、UHF 频道信道带宽 6 ~ 8MHz,扫描线 526 ~ 625 行。

对计算机显示器而言,带宽越大,能处理的频率更高,图像质量自然也更好。专业的显示器和一般应用的显示器其带宽的差距是很巨大的,带宽越大,显示器的价格也越贵。一般来说,可接收带宽的简单公式为

$$可接收带宽 = 水平分辨率 \times 垂直分辨率 \times 最大刷新频率 \times 1.5$$

例如,一台显示器支持 800×600×85Hz,那么它的带宽就是 800×600×85Hz×1.5 = 61.2MHz;另一台显示器支持 1024×768×85Hz,那么它的带宽就是 1024×768×85Hz×1.5 = 100.2MHz。一些高水准显示器的带宽更是高达 300MHz 以上。

⑥ 彩色电视信号的制式。电视信号的标准称为电视制式,有 NTSC、PAL 和 SECAM 三种制式,区别主要在于帧频、分辨率、信号带宽以及载频等(见表 5.1)。不同制式的电视机只能接收和处理其对应制式的电视信号。

表 5.1 彩色电视信号制式对比

项　目	制　式		
	NTSC	PAL	SECAM
帧频(传送频率)/Hz	30	25	25
行数/帧	525	625	625

续表

项　目	制　式		
	NTSC	PAL	SECAM
亮度带宽/MHz	4.2	6	6
场频(刷新频率)/Hz	60	50	50
扫描方式	隔行扫描	隔行扫描	隔行扫描
使用国家或地区	美国、日本、其他国家	中国、西欧	法国、俄罗斯、东欧

⑦ 视频的技术类型与应用。按信号组成和存储方式的不同,分为模拟视频与数字视频。模拟视频是由连续的模拟信号组成的图像序列,数字视频是一系列连续的数字图像序列。数字视频有很多优点,例如便于存储和传输,适合于网络应用;抗干扰能力强,再现性好;便于计算机编辑处理;方便增加交互性等。

数字视频的应用领域也很广泛,涵盖广播、电视、通信、个人娱乐等诸多方面,既可以应用于地面、卫星电视广播、有线电视(CATV)、数字视频广播(DVB)、交互式电视(ITV)、高清晰度电视(HDTV)等领域,也可以应用于通信领域中,包括可视电话(videophone)、视频会议(videoconferencing)、视频点播(VOD)等。在个人娱乐领域中,则产生出诸如 DVD、电视购物、家庭摄像、视频游戏等丰富多彩的应用。

(2) 数字电视的基本概念。主要包括基本定义、基本参数、色彩模型、彩色电视的视频接口等。

① 基本定义。数字电视(DTV)技术指的是,从电视节目的采集、录制和播出直到发射与接收,整个过程全部采用数字编码与数字传输技术的新一代电视技术。它可以划分为三大部分:信源部分(发送端)、信道部分(传输/存储过程)和信宿部分(接收端)。

根据图像比特率的大小,数字电视可分为标准清晰度数字电视(SDTV)和高清晰度数字电视(HDTV)。

② 基本参数。主要包括分辨率、宽高比等。

分辨率:HDTV 画面水平和垂直的像素差不多是常规系统的两倍。垂直方向的高清晰度是由 1000 多行的扫描线获得的,需要为传统 5~8 倍的视频带宽。

宽高比:HDTV 画面的指定宽高比为 16∶9=1.777,这有别于 SDTV 的 4∶3=1.333。

③ 色彩模型。主要有 RGB、YUV 等。

PAL 彩色电视制式中,采用 YUV 模型来表示彩色图像,即视频格式都是 YUV 信号,而不是 RGB。了解 YUV 分量是了解视频格式的基础。YUV 有三个分量,Y 分量、U 分量和 V 分量。Y 是亮度分量;U 和 V 是两个色度分量,用于代表颜色,它们分别代表红色减去亮度的差,和蓝色减去亮度的差;Y 分量与 U 和 V 分量可以经过"运算"转换还原出 RGB 分量(见图 5.11)。YUV 分量的做法,优点是将亮度信号与色度信号分离,其根本原因在于人眼对亮度的敏感大于色度,可以通过损失部分色度信息达到节省存储空间,减少芯片计算处理数据量的目的。而 RGB 信号的任意一个分量一旦有损失,将会造成画面缺失,乃至难以弥补的损失。

显示器采用 RGB 模型,因此需要把 YUV 彩色分量值转换成 RGB 值。RGB 和 YUV 的对应关系近似地表示为:$Y = 0.299R + 0.587G + 0.114B$, $U = -0.169R - 0.331G + 0.5B$, $V =$

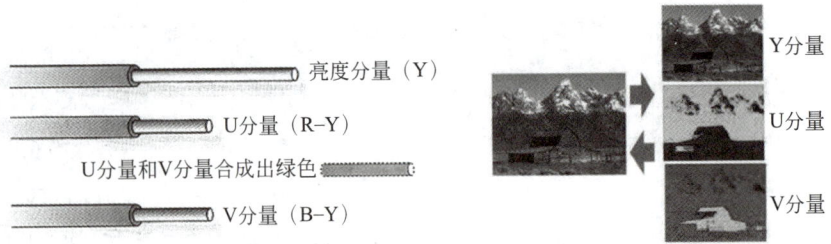

图 5.11　YUV 分量的分解示意图

0.500R-0.419G-0.081B。可见,在上式中,不同颜色的权重系数是不同的,绿色最多,其次是红色,最后是蓝色。其根本原因在于人眼对绿色的敏感大于红、蓝色,从而可以达到优化信息的目的。

④ 彩色电视的视频接口。电视接收机能够将所接收到的高频电视信号还原成视频信号和低频伴音信号,并能够在其荧光屏上重现图像,在其扬声器上重现伴音。目前常见的数字接口有分量视频信号接口和数字视频信号接口。

分量视频信号,是把每个基色分量作为独立的电视信号,每个基色可以分别表示为 Y、U、V,在近距离传输时能保证视频信号质量。YUV 分量有两种标示方法:一种叫 Y Pb Pr,另一种叫 Y Cb Cr。VCD、DVD、电视机等都带有分量视频信号(见图 5.12)。

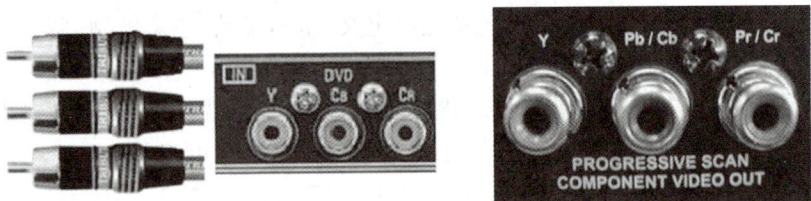

图 5.12　分量视频信号接口

HDMI 接口是数字化的视频和音频信号,是目前少数能够同时传输未压缩高清视频和未压缩多通道音频的接口,如图 5.13 所示。

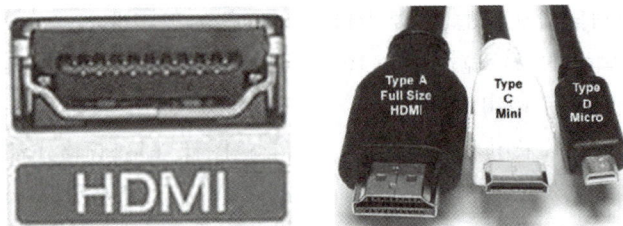

图 5.13　HDMI 接口、三种类型数据线

和 HDMI 一样,Display Port 也允许音频与视频信号共用一条线缆传输,支持多种高质量数字音频。但比 HDMI 更先进的是,Display Port 在一条线缆上还可实现更多的功能,如图 5.14 所示。

(3) 数字视频的采样规格与压缩编码。视频数字化是将模拟视频信号经过模数转换和彩色空间变换,并经编码使其变成计算机可处理的数字信号。视频图像既是空间的函数,也

Display Port

Mini Display Port

图 5.14 **Display Port 和数据线**

是时间的函数,所以其采样方式比静态图像的采样复杂得多,其基本过程包括采样、量化、编码和压缩等。

采样是计算处理 CCD 信息并生成画面"采样格式"的过程。采样由摄像机的图像处理器(image processor)负责。采样就像一把筛子,这把筛子的筛孔数量决定了输出画面的像素。假如筛子有 1920×1080 个筛孔,那么"筛"出来的画面就是 1920×1080。如果筛子是 1280×720,出来的画面就是 1280×720。"筛孔数量"的专业称呼是"采样率"(sampling rate)。采样类型分为 RGB 采样和 YUV 采样,后者产生了相应的 YUV 视频分量信号。

奈奎斯特采样定理规定,采样频率必须大于或等于信号最高频率的 2 倍,实际中一般要求为 2.2 倍。彩色电视信号的上限频率为 6MHz(PAL 制式),因此要求采样频率为 13.2MHz 以上,现实中经常采用 13.5MHz。国际电信联盟(International Telecommunication Union,ITU)建议分量编码标准的亮度采样频率为 13.5MHz,色度信号为 6.75MHz。

采样得到的是隔行样本点,要把隔行样本组合成逐行样本,然后进行样本点的量化,再将 YUV 转换到 RGB 色彩空间,才能得到数字视频数据。采样是把模拟信号变成时间上离散的脉冲信号,其具体规格不同,有 4∶4∶4、4∶2∶2、4∶1∶1 和 4∶2∶0 等采样规格,如图 5.15 和图 5.16 所示。采样规格虽然不尽相同,但在亮度上的采样是一致的,没有任何损失。在色度采样上,4∶2∶2 损失了 50% 的色度信息,4∶1∶1 损失了 75% 的色度信息。4∶2∶0 其本质上是 4∶1∶1,也损失了 75% 的色度信息,如图 5.17 和图 5.18 所示。

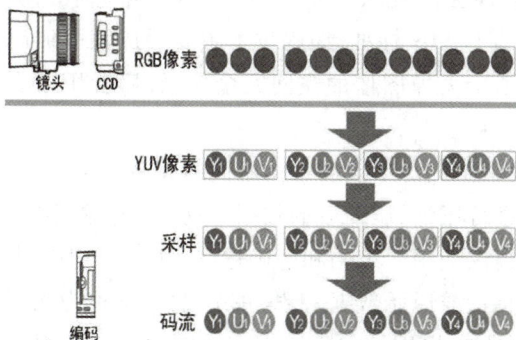

图 5.15 **4∶4∶4 的原始采样**

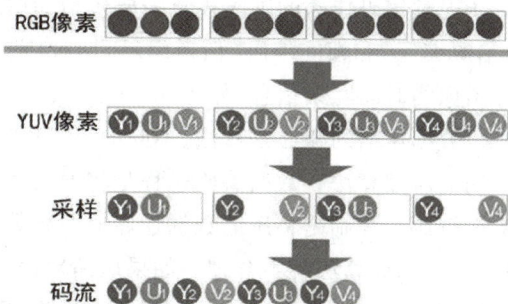

图 5.16 **4∶2∶2 的半损采样**

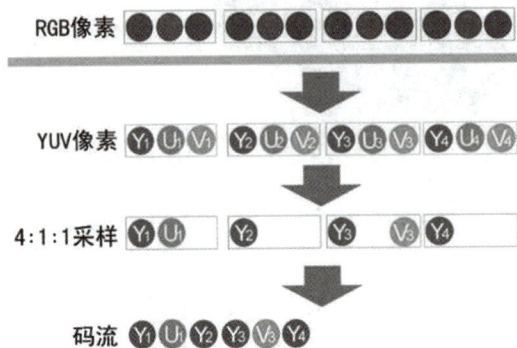

图 5.17　4：1：1 的多损采样

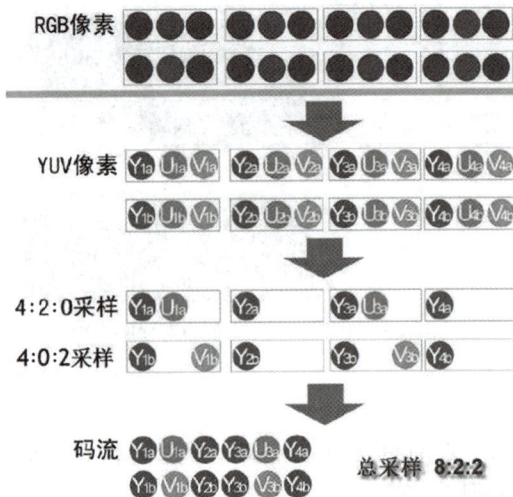

图 5.18　4：2：0 的多损采样

量化则是进行幅度上的离散化处理。量化位数越多,层次就分得越细,但数据量也成倍上升。量化的过程是不可逆的,这是因为量化本身给信号带来的损伤是不可弥补的。现在的视频信号均采用 8 比特、10 比特,在信号质量要求较高的情况下采用 12 比特量化。采用 8 比特量化,未经压缩的数据量,对比如下:4：4：4 的采样量化为 40.5MB/s,4：2：2 的采样量化为 27MB/s。

以 4：2：2 采样为例,亮度信号的取样频率是 13.5MHz,两个色差信号的取样频率是 6.75MHz,如每样值采样 8 比特量化,则总码率为 13.5×8+6.75×8×2=216MB/s。在我国数字高清电视采样中,亮度信号的取样频率是 74.25MHz,两个色差信号是 37.125MHz,采用 10 比特量化,传输总码率高达 1.485GB/s。

可见,对 RGB 信息进行采样后,YUV 分量信息的数据依然十分庞大,因此,必须对视频进行压缩。采样、量化后的信号只有转换成数字符号才能进行传输,这一过程称为编码。编码与压缩的过程是同步进行的。数据压缩后,SDTV 的码率可从 216MB/s 降到 8.44MB/s,仅为之前的 3.7%。

信息压缩编码就是从时间域、空间域两个方面去除冗余信息,将可推知的确定信息删除。视频编码技术的国际规范主要包括 MPEG 与 H.26x 标准,编码技术主要分成帧内编码(信源编码)和帧间编码(信道编码)两种,前者用于去掉图像的空间冗余信息,后者用于去除图像的时间冗余信息,如图 5.19 所示。

数据压缩的核心是算法,不同的算法压缩效果不同。一般会根据不同的冗余类型,采用不同的压缩算法。数据编码过程是将原始数据进行压缩,压缩后的数据有利于传输和存储;数据解码过程则是将压缩数据还原成原始数据提供使用。编码和解码过程不应该产生很大损失,否则此算法就不合理。如果压缩数据还原后,与原始数据一致,并无损失,则称为无损压缩编码。压缩后再还原的数据若有损,则称为有损压缩编码。大多数图像、声音、视频等数据的压缩是采用有损压缩,如图 5.20 所示。

图像和视频压缩方法

无损压缩 有损压缩

霍夫曼编码
行程编码
算术编码
LZW编码

预测编码 变换编码 模型编码 基于重要性 混合编码

运动补偿 DCT变换 分形编码 滤波 JPEG
小波变换 子采样 MPEG
子带编码 矢量量化 H.26x

帧内编码
1 2 3 4

帧间编码
关键帧 增量帧 关键帧
1 2 3 4 5 6 7

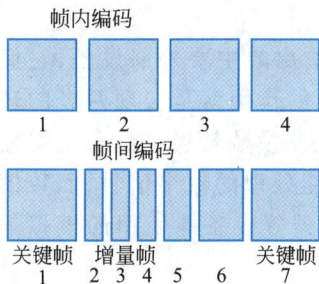

图 5.19 帧内编码和帧间编码

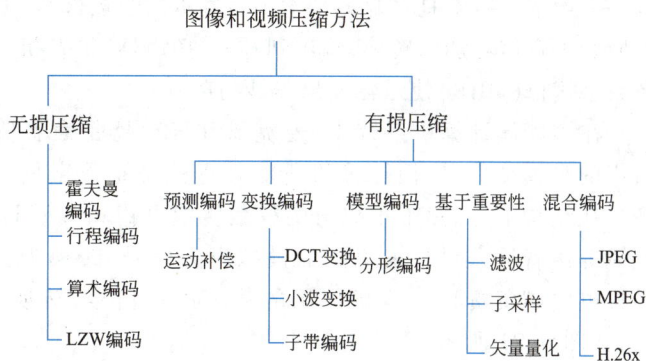

图 5.20 图像和视频压缩方法

（4）数字视频文件格式。为了适应视频储存的需要，人们设计不同的视频文件格式，把视频和音频放在一个文件中，以方便回放。在高清视频编码格式方面，MPEG-2 TS、Divx、Xvid、H.264、WMV-HD、VC-1 等最为常用。编码与文件格式之间存在着一定的对应关系。以下是较为常见的视频格式。

MPG：采用 MPEG 组织制定的视频压缩编码算法生成的视频文件。平均压缩比为 50：1，最高可达 200：1。VCD、SVCD、DVD 均采用 MPEG 视频标准。

AVI：微软公司推出的一种音频视像交叉记录的数字视频文件格式。

MOV：苹果公司在其生产的麦金塔计算机（后移植到 PC/Windows 环境）推出的视频格式，可以采用不压缩或压缩的方式。

RMVB：Real Networks 公司所制定的音频视频压缩文件格式，根据网络数据传输速率的不同制定了不同的压缩比率，能用于流媒体播放。

WMV：微软公司出品的视频格式文件，具有本地或网络回放、可扩展的媒体类型等特点。

5.2 音频软件的基本使用

5.2.1 声音素材的录制准备工作

录音是获取音频素材的主要途径之一。音频设备是对音频输入与输出设备的总称，一般可以分为以下几种：功放机、音箱、多媒体控制台、数字调音台、音频采样卡、合成器、中高频音箱、话筒，以及 PC 中的声卡、耳机等。其他周边音频设备包括：专业话筒系列、耳机、收扩音系统等。音质是判定音频设备好坏的重要标准，其中包括信噪比、采样位数、采样频率、总谐波失真等指标，这些参数的高低决定了音频设备的音质。

Audition 是一个完善的专业音频工作站，可提供灵活的工作流程并且使用简便。无论是要录制音乐、无线电广播，还是为录像配音，Audition 都能提供恰到好处的工具，创造尽可能最高质量的丰富、细微音响。

（1）专业器材的准备和连接。在录音流程中，首先应做好一系列准备工作。

① 声卡的作用和类型。对多媒体计算机而言，声音的录制与播放是基本功能。而获取"第一手"音频素材的途径就是录音。要想实现录音功能，离不开多媒体计算机的必备硬

件——声卡。声卡是多媒体技术中最基本的组成部分,基本功能是把来自话筒、磁带、光盘的原始声音信号加以转换,输出到耳机、扬声器、扩音机、录音机等声响设备,或通过音乐设备数字接口(MIDI)使乐器发出美妙的声音。

在多媒体计算机系统中,麦克风和扬声器是声音输入和输出的主要外部设备,它们所用的是模拟信号,而计算机所能处理的都是数字信号,声卡的作用就是实现两者的转换。从结构上分,声卡可以分为模数转换电路和数模转换电路。模数转换电路负责将麦克风等声音输入设备采集到的模拟声音信号,转换为计算机能处理的数字信号,而数模转换电路则负责将计算机使用的数字声音信号,转换为扬声器等设备能使用的模拟信号,如图 5.21 所示。

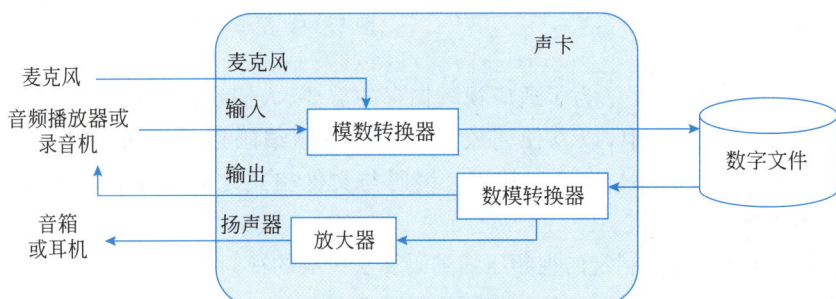

图 5.21 声卡的作用

声卡主要分为板卡式、集成式和外置式三种接口类型,以适用不同用户的需求,三种类型的产品各有优缺点。

板卡式:板卡式声卡是现今市场上的中坚力量,产品涵盖高、中、低各档次,售价从几十元至上千元不等。早期的板卡式产品多为 ISA 接口,目前已被淘汰。PCI 是目前的主流,它们拥有更好的性能及兼容性,支持即插即用,安装使用都很方便。对于高级音频玩家,应该配备单独的 PCI 插槽式声卡,提升计算机的音频综合处理能力,如图 5.22 所示。

集成式:声卡会影响计算机的音质,对用户较敏感的系统性能并没有什么影响。因此,为了满足能用就行的要求,从而使计算机更为廉价与简便,出现了集成式声卡。它不占用 PCI 接口,成本更为低廉,兼容性更好,能够满足普通用户的绝大多数音频需求。集成声卡的技术也在不断进步,PCI 声卡具有的多声道、低 CPU 占有率等优势也相继出现在集成声卡上,从而使它占据了声卡市场的大量份额,如图 5.23 所示。

图 5.22 板卡式声卡

图 5.23 集成式声卡

集成式声卡是指芯片组支持整合的声卡类型,使用集成式声卡芯片组的主板就可以采用较低成本实现声卡的完整功能。集成式声卡大致可分为软声卡和硬声卡,软声卡仅集成了一块信号采集编码的 Audio CODEC 芯片,声音部分的数据处理运算由 CPU 来完成,因此对 CPU 的占有率相对较高。硬声卡的设计与 PCI 式声卡相同,只是将两块芯片集成在主板上。

在当前的集成式声卡中,主要有两种技术标准,分别是 AC'97 和 HD Audio。前者的全称是 Audio CODEC'97,由英特尔、雅马哈等多家厂商联合研发并制定的一种音频技术规范,目前最新的版本已经达到了 2.3。HD Audio 是 High Definition Audio(高保真音频)的缩写,原称 Azalia,是 Intel 与杜比(Dolby)公司合力推出的新一代音频规范。目前主要是 Intel 915/925 系列芯片组的 ICH6 系列南桥芯片所采用,如图 5.24 所示。

图 5.24　HD Audio 声卡芯片

外置式:外置式声卡是创新公司独家推出的一个新兴事物,它通过 USB 接口与 PC 连接,具有使用方便、便于移动等优势。但这类产品主要应用于特殊环境,如连接笔记本电脑实现更好的音质等。目前市场上的外置声卡并不多,常见的有创新的 Extigy、Digital Music,及 MAYA EX、MAYA 5.1 USB 等,如图 5.25 所示。

图 5.25　USB 外置声卡

在专业声卡的外部面板,会有很多输入和输出接口。比较常见的有光纤接口、RCA 规格的线路输出与输入接口,以及 USB 接口等。光纤接口可用于数字信号的输入或输出。RCA 规格的线路输出与输入接口不仅可以用来连接音源和回放设备,还可以连接唱机、磁带机等设备,将声音进行录制并输出。USB 接口则能用来连接台式 PC 或笔记本电脑,实现 USB 声卡功能,如图 5.26 所示。

② 传声器的功能与类型。传声器即麦克风(microphone),俗称话筒,是声音拾取设备。它是一种将声音信号转换为电信号的能量转换器件。按工作原理,话筒可以分为电动式话筒和电容式话筒,按信号的传递方式则可分为有线话筒和无线话筒。价格廉价的如台式细杆话筒或耳机话筒,通常为几十元,稍有档次的动圈话筒,售价则在百元以上,如

图 5.27 所示。

麦克风的接头分为 6.3mm 接头以及 3.5mm 接头等类型。按其支持声道,又分单声道 (mono)和立体声(stereo)两种,简单的区分方式是看接头上黑色绝缘环的数量,两个绝缘环代表立体声,一个绝缘环则代表单声道,如图 5.28 所示。

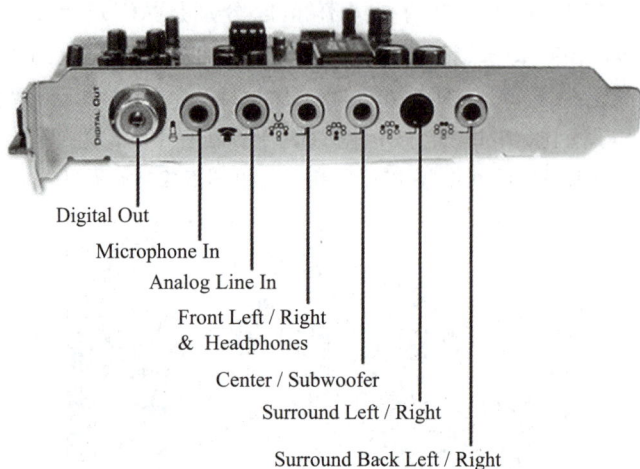

Digital Out
Microphone In
Analog Line In
Front Left / Right
& Headphones
Center / Subwoofer
Surround Left / Right
Surround Back Left / Right

图 5.26　专业级声卡的输入和输出接口

图 5.27　耳机话筒、鹅颈式会议话筒、动圈话筒和鼓话筒

地
麦克输入

地
麦克偏置
麦克输入

图 5.28　麦克风接头的接法

卡侬接口:也就是 XLR 端子,经常用于连接专业影音器材和麦克风,俗称 Cannon 插头或端子,原生产商为加州洛杉矶 Cannon 电子公司,现该公司被收归 ITT 公司旗下。最初端子为 Cannon X 系列,之后的版本加入了弹簧锁(latch)成为 Cannon XL 系列,接着在端子接触面以橡胶(rubber)包着,成为其缩写 XLR 的来源。XLR 端子的针头数通常是三个,还可以有更多针头数。

卡侬插头有公头与母头之分,插座也同样有公插座与母插座之分(见图 5.29)。公头的接点是插针,而母头的接点是插孔。按照国际上通用的惯例,以公头或插座作信号的输出端;以母头、插座作为信号的输入端,如图 5.29 所示。由于采用了三针插头与锁定装置,XLR 连接相当牢靠。

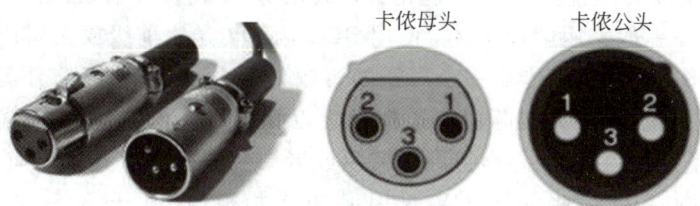

卡侬母头　　　　　卡侬公头

图 5.29　卡侬母头与卡侬公头

大三芯：也就是 TRS 端子，目前一般用于耳机与麦克风。TRS 的含义是 Tip(尖端)、Ring(环)、Sleeve(套)，分别代表了该接口的三个接触点(其实与 6.22mm 接口一样)。模拟接头目前最高阶的应用便是平衡电路传输。和非平衡的接口一样，1/4 TRS 平衡接口能提供平衡输入/输出。1/4 TRS 平衡接口具有和 6.22mm 接口一样的优点：除了耐磨损外，还有平衡口拥有的高信噪比、抗干扰能力强等特点。对于一个真正的 1/4 TRS 平衡接口来说，其成本将是非平衡的两倍多。采用 1/4 TRS 平衡接口的设备一般是高档设备，只有在2000 元以上的专业卡上才可以看到。

平衡式指的是传输手法，单声道指的是通道数量。作为民用耳机插头，它是非平衡/立体声；作为调音台 LINE IN 口，是平衡式/单声道；作为调音台 AUX OUT 口，是平衡式/单声道；作为中低档调音台 INSERT 口，它又是非平衡/二声道。可以说，TRS 大三插头是横跨民用与专业应用的接头。大多数的设备若有 6.35mm 插头，会是 TRS 平衡式/单声道，传输兼容于非平衡/单声道，如图 5.30 所示。

可见，XLR 接口通常在麦克风、电吉他等设备上能看到，它不一定是平衡接口。平衡输入输出在理论上是令人向往的，但是要实现尽可能的理想化，要付出的成本却相当高昂，对电路设计和生产工艺都有较高的要求。平衡接口的传输实现方式比较复杂，一般在 IIiFi 领域才能见到。

XLR 接头可与 TRS 端子互相转换。大三芯转卡侬公平衡(XLR)麦克风线/音频线，由特别精细的导线扭绞而成，耐久性较好，适合用于舞台、新闻发布会、KTV、家庭影院等环境，如图 5.31 所示。

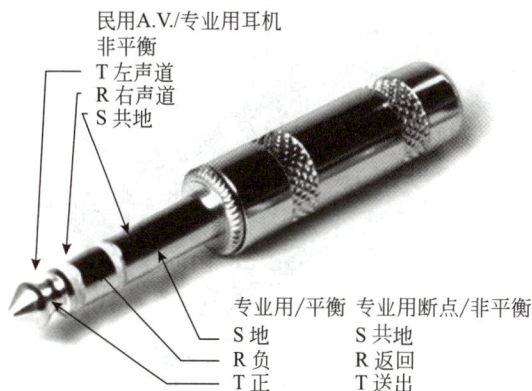

民用A.V./专业用耳机
非平衡
T 左声道
R 右声道
S 共地

专业用/平衡　专业用断点/非平衡
S 地　　　　S 共地
R 负　　　　R 返回
T 正　　　　T 送出

图 5.30　大三芯的多重功用

图 5.31　大三芯转卡侬公头音频线

　　小三芯：RCA 接头，也就是常说的莲花头。利用 RCA 线缆传输模拟信号是目前最普遍的音频连接方式。一般家用影音器材常使用 RCA 端子传送由前级放大器产生的 Line level 信号。每一根 RCA 线缆负责传输一个声道的音频信号，所以立体声信号需要使用一对线缆。对于多声道系统，要根据实际的声道数量配以相同数量的线缆。立体声 RCA 音频接口，一般将右声道用红色标注，左声道则用蓝色或者白色标注。一些双声道专用声卡上，常可以见到 RCA 接口。有一些声卡产品，采用了 RCA 模拟输出。与 3.5mm 接口一样，这样的接口同样能够传输数字信号，如图 5.32 所示。

图 5.32　小三芯接头与大三芯转接线

　　现在大部分的台式计算机、笔记本电脑、平板电脑都提供了 3.5mm 的接口音频插头，使用这些设备，一般使用插头为 3.5mm 的麦克风。有些话筒所配的音频线接有"大二芯"的插头，与计算机机箱上的 Mic in 插孔不匹配，这时可选择"大转小"的转接头。这个 6.5mm 转 3.5mm 的音频转换头可以不再局限于 3.5mm 的麦克风。通过它可以把 6.5mm 的克风插头转计算机 3.5mm 插头，能将家用话筒插在计算机声卡上使用，如图 5.33 所示。

　　如果使用"小三芯"插头连接"大二芯"插孔，反而需要"小转大"的转接头，如图 5.34 所示，方便把普通 3.5mm 耳机用到功放机、音响等 6.5mm 音频插孔上，如图 5.35 所示。

　　在实际使用中，经常会出现音频接头的转换问题，通过转换技术可以灵活地实现音频输入与输出的问题，如图 5.36 所示。

图 5.33　6.3mm 转 3.5mm 的转接头

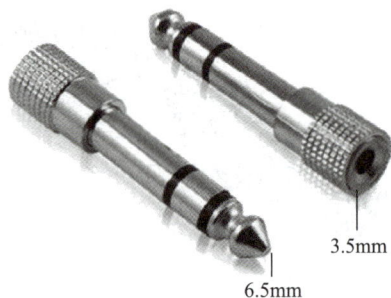

3.5mm

6.5mm

图 5.34　3.5mm 转 6.3mm 的转接头

图 5.35 "小转大"转接头的应用

图 5.36 各式各样的音频转接头

③ 立体声录音的话筒摆放位置。为保证立体声录制的效果,话筒的摆放位置和角度有一定讲究。常用的摆放方式有 AB 制式、XY 制式和 M/S 制式等。

AB 制式:AB 制式的具体定义应该是,两支麦克风有一定的距离,平行放置,指向音源。指向性多为心型或者是全指向。AB 制式的特点在于对麦克风的要求相对宽松,两只同样型号的麦克风即可。如果是要追求最佳效果,需要的是两支同样型号的并且工厂配对的麦克风。

AB 制式录音式之所以常用,是因为立体声效果出色,既有时间差的效果,也有声级差的效果(见图 5.37)。但是,这不代表着 AB 录音能够应对一切场景,它最大的缺点在于非常糟糕的单声道兼容性。虽然现在已经多采用立体声录音,但在很多领域,比如电视直播等,还是需要单声道的。将立体声变成单声道比较简单,一般就是将左右声道混合成一个单声道。而 AB 制式,只要两支麦克风距离超过 20cm,就会有严重的相位抵消,梳状滤波器效应非常严重。

XY 制式:XY 录音制式是指将两支麦克风交叉在一起的一种录音方式。交叉在一起有两种情况,一种情况呈 X 形状,另一种则呈 Y 形状,因此就叫 XY 录音制式。XY 制式录音中,两支话筒位置相同,不存在时间差,只有声级差(见图 5.38)。XY 制式的突出优点还在于具有出众的单声道兼容性,对于电视直播现场录音很好。但是,XY 制式也有缺点,它对麦克风的素质要求很高。只使用同样型号的麦克风,效果会差不少。XY 制式要求麦克风必须是同样型号,并且工厂配对的麦克风才可以。对麦克风的高标准要求,无疑增加了成本。

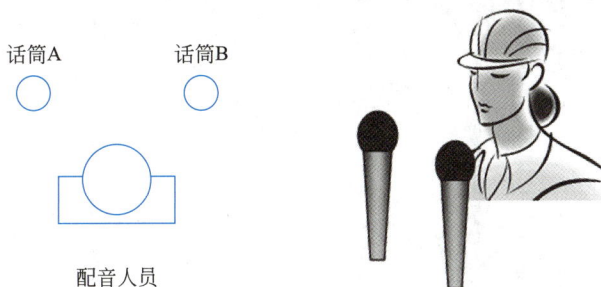

图 5.37 AB 制式的录音方式

图 5.38 XY 制式的录音方式

M/S 制式:M/S 制式的具体含义很多,通常解释的英文也很多,大致有以下几种。

Mono/Side（单声道/两边）、Mono/Stereo（单声道/立体声）、Mid/Side（中间/两边），以及 Sum/Difference（和/差）。这些不同的说法，指的都是一回事——M/S 制式，如图 5.39 所示。

M/S 制式的实现相对复杂不少，从麦克风摆放到解码过程，都需要特殊的过程。M/S 制式要求两支麦克风处于同一点上拾音，一支主麦克风，呈心形指向音源，这只麦克风被称为 M。另一支麦克风，呈 8 字形指向两边，因此看上去是个横着的 8 字，被称为 S（见图 5.39）。录制出的音频有个解码过程才能变成立体声。M/S 制式的优点之一如同 XY 制式一样，只有声级差，而没有时间差，并且 M/S 和单声道的兼容性是完美的。M/S 制式最突出优点可从后期处理的难易程度来说，M/S 制式是最适合后期处理的录音制式，可调整的余地大了很多。

M（正对声源）

S（8字形双指向）

图 5.39　MS 制式的录音方式

但是 M/S 制式也存在着缺点。由于 8 字形并不完全拒绝中间信号，S 声道信号中仍然含有中间部分的信号。与 AB 制式相反的是，M/S 制式存在着中央信号加重的倾向，这样中央信号的位置听起来会相对偏前。同时，M/S 制式对声学环境要求很高，如果控制不好 M/S 制式麦克风所在的位置，会出现加重房间反射和混响声音的现象，因此需要小心处理。

（2）录音的流程和素材保存。正式的录音流程往往是从准备录音软件开始的。

① 将话筒正确接入计算机，开机并运行软件，检查声卡是否运行正常。在 Windows 7 以上的系统中，右击任务栏右下角的音量图标，单击"录音设备（R）"选项，打开声音面板。双击已经激活的麦克风选项，可对麦克风的属性进行设置，如图 5.40 所示。在麦克风选项中，可以调整音量参数；麦克风加强选项，可以更改信噪比，拾音效果更好。

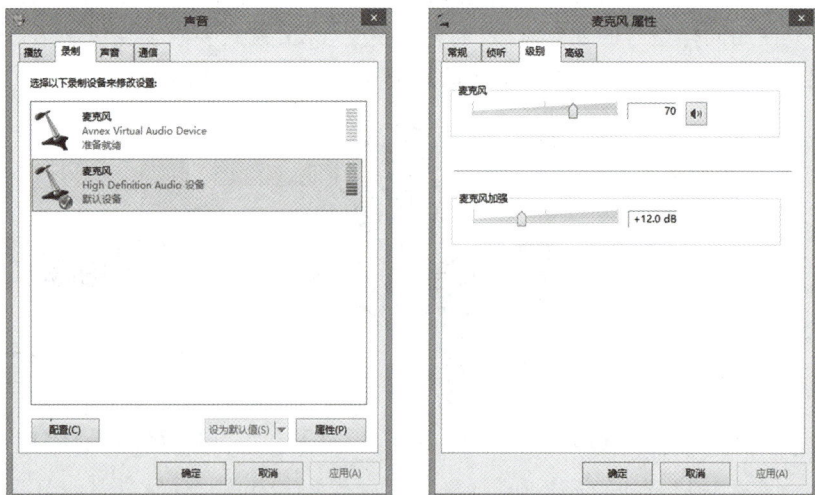

图 5.40　查看录音设备及其属性

② 调整录音电平。在录音之前,要通过电平监视播放和录音时的音量状态,确认音量处于合适的状态中。一般情况下,调整录音电平离不开"试音",即按照正常录音状态发音,根据电平表面板的示数和变化,调整"入口增益"。试音的原则是确保最大不失真,即不产生削波。也不能让音量太小,否则会降低计算机对声音细节的分辨率。打开 Audition CC 2014 的视图菜单,选择"测量"下的"信号输入表",可以查看当前麦克风的电平高低,如图 5.41 所示。

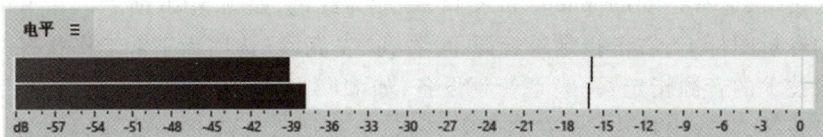

图 5.41　电平表

应注意,为保证最佳的录音效果,要设置尽量大的电平,又要不超过最高限度,如图 5.42～图 5.44 所示的电平表对比效果。

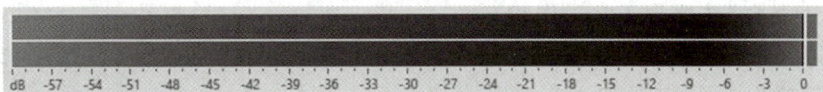

图 5.42　过高的电平表

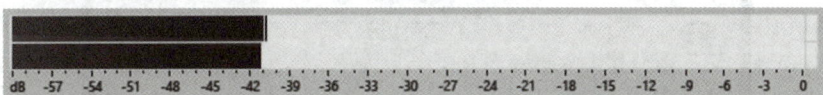

图 5.43　过低的电平表

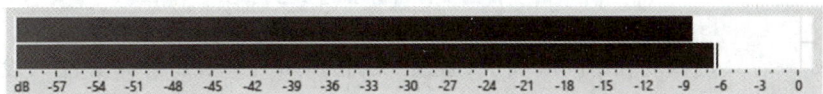

图 5.44　理想的电平表

对于电平表的测量量程,可以通过右击电平表,在 120dB、96dB、72dB、60dB、48dB、24dB之间进行切换。正常情况下,"本底噪声"的存在是正常的。如果按 120dB 的量程计算,其值应保持在-30dB 至-90dB。虽然本底噪声可通过后期处理加以消除,但过于明显(高于-30dB)的噪声应检查线路故障,尽早消除,否则会影响正常的音质。录音的电平不能太小,尽量保持在-3dB 到 0dB 的最大电平。当红灯亮起,说明过载导致失真,需要调小录音电平,或者调远话筒与嘴的距离。在录制过程中,仔细检查有没有破音。话筒不好,声音稍微一大,就过载了,这样就得重录。

③ 录音源的正确设定。在准备录音时,应注意一些问题。在安静的环境中录音,录音时戴耳机(封闭式),同时应将音箱扬声器关闭,严防反馈现象的发生。普通的话筒是单声道,因而双声道录音没有意义,反而使录音文件增大一倍。

录音方式的选择:录音过程中,按照设备的组成关系及其声波的传播特点,可以分为外录与内录技术。外录技术是指声波经过空气传播,被麦克风等输入设备拾取,然后进入计算机系统中处理后保存起来。内录技术是指音频不经过空气传播,只在设备的电路内部进行传递、处理并被保存的过程。如果音频来自计算机系统的外部设备,被称为外内录技术;如果音频直接来自计算机系统本身,则称为内内录技术。不同的录音技术,代表不同的音频处理类型。在正式录音之前,必须恰当地指定录音源的类型。

外录技术的音源指定:一般是麦克风,其输出接头(大三芯或小三芯)必须插入计算机的音频输入接口,通常是 Microphone in 接口,一般为红色,如图 5.26 所示。在 Windows 7 系统任务栏的音量图标上,右击指定录音源,可看到"麦克风"选项为正常工作状态。

外内录技术的音源指定:一般是音频设备,如 MP3 随身听、收音机、功放机、手机,以及其他便携设备等,其输出接头(大三芯或小三芯)必须插入计算机的线路输入接口,通常是 Line in 接口,一般为蓝色,如图 5.26 所示。在 Windows 7 系统任务栏的音量图标上,右击指定录音源,可看到"线路输入"选项为正常工作状态。

内内录技术的音源指定:一般是来自计算机内部的声音,无须外部设备与声卡连接,只需要为操作系统指定录音源,在 Windows 7 系统任务栏的音量图标上,右击指定录音源,可看到"立体声混合"选项为正常工作状态。

当更改了录音源后,在 Audition 中可看到提示信息,如图 5.45 所示。打开"音频硬件"首选项后,可弹出对话框,从而进行设置。

图 5.45　音频硬件首选项的参数指定

④ 开始录音及过程。在 Audition 中,通过"文件"菜单下"新建音频文件",设定文件名字、采样率、声道、位深度等基本参数,如图 5.46 所示。

单击"编辑器面板控制"或"传输"面板中的录音按钮,开始录音。再次单击录音按钮,可停止录音。调用菜单:单击"文件"→"另存为"选项卡,可以选择的文件类型有 WAV、MP3、WMA、AAC、APE、FLAC、OGG 等,如图 5.47 所示。

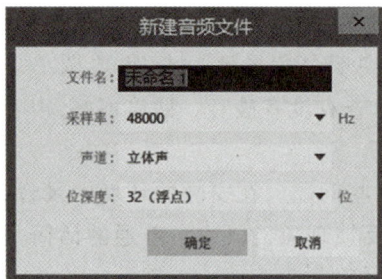

图 5.46　新建音频文件的参数指定

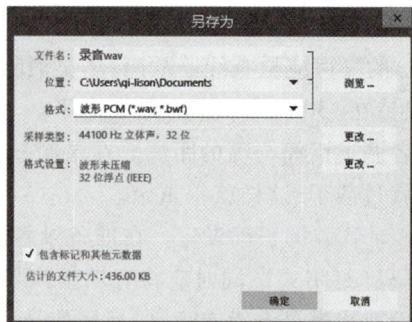

图 5.47　另存为其他音频格式

总之,录音系统是录音过程中相关的器材组合,这些器材包括录音机、磁录音机、麦克风、监听扬声器、混音器,以及各式声音效果器材等。录音工作必须了解电声设备的技术指标和音响美学,熟悉人耳和听音特性,才能更好地运用技巧来完成录音作品。在节目录制中电平的调整是很重要的,为了获得最佳的信噪比,充分保持原信号的动态范围并尽可能小的失真,要充分利用标准音量表和峰值表监测。

Audition 声音效果器
的基本使用

5.2.2 多轨音频软件的素材处理

Adobe Audition 是一款专业的音频编辑、处理和录音工具,前身是 Cool Edit。1997 年 9 月,美国 Syntrillium 公司正式发布多轨音频制作软件 Cool Edit Pro,版本为 1.0,当时售价是 399 美元。2002 年 1 月 20 日,Cool Edit Pro 发布了重要版本 Cool Edit Pro 2.0 版,开始支持视频素材和 MIDI 播放,并兼容了 MTC 时间码,另外还添加了 CD 刻录功能以及一批新增的实用音频处理功能。2003 年,Adobe 公司收购了 Syntrillium 公司的全部产品,并将 Cool Edit Pro 的音频技术融入了 Adobe 公司的 Premiere、After Effects、EncoreDVD 等其他与影视相关的软件中。Cool Edit Pro 经过 Adobe 的重新整合优化,被重命名为 Adobe Audition,开始支持更专业的 VST 插件格式。在经历了 1.0、1.5、2.0、CS5.5、CS6、CC、CC 2014 等版本后,Adobe 每年都会发布新版本的 Audition。目前最新的版本是 Audition CC 2023。

(1) Audition 的面板组成。Audition 与 Adobe 产品的其他系列一样,具有统一的风格和样式。在其默认界面中,面板都可浮动,用户根据自己的爱好设置拖动,便可轻松实现面板的个性化布局。若要调出或者删除某一面板,可在窗口选项中进行选择。

视图是软件运行时在屏幕上产生的场景,由多种类型的组件构成。不同类型的组件对应不同的观察和操作方式。Audition 的组件有:①程序主窗口;②各种类型的面板;③菜单栏、工具栏、状态栏;④对话框和弹出信息框等。

Audition 具有三大视图方式,分别是编辑、多轨和 CD 视图,分别对应不同的工作类型。编辑视图用于单个声音素材的录制、剪辑和效果处理,采用破坏性编辑方法编辑独立的音频文件,并将更改后的数据保存到源文件中。多轨视图用于多轨音频的缩混工作,采用非破坏性编辑方法混合多轨文件或混合 MIDI 音乐及视频文件,编辑与施加的影响是暂时的,不影响源文件。CD 视图用于与 CD 唱片有关的整体编辑、母带制作等工作。

Audition 的视图切换方法:①快捷键切换。按数字键 0,进入多轨视图;按数字键 9,进入编辑视图;按数字键 8,进入 CD 视图;②菜单切换,单击"视图"下的子菜单即可;③在 Audition 的左上角,单击屏幕按钮也可切换,如图 5.48 所示。

Audition 的面板是很灵活的,不仅可以改变大小与位置,还能以选项卡的方式隐藏在其他面板的背后。Audition 的常用面板包括编辑器面板、传输面板、效果器面板、电平面板等。

① 视图面板的自定义。面板的状态主要有两种,即吸附态和浮动态。前者指的是面板自动整齐排列,后者指面板在屏幕上可任意移动。吸附态可通过右击面板的标签,执行"浮动面板"实现,如图 5.49 所示。如果需要将浮动面板变成吸附状态,拖动浮动面板的标签到目标位置即可。需要注意的是,在拖动过程中,需要选择它与其他面板的位置关系,如图 5.50 所示。

图 5.48　Audition 的默认工作界面

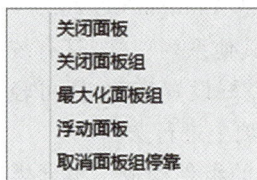

图 5.49　右击面板标签弹出菜单　　图 5.50　某面板拖动到"历史记录"面板的提示区

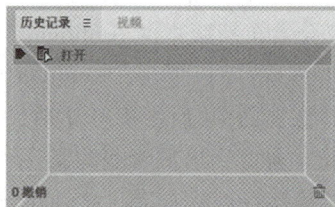

将某面板拖动到"历史记录"面板后,系统会弹出来六个提示区,其中左梯形、上梯形、右梯形、下梯形都是将该面板与"历史记录"实现对其操作,在视图上会同时看到两个面板紧紧吸附的状态。而选择中间和上面的矩形时,如图 5.51 所示,则会出现面板叠压的效果,只是选中间矩形时被拖动的面板会放到右侧,选上面矩形时被拖动的面板会放到左侧,如图 5.52 所示。

图 5.51　选择目标位置为中间和顶层矩形

② 界面的其他操作方法。通过"窗口"菜单,能显示或隐藏大多数的面板。例如,单击"窗口"→"工具"选项卡,能对快捷工具栏进行隐藏。"窗口"菜单下的"工作区"子菜单能

图 5.52　选择中间和顶层矩形后的多面板叠压结果

对工作区进行管理,如新建工作区、删除工作区和重置工作区,如图 5.53 所示。单击视图菜单下的状态栏子菜单,能查看或隐藏特定的状态栏信息,如图 5.54 所示。

图 5.53　工作区的切换和管理

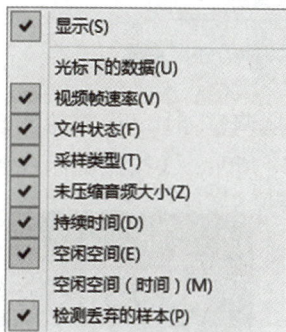

图 5.54　状态栏的信息显示

Audition 的波形查看和选区操作

调整波形的显示比例,也就是对波形进行缩放操作,并非音量的增大和减小。波形显示区域有二个周边,包括游标槽和游标、时间标尺和刻度、振幅标尺和刻度,如图 5.55 所示。

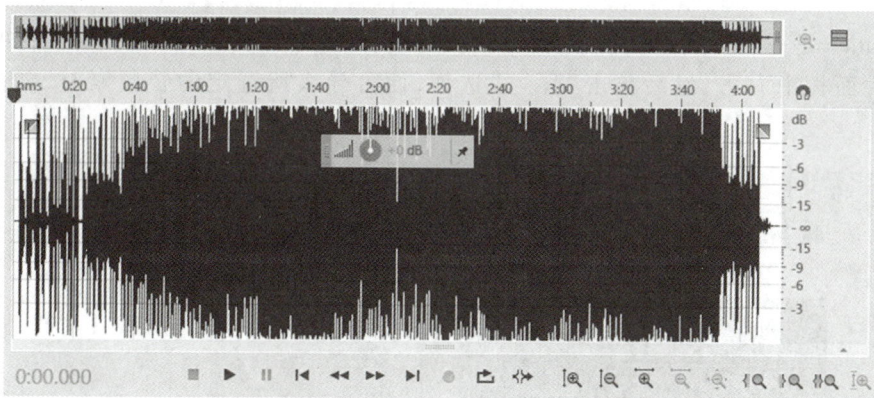

图 5.55　波形显示区域

注意：①游标槽的全长代表整个音频文件的长度；②游标的长度则代表当前面板显示波形的长度及在整个波形中的位置；③游标中的竖虚线代表光标线在当前波形中的位置。

游标的缩放操作：①将鼠标指针悬停于游标上方,呈小手状,左右拖动鼠标即可观察波形的其他部分；②右击游标的弹出菜单，执行放大或缩小，也可实现缩放，如图 5.56 所示；③将鼠标停在游标最左或最右端，出现放大镜形状；④游标缩放支持使用鼠标滚轮。

振幅标尺及刻度的调节：①鼠标滚轮实现缩放；②右击调用菜单，执行放大或缩小，如图 5.57 所示。

图 5.56　右击游标的弹出菜单

图 5.57　右击振幅标尺的弹出菜单（1）

时间标尺及其刻度调整：①鼠标滚轮实现缩放；②右击调用菜单，执行缩放菜单中的放大或缩小，如图 5.58 所示；③按住鼠标右键拖动鼠标，框选时间范围，可放大局部波形。

图 5.58　右击振幅标尺的弹出菜单（2）

Audition 是一款音频播放软件，能轻松读解多种音频格式。要实现音频素材的导入，可在文件面板中右击，然后单击"导入"选项，便可导入所选定的音频素材，如图 5.59 所示。

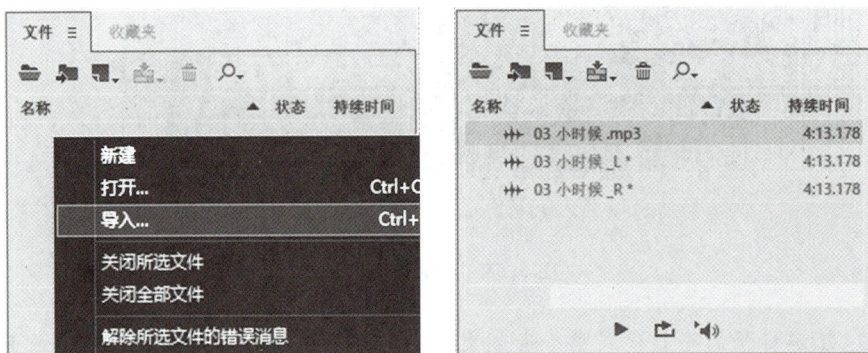

图 5.59　Audition 的文件面板

　　文件面板的下侧有三个按钮,可对导入的音频文件进行"播放""循环播放""自动播放"等预览功能。右击文件面板列表中的文件,可将声音文件插入多轨混音中或 CD 布局中,继续进行操作。还可以执行"提取声道到单声道文件",将立体声文件变为两条单声道素材,注意:列表中的文件名若带有 ∗,则说明其内容已改变。双击该单声道文件,可进入编辑器进行编辑,执行文件菜单下的"保存"或"另存为"子菜单,可对声音文件进行保存。

　　③ 多轨面板的主要操作。若在多轨中处理音频首先应建立多轨回话,单击"文件→新建→多轨会话"。多轨音频工作文件格式是 SES,全称为 Session 文件。多轨文件记录了需要深入编辑的信息,却不能作为最终作品的格式。SES 文件记录了各个素材的名称、其对应的磁盘路径、相互间的位置关系、虚拟效果处理关系,但并未记录声音具体内容,所以 SES文件的数据量比声音成品文件小很多。

　　在多轨工程中,可导入音频素材,或者直接选择音频素材,并按住鼠标左键不放,将其拖进轨道中。需要注意的是：①设计合理的文件夹结构；②给文件以明确的、不容易误会的命名；③对"素材文件"和"工作文件"要同等对待,慎重保存。

　　多轨主面板有多条波形显示区域,每条称为一轨,每轨内可以放置多条声音素材。多轨主面板有两组游标槽及游标,分别用于调整纵向和横向的视图缩放比例。若调节轨道的缩放(长、宽),可将鼠标指针放到上侧和右侧的滑块首端或者末端,待鼠标指针变形时便可拖动滑条,调节轨道的缩放,如图 5.60 所示。

图 5.60　多轨视图的缩放查看

Audition 多轨工程的
常见功能

　　在轨道头的地方,单击 fx 按钮,展开效果面板,单击向右的三角符号,能为音轨效果添加虚拟效果。单击后,可以对整条音轨进行效果的添加处理,如图 5.61 所示,还可以设置效果前置衰减或后置衰减。

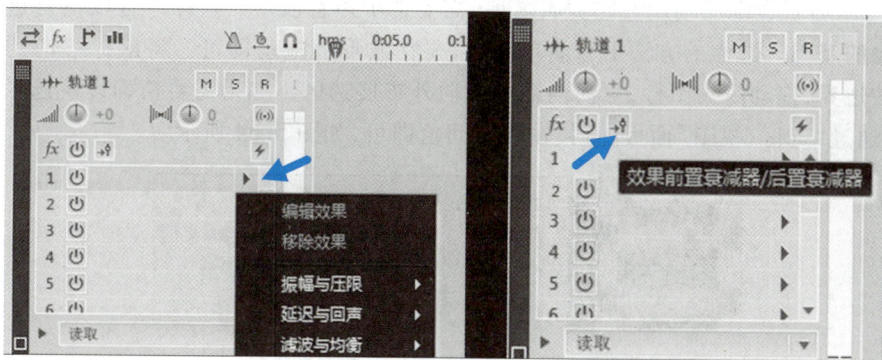

图 5.61　添加轨道效果控制

图 5.62 中的 M、S、R 按钮分别为静默、独奏、录音键。图中的按钮还有包括音量、立体声平衡合并到单声轨等。单击页面中的混音器选项,能打开调音台面板,如图 5.63 所示。通过它,可以调节各个轨道的效果以及最终的输出。

图 5.62 混音器的面板标签

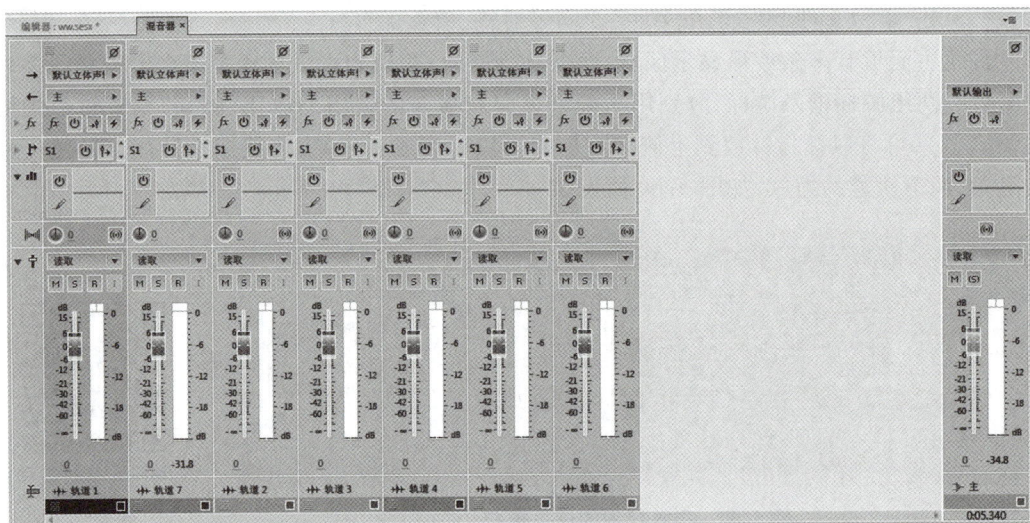

图 5.63 混音器面板

(2) 波形的精确选择和剪辑技术。这部分内容涉及基本剪辑技术的使用和使用标记实现精确剪辑。

① 基本剪辑技术的使用。在剪辑之前,需要选中声音段落。选择声音段落是进一步剪辑或修改的基础。选中的方法十分简单,只需要在波形上拖动即可。将鼠标移动到选中区域的左右边界,拖动箭头图标,可向内缩小或向外扩展选区。如果需要精确设定选区的左右边界,可通过"选区/视图"面板,直接输入时间值即可,如图 5.64 所示。

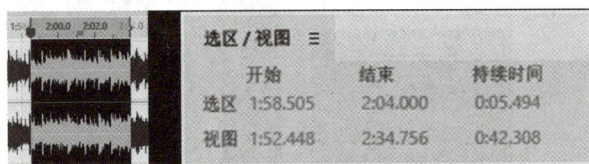

图 5.64 拖动实现选区与视图面板

剪辑是把声音裁切成若干个段落,并对其复制、删除或重新拼接,以此在时间顺序上改变声音的内容。剪辑的作用主要有两个:①删除效果不良、内容错误的部分;②制造新奇的拼贴效果。常见的剪辑操作有剪切、复制、粘贴等,图5.65是声音剪辑的主要流程。

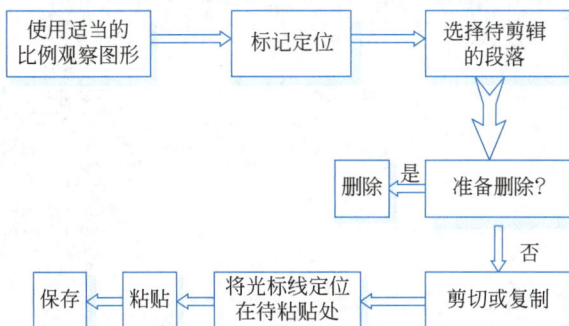

图 5.65 声音剪辑的流程

波形选中后,只是确定了需要剪辑的素材。此时还面临一个问题,该素材需要移动到什么位置?该目标位置一般用定位线(或光标线)标记。在停止状态下,在波形上任意单击,单击出现的都是进度线,如果单击播放,则将从该线开始播放(见图5.66)。在播放状态下,在时间栏上单击,定位线可切换到进度线,继续播放;如果在波形上单击,则只是定位提示。在播放状态下,进度线和定位线可同时出现,进度线为实线,定位线则是虚线(见图5.67)。定位线也可通过"选区/视图"面板进行精确设定。

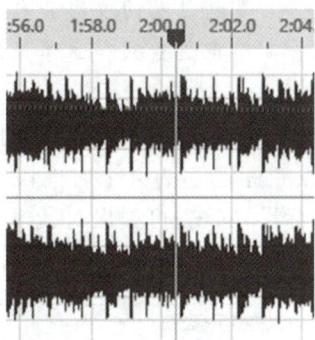

图 5.66 定位线(停止状态)　图 5.67 定位线和进度线(播放状态)

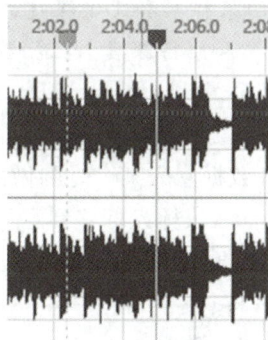

在粘贴素材时,应区分当前是停止状态还是播放状态。在停止状态下,粘贴位置以定位线为准。在播放状态下,以进度线为准。一旦粘贴完成,定位线立刻消失,并重新定位到刚才的粘贴位置,此粘贴操作仅执行一次。此外,可选中选区,对选区进行粘贴或混合式粘贴。

单击编辑菜单中的混合式粘贴可弹出对话框,如图5.68所示。在粘贴类型中选择"插入",是指在光标处(或选区的左侧)插入。如果是针对目标选区的操作,在执行过程中,首先把目标选区删除,然后将剪贴板中的素材插入。在粘贴类型中选择"重叠",是将目标选区与剪贴板中的素材做了波形相加操作。在粘贴类型中选择"替代",是将目标选区与剪贴板中的素材做了波形替换。在粘贴类型中选择"调制",是将目标选区与剪贴板中的素材做了兼容(相乘)。后三种粘贴方式,并不会改变波性文件的总长度,只是算法不同。

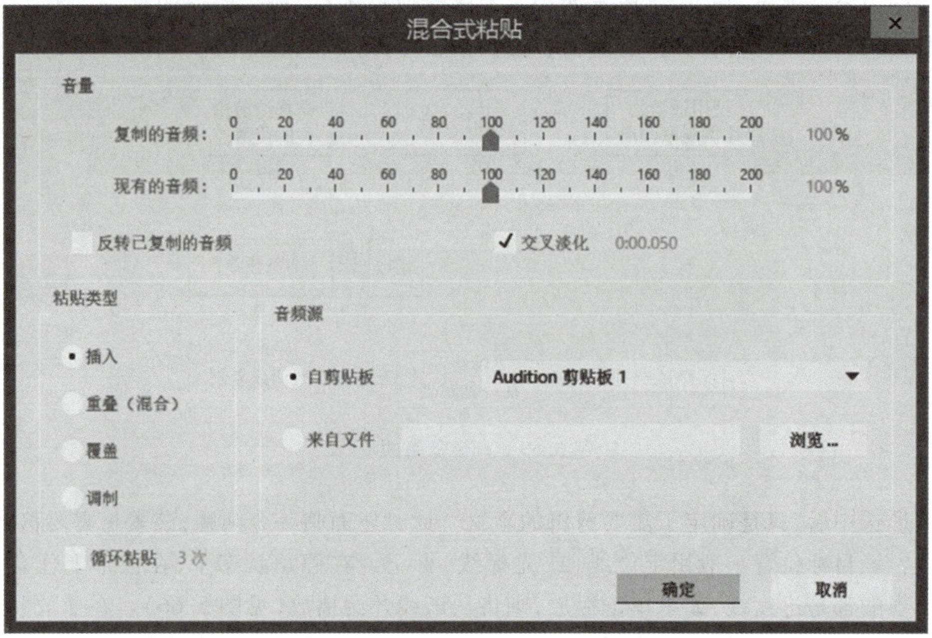

图 5.68　"混合式粘贴"对话框

注意:①剪贴板中的内容被粘贴时的音量调节,如果选中"反转"则实现先"反相"后粘贴;②在不同的采样率和比特深度的波形之间复制时,复制粘贴的波形会自动转换成为目标波形的采样率和比特深度,以适应新的波形格式;③单声道音频和立体声间的复制与粘贴,也会自动转换。

② 利用标记实现精确剪辑。标记,是在声音文件中的特定时刻或者时间段上做的一些记号,并非声音数据。为某个时刻做的记号称为"点型标记",为某个时间段落做的记号称为"范围型标记"。鼠标光标移到定位线(并非时间标尺)右击,可弹出对话框,如图 5.69 所示。按快捷键 M,也可快速添加标记。

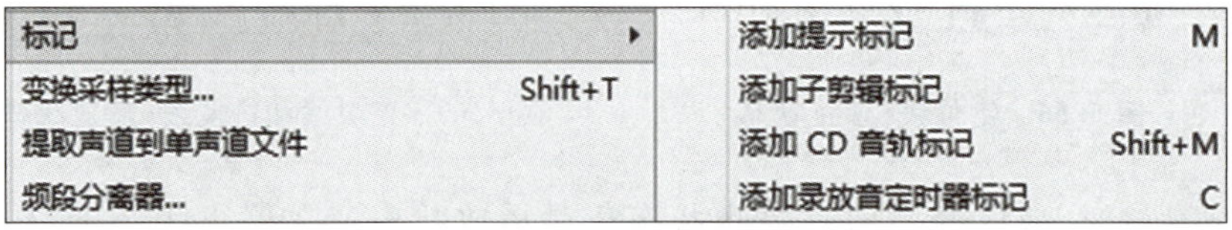

图 5.69　添加标记

最常用的是提示型标记,仅用于提醒。CD 音轨标记用于烧录 CD 时是为了划分 CD 曲目号。子剪辑标记和录放音定时器标记可用于剪辑与录音过程中。右击这 4 种类型的标记,执行"变换为范围",可变为范围型标记,如图 5.70 所示。双击范围型标记,可快速实现选区,如图 5.71 所示。单击窗口菜单下的"标记"菜单,可弹出标记面板,如图 5.72 所示。

添加了标记线后,在拖动实现选区的过程中,会自动吸附到该标记线,从而实现精确选区。光标线的吸附功能,可在编辑菜单下的"对齐"子菜单中选中,如图 5.73 所示。

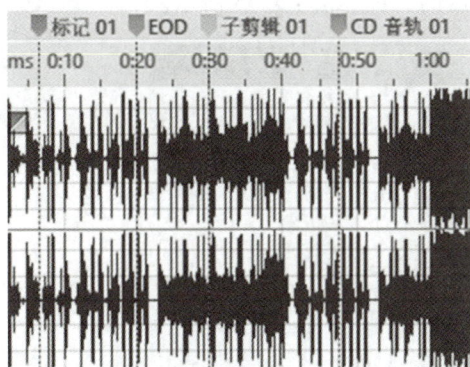

图 5.70　4 种类型的标记

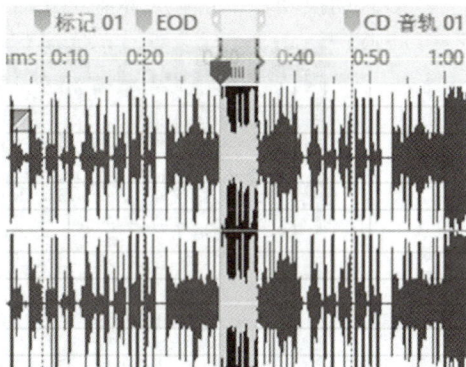

图 5.71　范围型标记快速实现选区

图 5.72　标记面板的信息

图 5.73　对齐到标记

（3）利用 Audition 实现声效处理。Audition 是一款功能强大的声效处理软件,下面介绍的效果器均为该软件自带的效果器。先单击左上角的波形按钮或者按快捷键 9,进入单轨视图。当然,也可以在多轨视图中,选择想要进入单轨的音频,双击便可进入单轨视图。要返回多轨时,只需要单击左上角的多轨按钮或者按快捷键 0,如图 5.74 所示。

Audition 的单轨和多轨录音

图 5.74　单轨与多轨视图切换

① 多普勒效果。先选择想要处理的音频,进入单轨视图,依次单击"效果"→"特殊效

果"→"多普勒换挡器(处理)"标签会出现此效果器的界面,如图 5.75 所示。

图 5.75　多普勒频移效果

　　可设置路径的走向、初始位置、距声源的开始距离、速度以及其他参数。设置参数后单击左下角的播放键,可以即时监听,以便于调出更好的效果。所有参数设置正常,单击应用即可。

　　② 回声。在单轨界面中依次单击"效果"→"延迟与回声"→"回声"标签,出现回声效果器的界面,如图 5.76 所示。

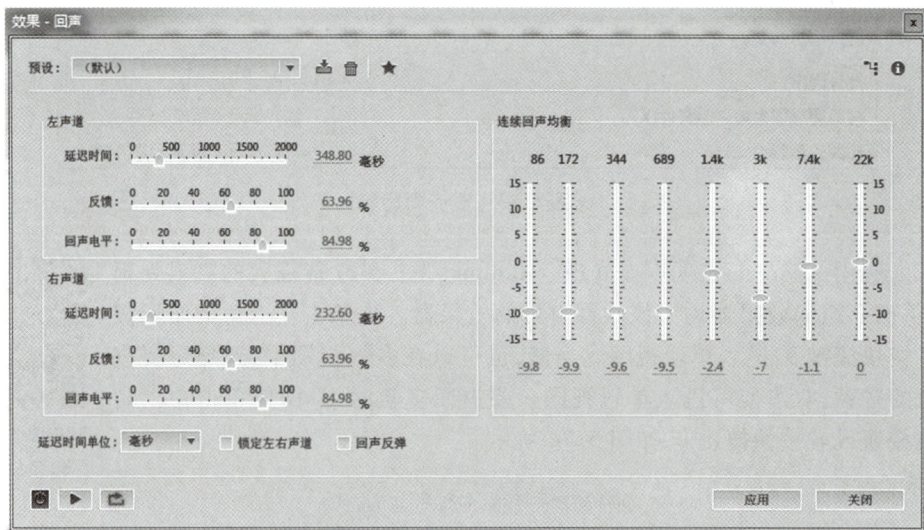

图 5.76　回声效果器

　　该效果器可以调节延迟与回声,预设中已经有调节好的特殊效果参数。如果有合适情景可以直接使用,没有合适的效果则可以自己进行参数调节。延迟是在数毫秒之内相继重新出现的单独原始信号副本。回声是在时间上延迟得足够长的声音,以便每个回声听起来都是清晰的原始声音副本。当混响或和声可能使混音变浑浊时,延迟与回声是向音轨添加临场感的好方法。反馈是通过延迟线重新发送延迟的音频,来创建重复回声。

③ 混响。单击"效果→混响"会出现混响效果器界面,如图 5.77 所示。

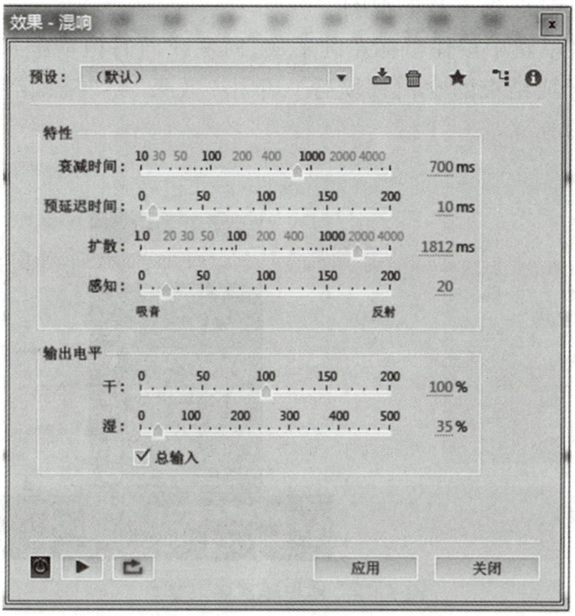

图 5.77 混响效果器

可以调节衰减时间、预延迟时间、扩散度、感知和干湿比例等参数。衰减时间:设置混响逐渐减少至无限(约 96dB)所需的毫秒数。对于小空间使用低于 400 的值,对于中型空间使用 400~800 的值,对于非常大的空间(如音乐厅)使用高于 800 的值。例如,输入 3000 毫秒可创建宏大竞技场的混响拖尾。注意,要模拟兼有回声和混响的空间,请先使用回声效果建立空间大小,然后使用混响效果使声音更自然。低至 300 毫秒的衰减时间可以为干声增加感知的空间感。

预延迟时间:指定混响形成最大振幅所需的毫秒数。对于短衰减时间,预延迟时间也应较小,通常设置为大约 10% 衰减时间的值听起来最真实。但是,使用较长的预延迟时间以及较短的衰减时间可以创造有趣的效果。

扩散:模拟自然吸收,从而随混响的衰减减少高频。较快的吸收时间可模拟装满人、家具或地毯的空间,如夜总会和剧场。较慢的时间(超过 1000 毫秒)可模拟空旷的空间(如大厅),其中高频反射更普遍。

感知:更改空间内的反射特性。值越低,创造的混响越平滑,且没有那么多清楚的回声。值越高,模拟的空间越大,在混响振幅中产生的变化越多,并通过随时间创造清楚的反射来增加空间感。

提示:设置为 100 的"感知"值以及 2000 毫秒或更长的衰减时间,可以创造有趣的峡谷效果。

干与湿:干(即干声)是设置源音频在输出中的百分比。在大多数情况下,设置为 90%

效果很好。要添加微妙的空间感,请设置较高的干信号百分比;要实现特殊效果,请设置较低的干信号百分比。湿(即湿声)则是设置混响在输出中的百分比。要向音轨添加微妙的空间感,请使湿信号的百分比低于干信号。增加湿信号百分比可模拟与音频源的更大距离。

总输入:先合并立体声或环绕声波形的声道,再进行处理。选择此选项可使处理更快,但取消选择可实现更丰满、更丰富的混响。

④ 降噪。首先在单轨中按住鼠标左键不放,向左或向右拖动框选出噪声的样本(可选择录音间隙,或者开始或结束的空白环境音),单击"效果"→"降噪/恢复"→"捕捉噪声样本"选项卡,如图 5.78 所示。

图 5.78 捕捉噪声样本菜单

选择需要降噪的部分音频(一般情况下是整段音频都需要降噪,所以可以全选),然后单击"效果"→"降噪/恢复"→"降噪(处理)"选项卡,弹出的界面如图 5.79 所示。

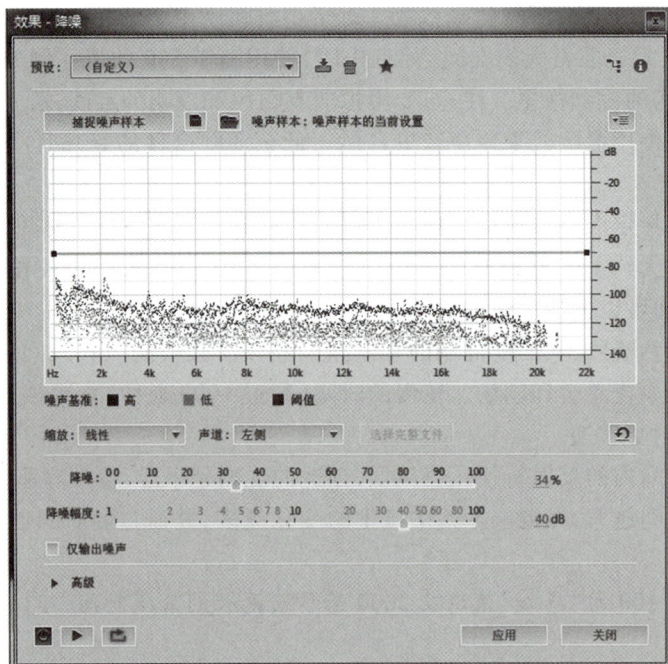

图 5.79 捕捉噪声样本的图形化显示

注意:语音文件降噪可到95,音乐文件降噪不可超过65,否则失真严重。对音乐降噪时,一次不满意,可进行两次或多次降噪,然后进行频率补偿即可,但是每次都要重新获取噪声特性文件。

⑤ 淡入淡出。在处理音频的时候,两段音频前后衔接,为了避免空白和突然会对前端音频的末尾进行淡出效果的处理,对后端音频的起始进行淡入效果的处理。进入单轨视图,鼠标指针放到左上角小方块上,待指针变形按住左键进行拖曳,可任意调节衰减的程度,淡出也是同样的步骤,如图5.80和图5.81所示。

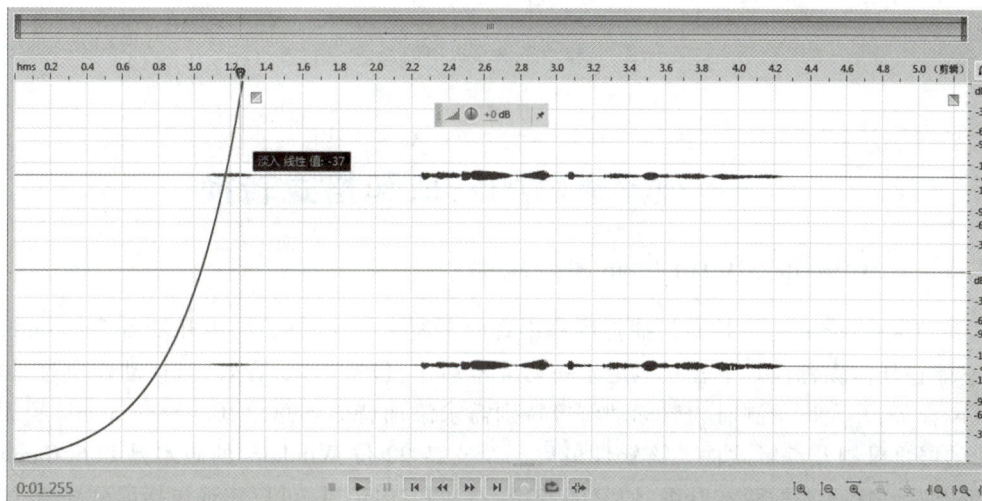

图 5.80　淡入

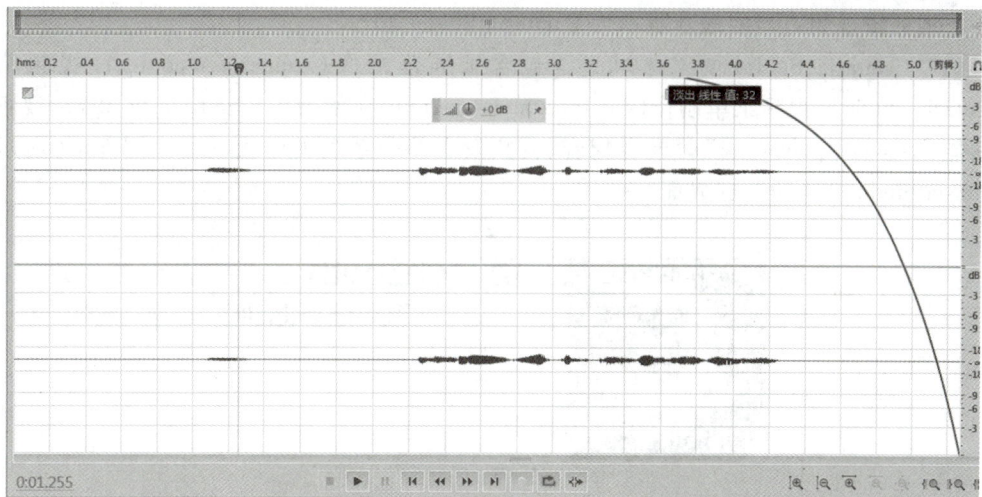

图 5.81　淡出

还有一种在多轨中处理的办法,即在音频素材中同样有淡入淡出的方块按钮,可同上述办法一样拖动淡入、淡出的按钮来进行调节,如图5.82所示。

注意:一般在做衔接时,两段音频要有部分重合才能保证不会"空场"。

图 5.82　多轨面板中的淡入

5.3　视频素材的获取和格式转换

5.3.1　Camtasia Studio 桌面视频录制

Camtasia Studio 是一款专门捕捉屏幕影音的桌面视频录制软件,由开发商 TechSmith 出品,它能在任何颜色模式下轻松地记录一切屏幕动作,包括影像、音效、鼠标动作轨迹,以及解说声音等,并允许录制时为鼠标动作等特别需求添加特效。总之,Camtasia Studio 可谓最专业的屏幕录制及编辑软件。该软件最后一个支持 32 位 Windows 的版本是 8.6,Camtasia Studio 9 是一次重大的版本升级,使它朝着高品质的方向迈进,可以实现包括屏幕高清录制、更专业的视频编辑、更准确的视频输出等功能,尤其是 TechSmith Screen Codec 2(TSC 2)也包含进来,能够录制高质量的平滑视频,重构的时间轴能够添加任意多的多媒体轨道,帮助你更快地剪辑视频。当前最新版本为 Camtasia Studio 2022。

(1) Camtasia Studio 的基本功能。包含了屏幕录像(camtasia recorder)、视频编辑(camtasia studio)、视频菜单制作(camtasia menumaker)、视频剧场(camtasia theater)、视频播放功能(camtasia player)、视频录音配音、视频发布等一系列的强大功能。图 5.83 所示为 Camtasia Studio 8.4 的欢迎界面。

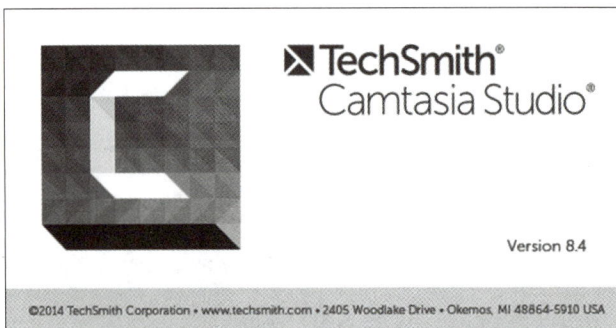

图 5.83　Camtasia Studio 8.4 的欢迎页面

① 录制屏幕功能。Camtasia 录像器能在任何颜色模式下轻松地记录屏幕动作,包括光标的运动、菜单的选择、弹出窗口、层叠窗口、打字和其他在屏幕上看得见的所有内容。除了

录制屏幕外,Camtasia Recorder 还允许录制时在屏幕上画图和添加效果,以便标记出想要录制的重点内容。

② 录制 PPT 功能。作为一款专业录屏与视频创作软件,Camtasia 集成到 Microsoft PowerPoint 中快速录制 PPT 视频并将其转化为想要的视频模式。使用 Camtasia Studio PPT 插件可以快速地录制 PPT 视频并将视频转化为交互式录像放到网页上,也可转化为绝大部分的视频格式,如.avi、.swf 等。

它允许录制 PPT 的同时,录制声音和网络摄像机的录像。在最后制作视频时,可以把摄像机录像以画中画格式嵌入主视频中。在录像时,可以增加标记、系统图标、标题、声音效果、鼠标效果,也可在录像时画图,还可以为视频添加效果,如创建标题剪辑、自动聚焦、手动添加缩放关键帧、编辑缩放关键帧、添加标注和转场效果或字幕,甚至还可以实现快速测验和调查、画中画效果,以及添加元数据等。

③ 视频剪辑功能。Camtasia Studio 还是一款视频编辑软件,支持绝大多数视频格式及 Flash、GIF 的后期编辑创作。它还具有及时播放和编辑压缩的功能,可对视频片段进行剪接并添加转场效果,从而可以将多种格式的图像、视频剪辑连接成电影。使用该软件,用户可以很方便地进行屏幕操作的录制和配音、视频的剪辑和过场动画、添加说明字幕和水印、制作视频封面和菜单、视频压缩和播放。重构的时间轴能够添加任意数量的多媒体轨道,从而有助于更快地剪辑视频。

④ 丰富的格式输出。Camtasia Studio 的输出格式可以是 GIF 动画、AVI、RM、QuickTime 电影(需要 QucikTime 4.0 以上)等,并可将电影文件打包成 EXE 文件,在没有播放器的机器上也可以进行播放,同时附带功能强大的屏幕动画抓取工具,内置一个简单的媒体播放器。Camtasia Studio 编辑器还可以制作多种格式的视频。

- 制作 Flash 文件(MPEG-4、FLV 或 SWF);
- 制作 Windows 媒体播放器程序所用的 WMV 格式文件;
- 制作 QuickTime Movie 文件(MOV);
- 制作 AVI 文件;
- 制作 iPod、iPhone 或者 iTunes 所能播放的文件(M4V);
- 仅制作音频(MP3);
- 制作 Real Media 文件(RM);
- 制作 Camtasia for RealPlayer 文件(CAMV);
- 制作 Animation File 文件(GIF)。

在输出时,可以进行进一步设置,如视频大小、视频选项、基于标记自定义视图、后处理(后期制作)选项、制作附加输出选项、保存制作设置为预设、制作时间线上的一个选区为视频、预览制作设置、批量制作打包并且显示可执行文件、打包并且显示 AVI 选项、打包并且显示 SWF 选项、打包并且显示 CAMV 选项等。

(2) Camtasia 的基本操作。包括基本界面、导入素材、编辑素材和轨道、输出视频等。

① 基本界面。程序安装完成后,在开始菜单中能够找到 TechSmith 的文件夹,从中找到两个相关的程序,分别是 Camtasia Studio 8 和 Camtasia Recorder 8,前者对视频文件进行编辑处理,并最终打包输出为封装视频文件格式,如 MP4。后者则是录屏的工具,默认保存为.camproj 格式的项目文件。

打开 Camtasia Recorder 8 的界面,由左至右分为三个功能区:选择区域、音视频输入和录制按钮。在选择区域部分,可自定义宽高比以及像素数量。音视频输入可启用摄像头采集画面,启用麦克风录制音频。录制按钮同时兼具启动、停止和保存的功能,在录制过程中随时控制,需要注意的是:Camtasia 采用帧切割的方式进行视频捕捉,在启动前后会有 3 秒的延迟,应提前考虑该时间差。录制停止后,可预览一下,然后选择"保存并编辑"。其输出格式主要有 CAMREC 和 AVI,默认是 CAMREC,具有较好的兼容性。视频捕捉完成,会进入 Camtasia Studio 8 的界面,开始对素材的编辑处理过程。

② 导入素材。一般是从创建工程文件开始,其扩展名是 camproj。单击快捷工具栏中的"导入媒体"按钮,可以导入图像文件、音频文件和视频文件,如图 5.84 所示。尤其需要注意的是,对软件自身格式 camrec 的支持是较好的。

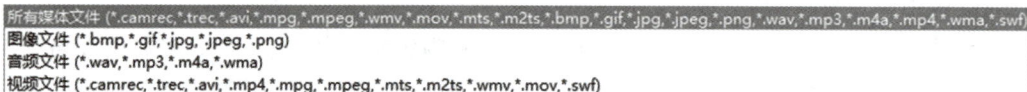

```
所有媒体文件 (*.camrec,*.trec,*.avi,*.mpg,*.mpeg,*.wmv,*.mov,*.mts,*.m2ts,*.bmp,*.gif,*.jpg,*.jpeg,*.png,*.wav,*.mp3,*.m4a,*.mp4,*.wma,*.swf)
图像文件 (*.bmp,*.gif,*.jpg,*.jpeg,*.png)
音频文件 (*.wav,*.mp3,*.m4a,*.wma)
视频文件 (*.camrec,*.trec,*.avi,*.mp4,*.mpg,*.mpeg,*.mts,*.m2ts,*.wmv,*.mov,*.swf)
```

图 5.84 Camtasia Studio 支持的导入媒体格式

导入的视频以缩略图的形式出现在剪辑箱中,双击该缩略图,能在右侧的视频预览窗口中进行查看。右击该缩略图,会弹出快捷菜单,如图 5.85 所示。选择"添加到时间轴播放",视频素材会快速添加到时间轴上进度线的位置,拖动时间轴上的进度按钮,可以对画面快速预览,从而精确找到剪辑的时间点,便于下一步裁剪,如图 5.86 所示。

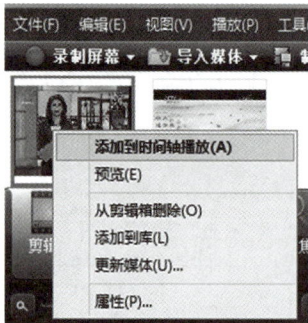

图 5.85 将素材添加到时间轴

图 5.86 时间轴、素材轨道和预览窗口

③ 编辑素材和轨道。关于进度线,应注意其所在的位置,右击该进度线,执行"分割"命令,可对当前选中的素材进行分割;或者执行"分割全部"命令,可对进度线掠过的所有素材进行分割,如图 5.87 所示。

在进度线的标尺处,有绿、红对称的两个标记,分别是开始标记和结束标记,拖动该标记就会发现能够实现一个选区。一般是绿色标记在左,红色标记在右。进度线标记与红、绿色标记可以分离,彼此互不影响。单击并拖动标记,可看到所在的时间点和选区的持续时间。右击该选区,能够实现简单的剪辑命令,如图 5.88 所示。

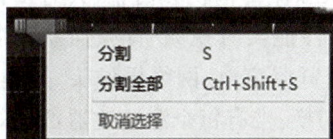

图 5.87 对素材进行分割

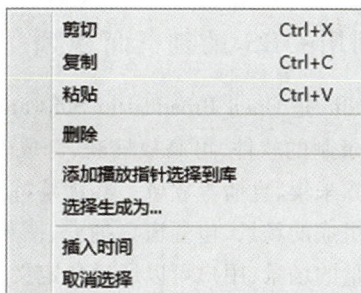

图 5.88 对素材选区的快捷命令

单击轨道头的加号按钮,可快速添加轨道,如图 5.89 所示,并将剪切或复制的素材放到这里。在轨道头上右击,能够使用一些常用的轨道操作命令,如图 5.90 所示。对于插入的素材本身,右击也可执行一系列的操作,如图 5.91 所示。

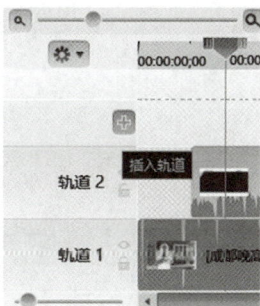

图 5.89 在轨道头插入轨道操作

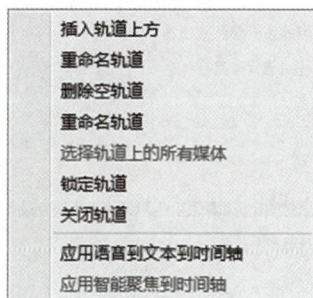

图 5.90 轨道头的快捷操作

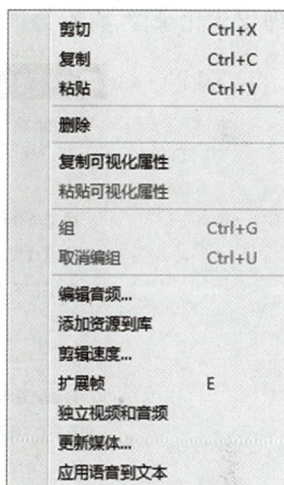

图 5.91 轨道素材的快捷操作

④ 输出视频。选中需要输出的轨道,单击"制作和分享"按钮,将会进入向导窗口,进行格式化视频的输出,如图 5.92 所示。

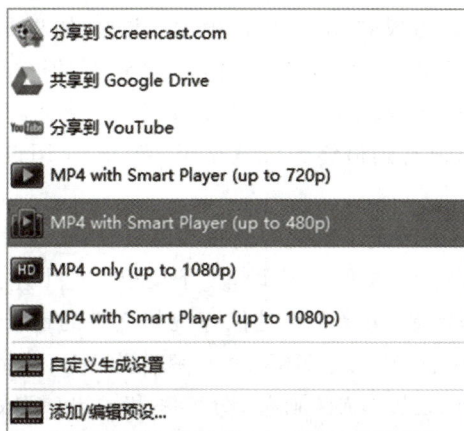

图 5.92 输出视频的格式化选项

5.3.2 利用 OBS 录制桌面视频

OBS Studio 是 Open Broadcaster Software Studio 的缩写,它是一款免费开源的用于实时流媒体和屏幕录制的软件,可高效捕获、合成、编码、记录和流传输视频内容,具有多种功能并广泛使用在视频采集、直播等领域。其优越特性包括:高性能实时视频/音频捕获和混合。创建由多种来源组成的场景,包括窗口捕获、图像、文本、浏览器窗口、网络摄像头、采集卡等;可以设置无限数量的场景,用户可以通过自定义过渡无缝切换;带有每个源滤波器的直观音频混合器,例如噪声门、噪声抑制和增益,全面控制 VST 插件支持;强大且易于使用的配置选项,添加新源,复制现有源,并轻松调整其属性;精简的设置面板使用户可以访问各种配置选项,以调整广播或录制的各个方面;模块化的浮动 UI 允许用户完全根据需要重新排列布局。

(1)自动配置向导。OBS Studio 安装完成以后,需要根据提示,进行一些关键步骤的设置:在自动配置向导窗口中,如果只是把 OBS 作为一款屏幕录像软件的话,可以选择第二项,即仅优化录像,将不会进行串流,如图 5.93 所示。

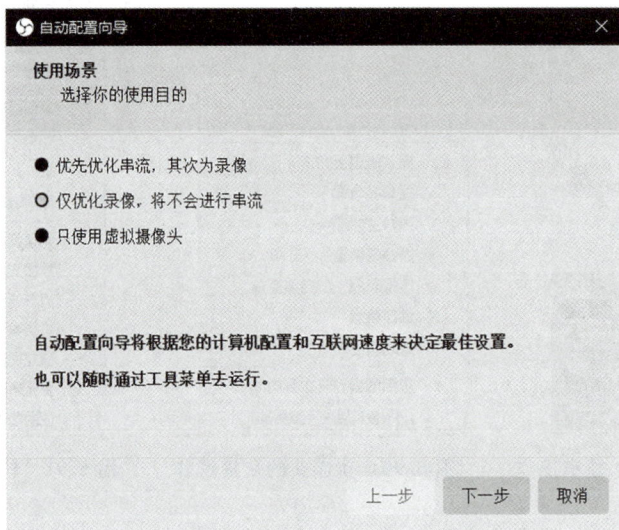

图 5.93 自动配置向导:仅优化录像

单击"下一步"按钮,设置基础分辨率和帧率,注意,如果是 16:9 的屏幕,可选择 1920px×1080px 或 1280px×720px,如果是非标准宽屏 16:9 的屏幕,也可以用屏幕分辨率替代。帧速率一般是 25、30 或 60,数字越大,代表每秒保存的画面越多,如图 5.94 所示。

单击"下一步"按钮,可以看到最终的设置结果,单击"应用设置"按钮即可,如图 5.95 所示。

(2)OBS Studio 设置。OBS 是一款优秀的视频编码软件,在对桌面视频进行捕获之前,需要进行一些必要的设置,打开"文件"→"设置"子菜单。选中左侧"输出"选项卡,有两个区域:直播和录像。在录像区域,录像路径是保存视频文件的地址,可以根据需要选择。还可对生成视频的格式进行设置,默认是 MKV,可以修改为 MP4,如图 5.96 所示。

在"视频"选项卡中可以设置基础(画布)分辨率和输出(缩放)分辨率,前者是视频采集源的画面解析度,后者是最终生成视频文件的画面解析度,如图 5.97 所示。

图 5.94 自动配置向导：视频设置

图 5.95 最终设置结果

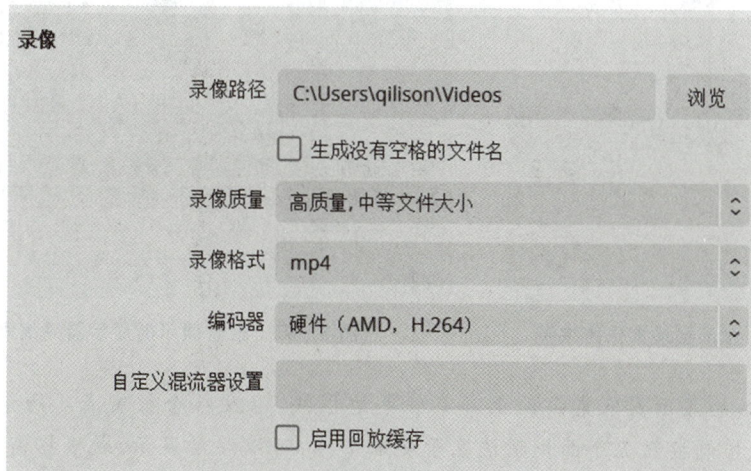

图 5.96 录像文件路径和格式设定

图 5.97 "视频"选项卡中的分辨率设置

（3）**设置捕获源。**在 OBS 的界面中，左下角有一个"场景"面板，是管理 OBS 录制方案的地方，默认为"场景"，可以新建、删除或切换不同的录制方案。"场景"面板的右侧是"来源"面板，如图 5.98 所示，单击"+"图标，新建"显示器采集"，确定即可，如图 5.99 所示。

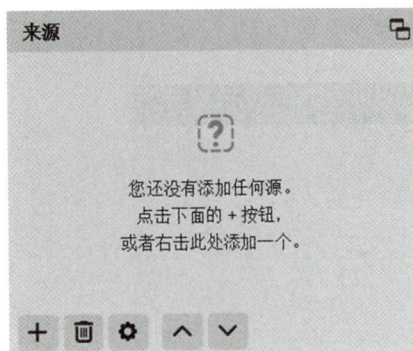

图 5.98 "来源"面板

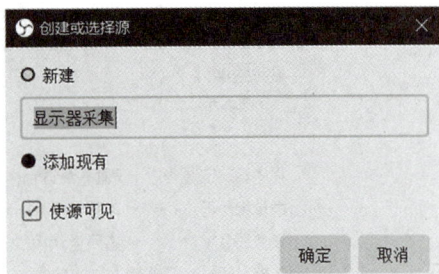

图 5.99 新建"显示器采集"源

此时，在 OBS 的"来源"面板中便会更新视频采集源，如图 5.100 所示。同时出现浮动面板"属性：显示器采集"，出现嵌套显示的显示器窗口画面（见图 5.101），单击"确定"按钮即可。

图 5.100 显示器采集作为来源

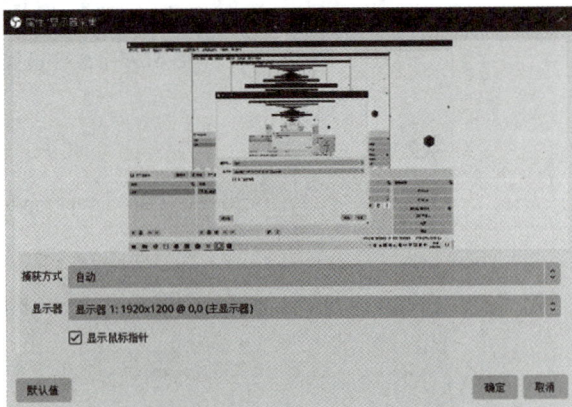

图 5.101 嵌套显示的显示器采集画面

注意：OBS 的显示器采集画面上具有红色边框线，以及八个控制点。场景、来源、混音器、转场特效、控制按钮五个面板默认置于屏幕下方，可以浮动显示，或根据需要随意排布。以编者的屏幕 1920px×1200px（16：10）为例，基础画布设置为 1920px×1080px，输出分辨率设置为 1920px×1080px，再对屏幕进行边框缩放。但如此缩放的结果和意义是什么呢？

经过录制测试,经过全屏幕截图,最终输出的画面如图 5.102 所示。这说明,尽管仍然是全屏录制,生成的视频也是 1920px×1080px,但是输出画面的上下左右有一圈黑色填充。从这一结果来看,尽管输出视频的技术指标没有问题,但是有效像素集中在画面的中间,周围有一圈无效的黑色画布,不能不说,这是一种虚假的 1920px×1080px 的录屏效果(见图 5.103)。

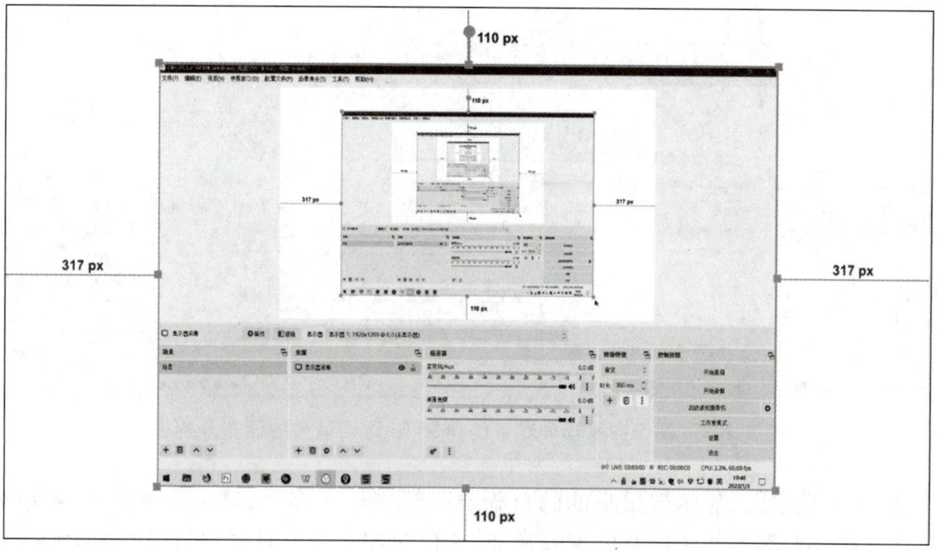

图 5.102　画布分辨率是最终视频播放效果的演示

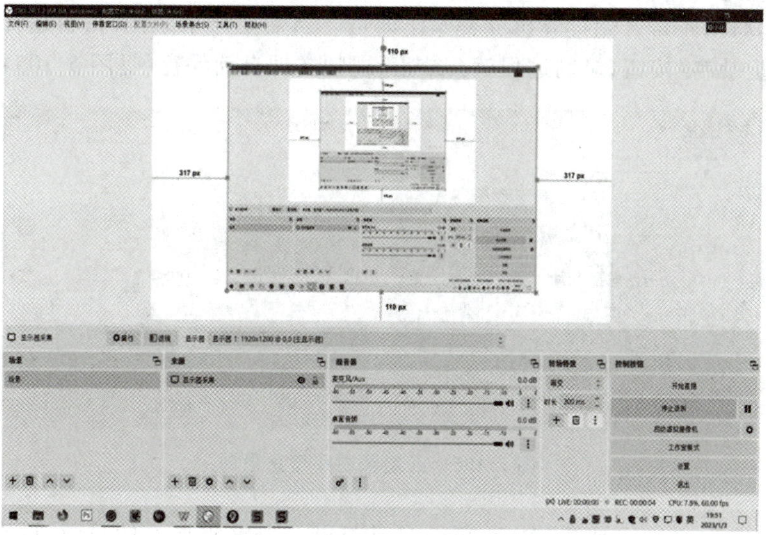

图 5.103　最终录制效果:虚假的 1920px×1080px

因此,在对非 16:9 的标准宽屏进行录制时,要确保垂直分辨率或水平分辨率(笔者的 16:10 屏幕确保的是垂直分辨率)其中之一达到最高要求。重新调整之后,画布的左右两侧各空闲了 96px,这是能够完整保存画面的折中选择,如图 5.104 所示。

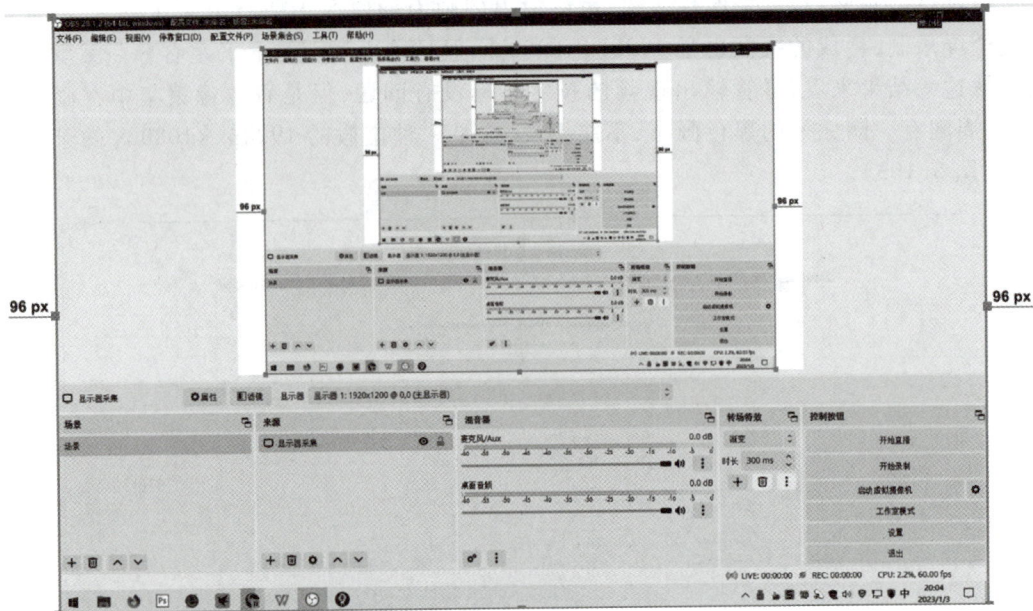

图 5.104 确保在不损失像素的情况下,达到最高的画布分辨率

当然,屏幕是多大,显示器采集的画布分辨率就应设置多大,这是实现最佳录制效果的前提。目前存在着很多非 16∶9 的屏幕尺寸,全屏录制尽管实现了保真录制效果,但最终输出的视频尺寸又不标准,这就需要用视频剪辑软件进行后期制作。

(4) 录制和保存。在控制按钮面板,单击"开始录制"按钮,录制过程就会开始。此时最小化 OBS 软件,正常开始计算机屏幕操作即可。当需要结束录制时,再返回 OBS 软件界面,单击"停止录制"按钮,录制过程就会结束,视频文件自动保存(见图 5.105)。

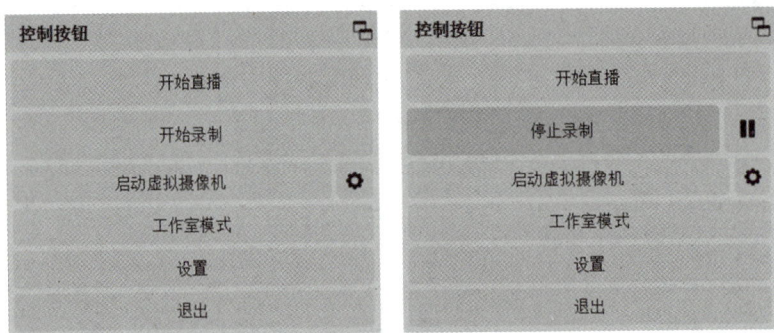

图 5.105 开始录制和停止录制

选择"文件"→"显示录像"命令,就会自动打开录制文件所在的目录,可直接打开视频文件或将其复制到其他文件夹,再进行后期剪辑、处理和包装制作。

5.3.3 从流媒体网站上获取视频素材

在当今的互联网上,流媒体是常见的一种媒体素材,其兼具视频与音频等视听属性,受到人们的喜爱。所谓流媒体,也就是边观看边远程传输的媒体。随着互联网环境的发展变化,流媒体传输协议和技术构成方式的不断变化,对流媒体文件的保存日益呈现出不断复杂化的趋势。目前,获取流媒体视频的计数方式有三种。

(1) 网页内嵌播放器,可直接查看视频地址并保存。以浙文互联官方网站为例,打开后可以看到网站首页正在播放视频文件,右击该视频媒体,能看到弹出的快捷菜单,如图 5.106 所示。从中选择"视频另存为",即可保存视频,根据地址栏中的地址可将该视频直接存储于服务器上的文件夹中。

图 5.106　在网页视频上右击能弹出快捷菜单

(2) 网页内嵌播放器,不能查看视频地址。随着 Flash 流媒体技术的发展,FLV 格式的视频逐渐兴盛起来。优酷、爱奇艺、B 站、中国大学 MOOC 等视频网站存储有大量的视频,因此基于海量视频管理、版权保护、用户产生内容等需要,它们一般采取数据库加密视频的方式。对于用户而言,可以通过访问网站、使用应用等方式观看,但是视频均存在于远程视频服务器上,用户难以获取视频在数据库中的绝对地址。对于这一类视频下载,一般采取在浏览器中安装插件的方法。

以火狐浏览器为例,选择"工具"→"扩展和主题"命令,在"寻找更多附加组件"搜索框中输入 Video 关键字,找到 Video DownloadHelper 插件进行添加,此时弹出对话框,如图 5.107 所示,单击"添加"按钮。该插件最新版本为 7.6.6。

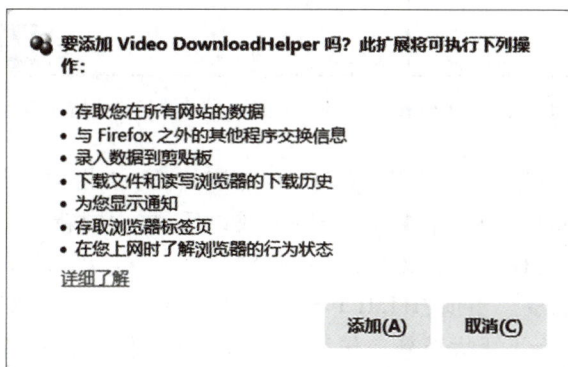

图 5.107　在火狐浏览器中安装 Video DownloadHelper 插件

在浏览器中,打开中国大学 MOOC 官网,从中选择一门课进入。以《插图与漫画设计》为例,打开课程详情页,该页面上有一个内嵌的视频,如果查看该视频的源代码,会发现其代码为:

```
<div class = "g-sd1 video-intro">
  <div id = "j-courseImg" class = "m-recimg canlick">
    <img class = "img" id = "" src = "https://edu-image.nosdn.127.net/8E092FD6D6AD
    84BCC3B31EDE7264129A.jpg?imageView&amp;thumbnail = 510y288&amp;quality =
    100" alt = "图片" width = "510" height = "288">
    <div class = "click-btn-wrapper f-pa">
      <a class = "clickBtn">
        <span class = "u-icon-play f-ib f-vam"></span>
        <span class = "f-ib f-vam">播放</span>
      </a>
    </div>
  </div>
</div>
```

这段代码说明视频播放器在"div"中,但视频地址无法有效获取。由于安装了一个插件,此时会发现火狐浏览器地址栏中多了一个图标🌑,如果仔细观看,当页面上没有流媒体视频播放的话,该图标是灰色的。单击该彩色图标,会出现其嗅探出的视频记录,再单击右侧的三角符号,则会出现与下载相关的选项,一般选择"下载"选项即可,如图5.108所示。

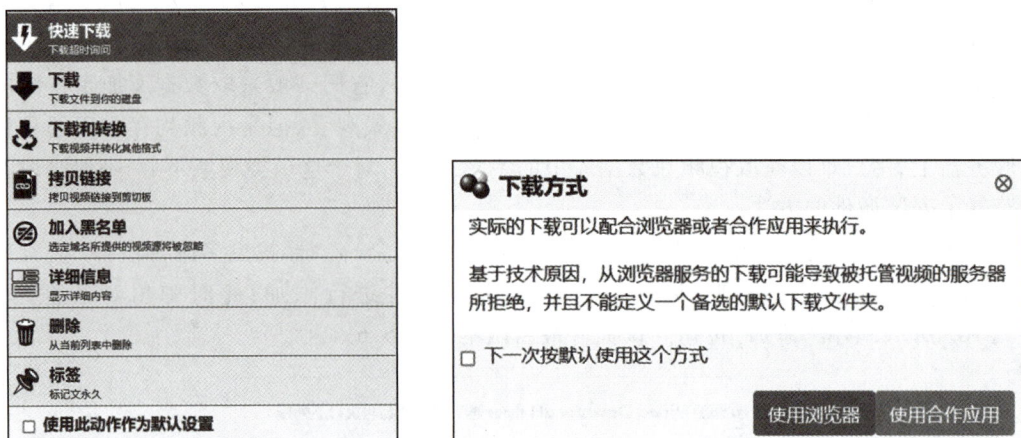

图 5.108　Video Download Helper 支持对视频记录进行下载和转换

初次使用,需要"使用合作应用"按钮,单击该按钮,会指向一个网站,下载并安装 videodownloadhelper companion app 1.6。安装完成以后,再次刷新一下视频页面,重新进入下载流程即可。注意,这种方式不仅可以下载视频文件,还可以下载音频。

（3）M3U8 视频下载。当前,HTML5 已经成为最主流的网页编码标准,对上一代的 Flash 流媒体技术的进行了重大革新。作为一种播放多媒体列表的文件格式,M3U 的设计初衷是为了播放音频文件,如 MP3,但是越来越多的软件现在用来播放视频文件列表,很多播放器和软件都支持 M3U 文件格式。在苹果公司的推动下,M3U 和 M3U8 逐渐成为 HTTP Live Streaming 格式的基础。可以这么认为,M3U8 就是一个索引文件,里面存储着 ts 文件的网络 url 链接,网站需要拿到索引文件,去按照 url 链接下载 http 服务器上的 ts 文件,类似于爬虫。这一个个连续的 ts 文件,本身就是原视频中的一小段视频,所有 ts 文件按照顺序传输,就完成了整个视频的播放。因此,就需要找到一种插件,能够识别索引文件并把下载的 ts 片段自动接续成一个完整的视频文件。在 Google Chrome 浏览器中,安装"猫抓"插件,这是一个网页媒体嗅探插件,可以捕获 M3U8 文件的地址。再下载"Vovsoft M3U8 Downloader 2.6"作为下载工具。

以优酷网站为例,打开一个正在播放的优酷视频网页,单击浏览器上面的"猫抓"图标,此时出现一些自动捕获的地址列表,如图 5.109 所示。其中第一项"＊＊＊.m3u8"文件就是播放列表,单击"复制"按钮,就会将列表地址复制到剪贴板中,再打开 Vovsoft M3U8 Downloader,单击"添加 M3U8"按钮,如图 5.109 所示。在地址框中将刚才复制的地址拷贝进去,单击"添加"按钮,此时重新回到主页面,如图 5.110 所示。单击工具栏中的"下载"按钮,此时就会边下载边合成,下载结束,视频文件 output.mp4 自动保存到桌面上。

图 5.109　猫抓插件嗅探到的播放列表地址和视频片段地址

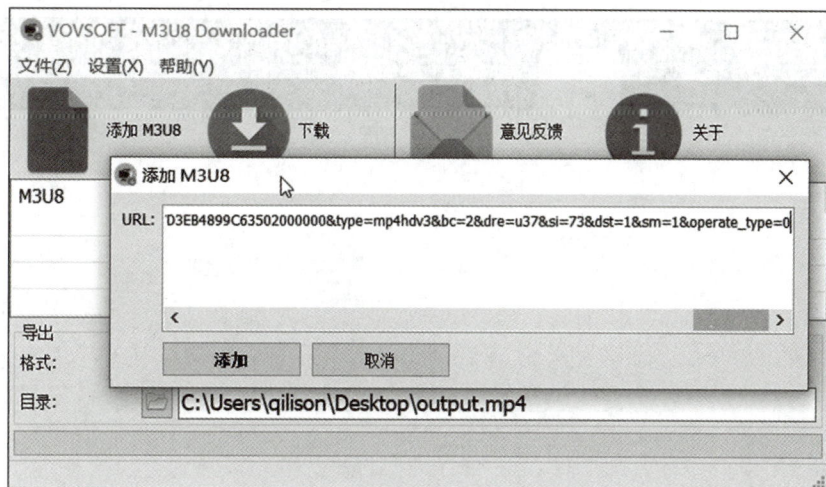

图 5.110　猫抓插件中"添加 M3U8"

需要强调的是,版权是视频网站的竞争核心,受到法律保护。作为教育技术使用者,要注重视频内容的公共使用特性,不能将下载的视频用作商业意图。目前,许多网站都逐渐采用会员收费制度,对流媒体视频采取更加更严格的加密措施。这种免费下载工具是有限制性的,不能适用于所有的视频网站和播放环境(见图 5.111)。

图 5.111　猫抓抓插件中"下载"按钮

5.3.4　视频格式转换软件的使用

Aiseesoft Video ConverterUltimate 是一款非常不错的视频转换软件,能够实现将视频文件转换为其他流行的视频文件格式,如 MP4、H.264、AVI、MP3、WMV、WMA、FLV、MKV、MPEG-1、MPEG-2、3GP、3GPP、VOB、DivX、Mov、RM、RMVB、M4A、AAC、WAV 等,转换速度快而且可以保持出色的声音/图像质量。此外,程序还可以提取音轨出来并保存为 M4A、MP3、AC3、AAC、WMA、WAV、OGG 等格式的音频文件。

打开软件后,可以看到快捷工具栏中的有四个按钮,按照提示进行操作,如图 5.112 所示。

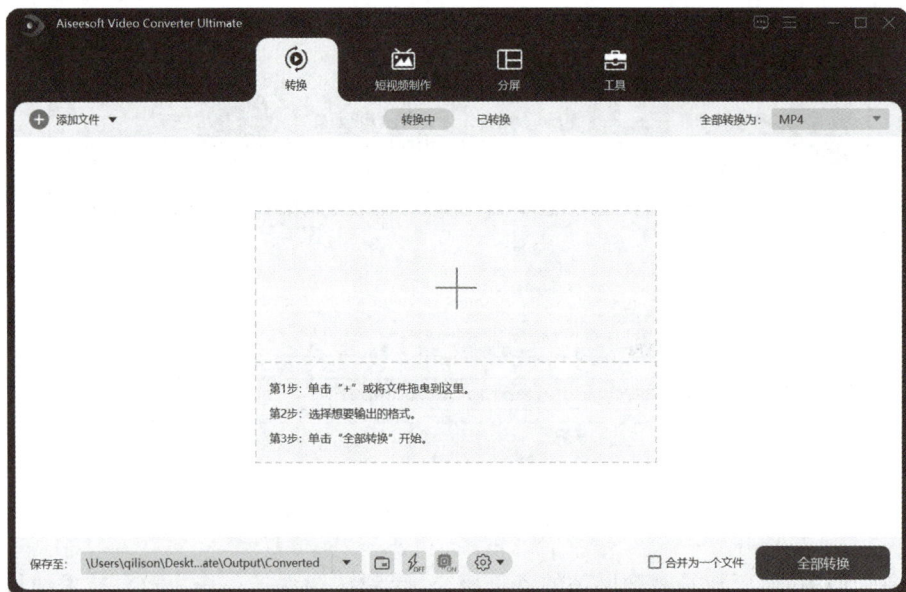

图 5.112　添加文件

在"转换"选项卡中可看到提示:第一步:单击"+"图标或将文件拖曳到这里。第二步:选择想要输出的格式。第三步:单击"全部转换"按钮开始。在软件的主编辑区中,可以看到一个或多个文件的任务列表,如图 5.113 所示。默认转换的是 MP4 格式。单击图中最右侧的格式图标,可更改为其他的输出格式,这里左侧设置为 MP4,右侧选择高清 720P,如图 5.114 所示。

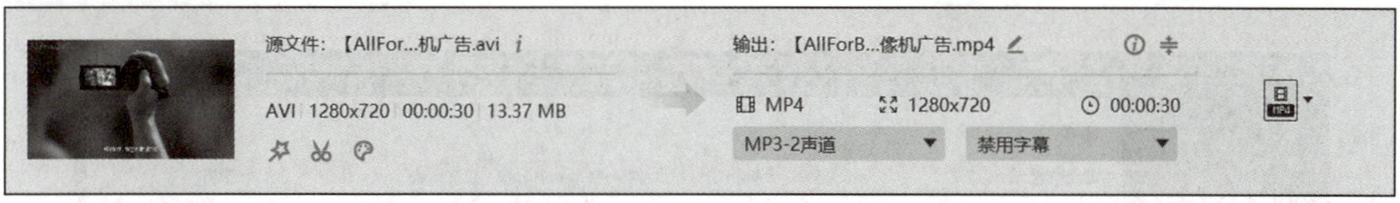

图 5.113 视频转换任务 MP4 示例(默认)

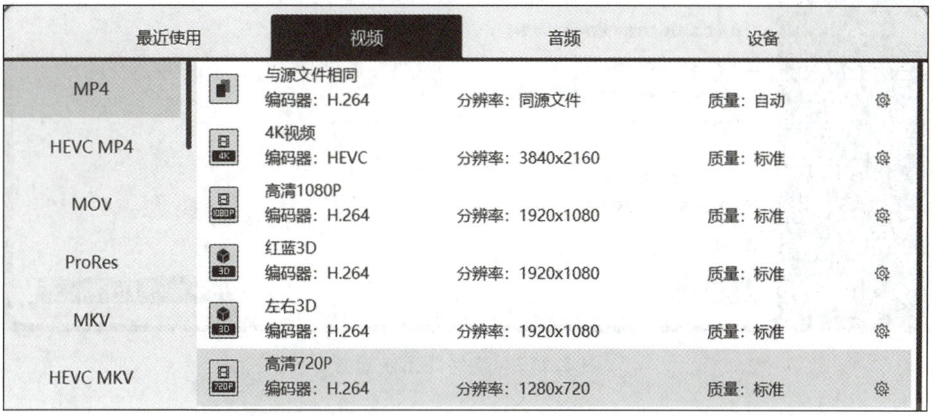

图 5.114 视频转换任务 MP4 示例(高清 720P)

单击"HD 720P"右侧的"自定义格式参数"按钮,可配置参数,如图 5.115 所示。

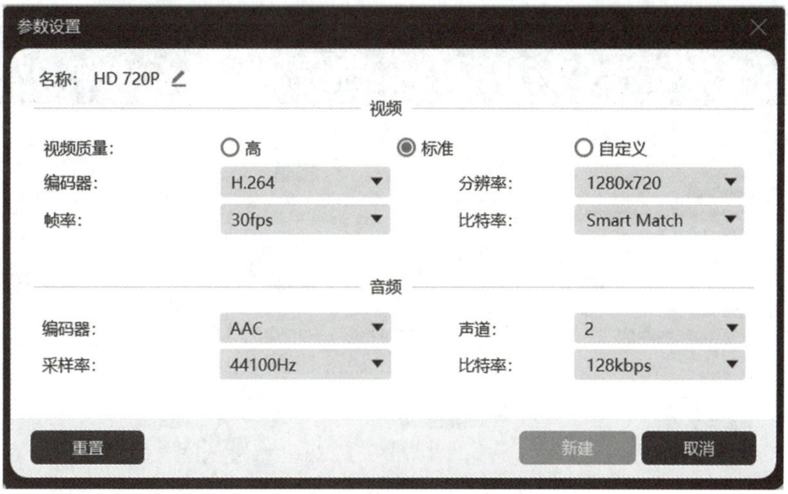

图 5.115 视频转换的参数设置

单击"设置"按钮,如图 5.116 所示,会弹出"完成时"和"全部设置"两个按钮。单击"全部设置"按钮,可对软件的系统功能进行配置,如图 5.117 所示。

单击"全部转换"按钮,就会开始转换,完成后自动打开保存的文件夹。

保存至： \Users\qilison\Deskt...ate\Output\Converted ▾ 🖼 ⚡ ⚙️ ⚙️▾ ☐合并为一个文件 全部转换

图 5.116 视频输出格式的配置列表

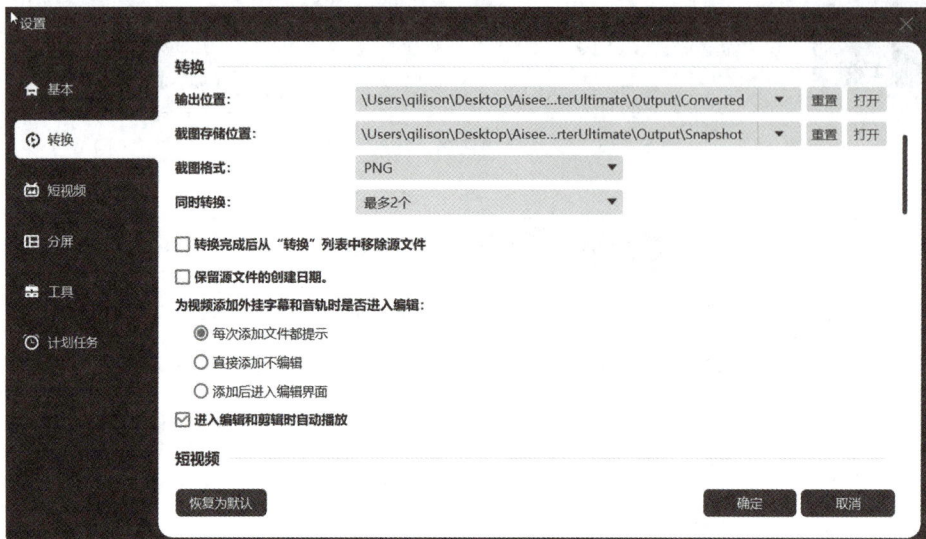

图 5.117 软件的系统设置

单击"工具"按钮,可自主选择一些快捷功能,如媒体信息编辑、视频压缩、音频压缩、视频去水印、GIF 制作、3D 视频制作、视频优化增强、视频分割、视频合并、视频画面裁剪、视频加水印等,如图 5.118 所示。

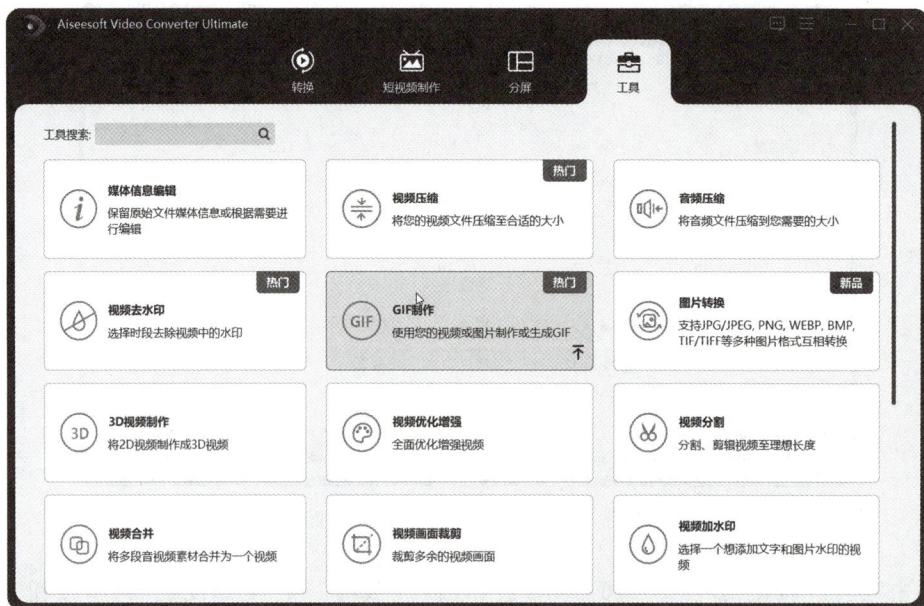

图 5.118 工具面板集成了各种视频编辑功能

同时,Aiseesoft Video Converter Ultimate 还是一款优秀的短视频制作软件,具有分频视频制作功能。通过简单的步骤设定,按照提示即可完成;用于片头、片尾、转场等视频素材制作时,具有极强的定制性和便捷性。分屏效果视频制作,如图 5.119 所示。

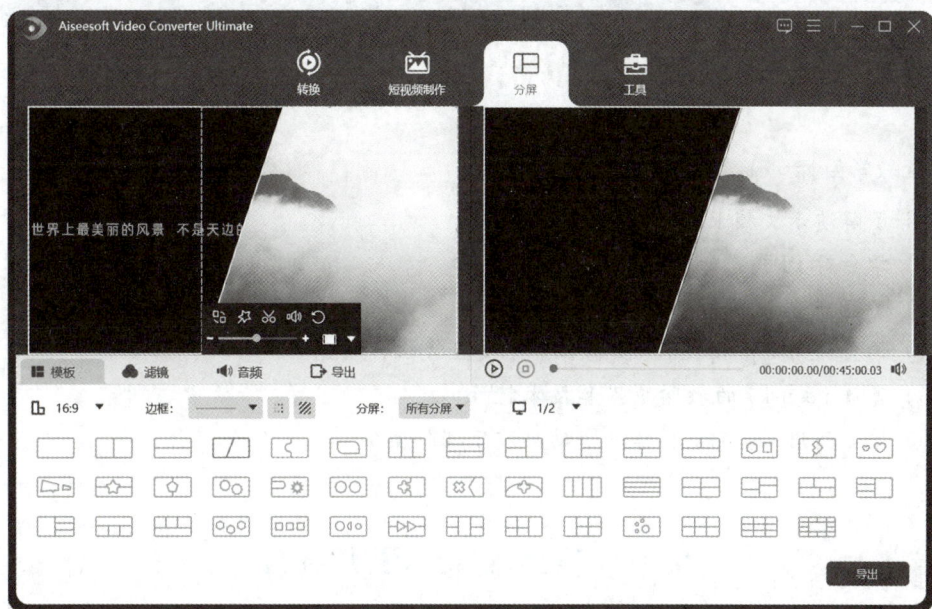

图 5.119 分屏选项卡下的模板定制

🔲 思考题

1. 举例说明数字视频的文件格式及其技术特性。
2. 在 Audition 中实现声音素材的精确剪辑,有哪些主要的技术?
3. 利用 Audition 制作一段英语听力材料,要求有问有答,并且有 5 秒的静音片段。
4. 视频格式转换软件主要的转换参数有哪些? 它们有何具体意义?

第6章 多媒体课件及其案例制作

本章教学目标

（1）了解演示文稿 PPT 的基本制作过程。

（2）学会对 PPT 进行美化设计和动画制作。

（3）了解 iSpring Suite 9 的基本功能特性。

（4）学会利用 iSpring Suite 9 制作一个交互式课件实例。

（5）了解 Focusky 的教学应用和技术特性。

（6）学会利用 Focusky 制作一个动画演示课件实例。

6.1　演示文稿 PPT 制作

6.1.1　演示文稿 PPT 的基本操作

（1）PPT 文件的创建与保存。

① 创建方法。在计算机的系统桌面或磁盘的任意位置，右击，单击创建 Microsoft PowerPoint（简称 PPT）演示文稿。创建完成后可以为演示文稿命名。PPT 可以在计算机的任意位置创建，可以在选定的文件夹内进行创建，也可以在桌面创建完成后，将 PPT 通过拖曳的方式直接移动到目标文件夹。

② 保存方法。制作期间，可单击最左上角图标进行保存；制作结束，直接单击关闭时进行保存。PPT 默认设置每隔 10 分钟就会进行自动保存一次，以免幻灯片因意外关闭而丢失工作进度。

（2）PPT 页面的创建和保存。

① 创建全新的幻灯片。打开新建的演示文稿文件，首次打开 PPT 时单击"单击以添加第一张幻灯片"或在"开始"选项卡中单击"新建幻灯片"按钮，即可创建一张新的幻灯片，如图 6.1 所示。在"新建幻灯片"的右边单击"版式"按钮可以给该幻灯片选择版式。按照需求选择自己需要的版式，如图 6.2 所示。

② 利用模板制作幻灯片。打开创建的演示文稿，单击菜单栏中的"文件"选项，选择侧边栏"新建"按钮或开始页的"更多主题"按钮，就可以使用自带的主题或者搜索寻找自己所需的主题的模板。单击主题选择创建，即可创建并自动打开该主题的演示文稿。可以按需要在模板的基础上进行修改制作，如图 6.3～图 6.6 所示。

（3）为幻灯片添加多媒体元素。具体包括文本框、图像、表格、插图、动画等。

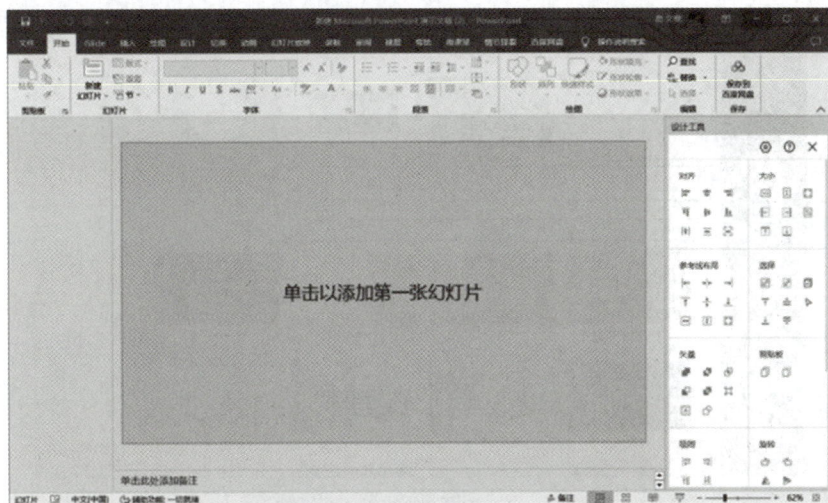

图 6.1 初始化页面效果

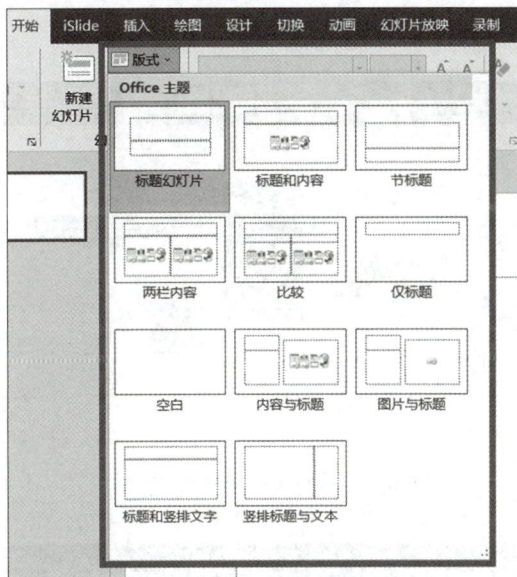

图 6.2 为页面设置版式

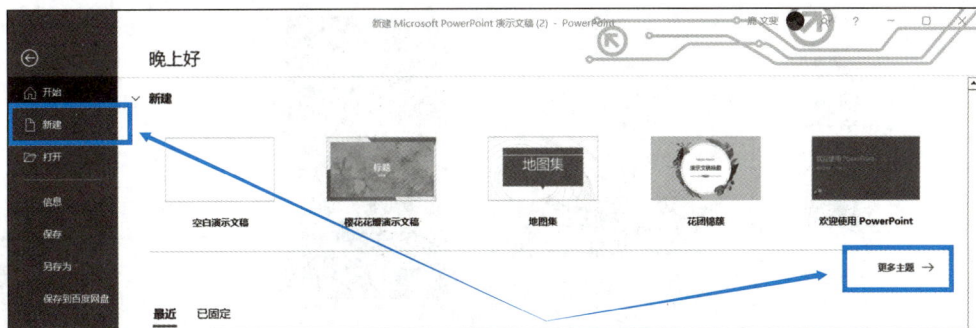

图 6.3 选择"新建"或"更多主题"

图 6.4　搜索联机模板和主题

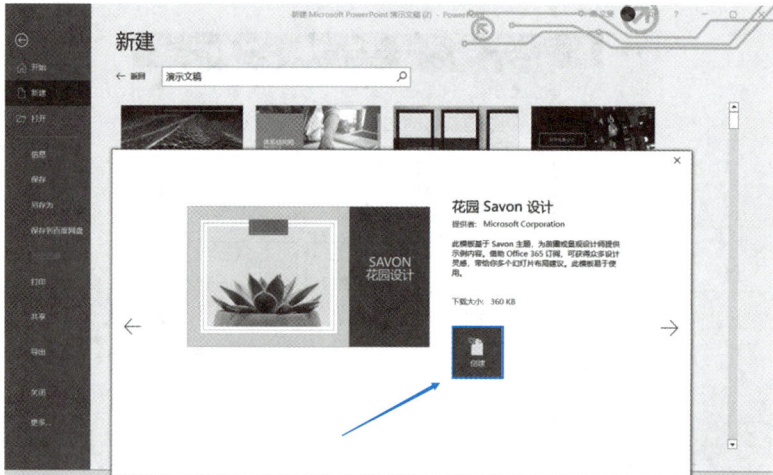

图 6.5　预览模板并开始"创建"

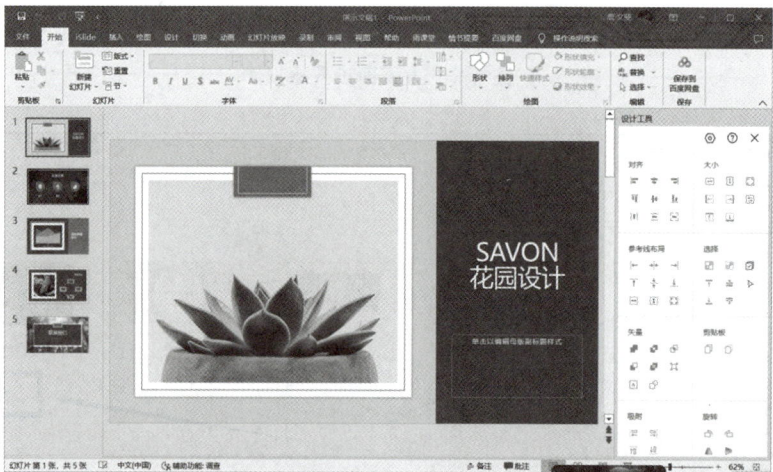

图 6.6　风格化模板提升 PPT 整体设计水平

① 文本框。在一张新创建的幻灯片中,那个标有"单击此处添加标题"的方框就是文本框,只有在文本框中才可以输入文字。文本框的大小位置可以调节,文本框限制了文字所在的位置与范围。没有输入文字的文本框在放映时不会出现。

幻灯片中默认创建的文本框通常为横排文本内框,如果需更多类型的文本框,或想要文字竖排,可以在"插入"选项卡的"文本"面板中单击"文本框"按钮,根据需要选择横排或竖排文本框到幻灯片上绘制文本框,如图 6.7 所示。

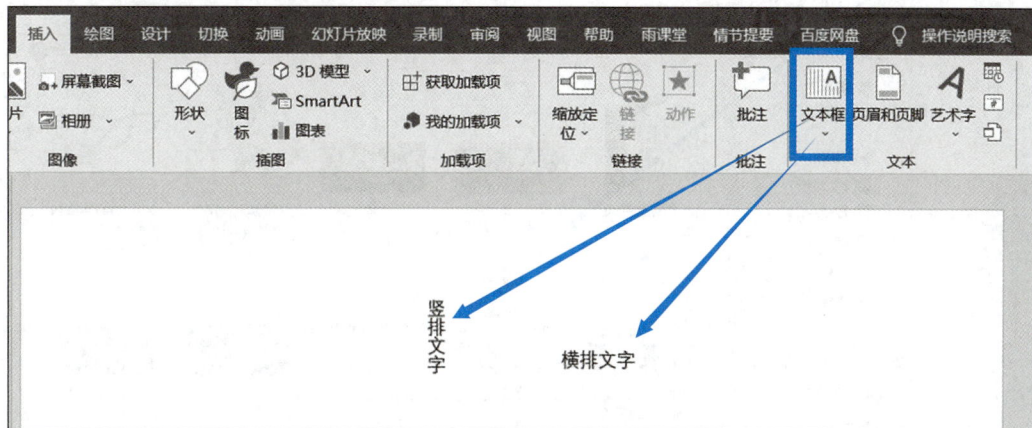

图 6.7 文本框用于在页面中添加横排或竖排文字

② 添加图像。直接将图片拖到幻灯片中:在"插入"选项卡的"图像"面板中单击图片。如果是自己有的图片则选择"此设备",找到自己需要的图片,选中单击插入;如果是需要寻找图片,则选择"联机图片"搜索到自己想要的图片选中单击插入,如图 6.8~图 6.10 所示。

添加图片后,选中图片,会出现"图片格式"上下文选项卡,可以对图片进行抠图、调色、添加艺术效果、添加图片样式等设计处理,如图 6.11 所示。

③ 添加表格。选择"插入"→"表格"命令,单击"表格"按钮,输入自己所需行数、列数。在出现"表设计"中对表格进行设计,如图 6.12 所示。

④ 添加插图。在"插入"选项卡中,可以添加形状、SmartArt、3D 模型、图标等,如图 6.13 和图 6.14 所示。

图 6.8 插入图片来自"此设备..."

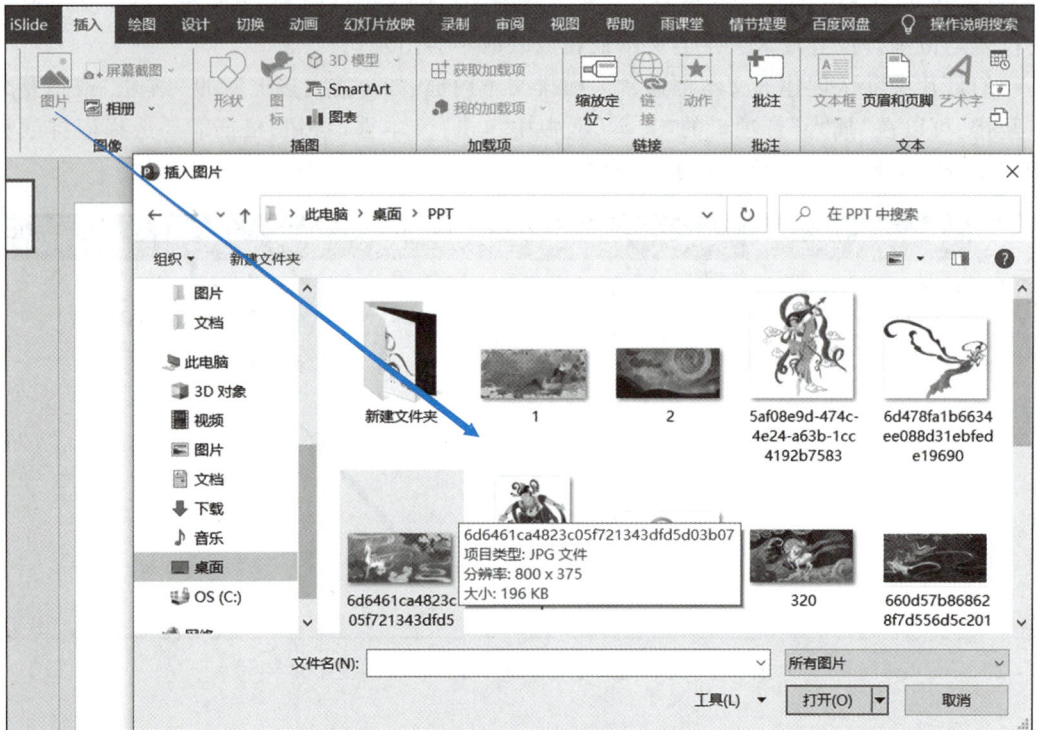

图 6.9　从资源管理器中选择图片文件

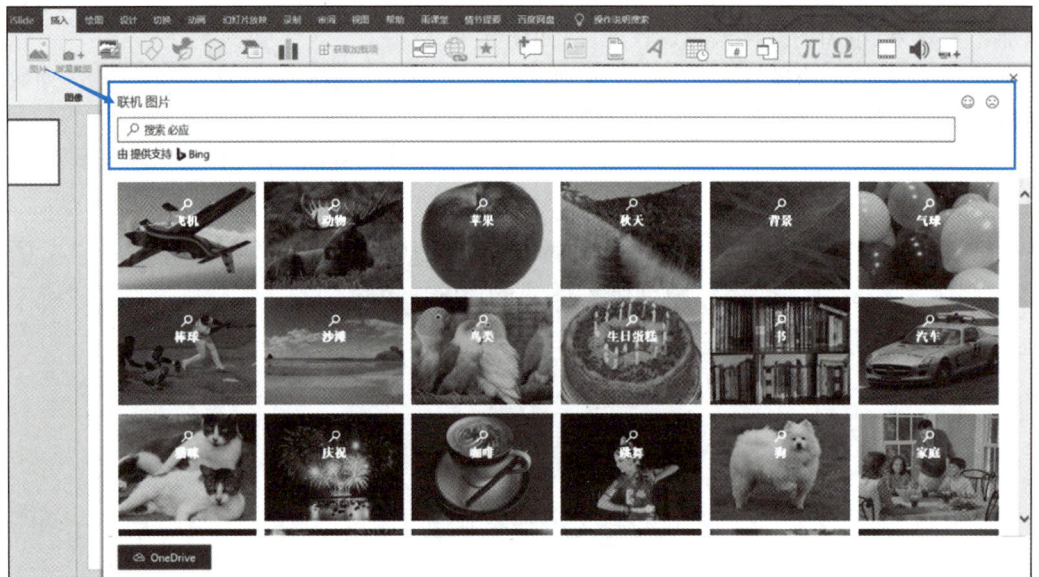

图 6.10　插入图片来自"联机图片"

图 6.11　"图片格式"上下文选项卡

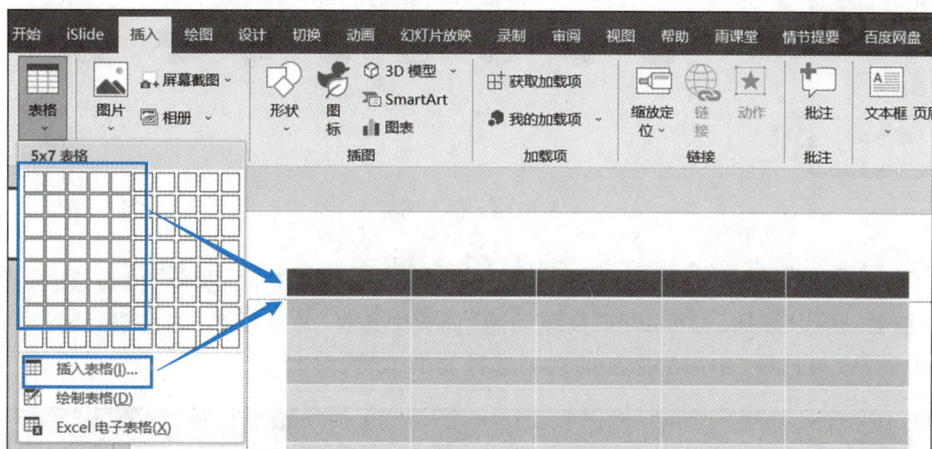

图 6.12　插入表格

图 6.13　插入联机 3D 模型

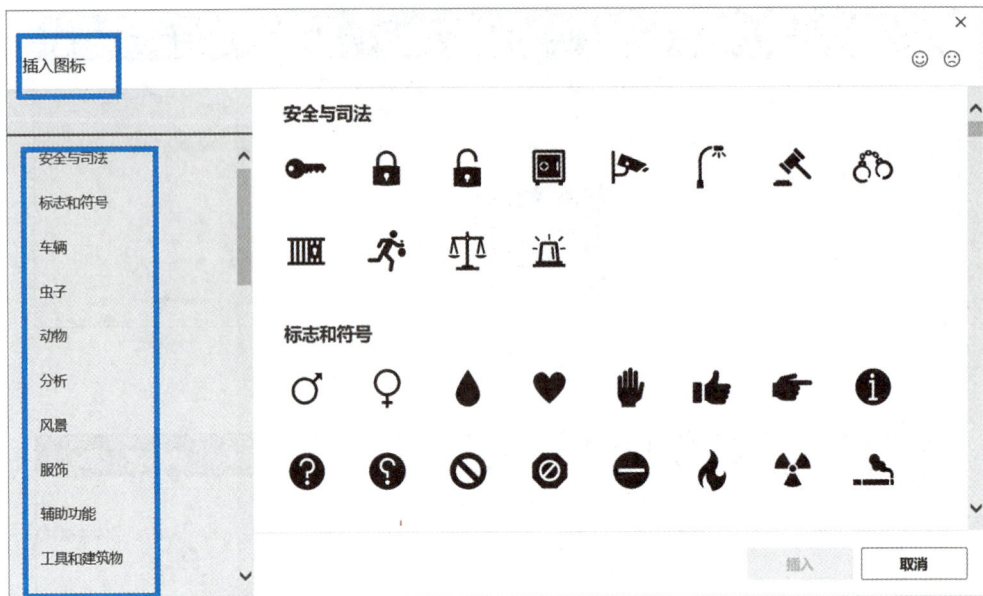

图 6.14　插入图标

　　⑤ 添加动画。选中要添加动画的元素,在"动画"选项卡中,可以在"动画"面板中单击想要添加的动画来添加,也可以在"高级动画"面板中选择"添加动画"来添加,还可以在"动画"面板的"效果选择"中来给添加的动画选择效果,如图 6.15 所示。

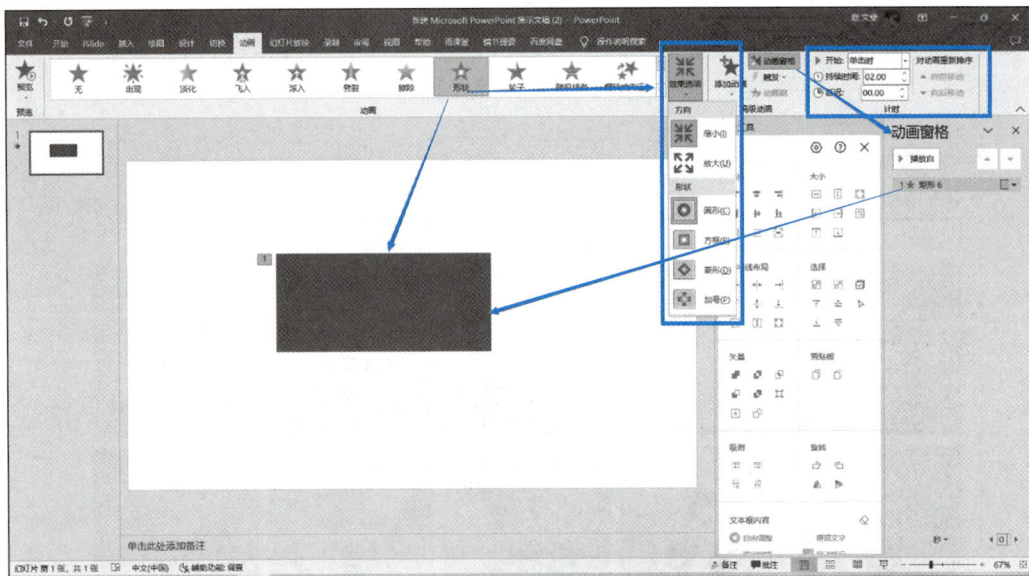

图 6.15　添加动画效果

　　在"高级动画"面板中,打开动画窗格或在计时面板中都可以对动画的开始时间、持续时间、延迟进行调整。但是在动画窗格中选中动画,右击选择计时,可以对动画的重复次数进行设定,如图 6.16 所示。

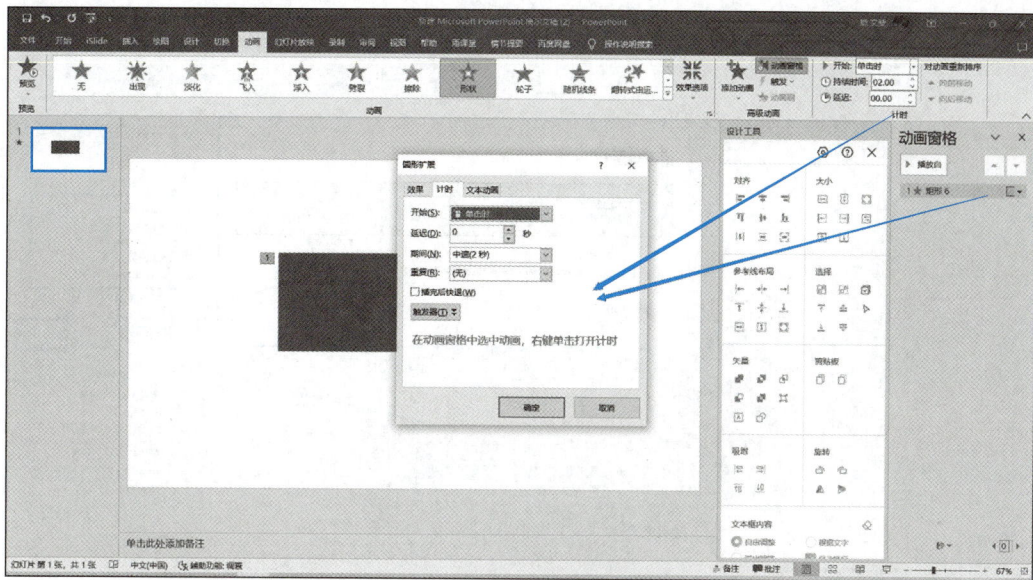

图 6.16　动画窗格的参数调整

　　幻灯片的切换指这一张幻灯片出现动画,在"切换"选项卡的"切换到"栏中选择切换效果。同样可以在旁边的"效果选项"中选择效果,在计时中可以添加声音并设置时长等,如图 6.17 所示。

图 6.17　幻灯片页面切换效果

　　(4) 幻灯片的美观设计。包括背景设计、页面设计等。
　　① 幻灯片的背景设计。在幻灯片空白处右击,选择设置背景格式。可以选择纯色填充、渐变填充,以及图片或纹理填充。背景应以淡雅为主,不能有太多图案,如图 6.18 所示。

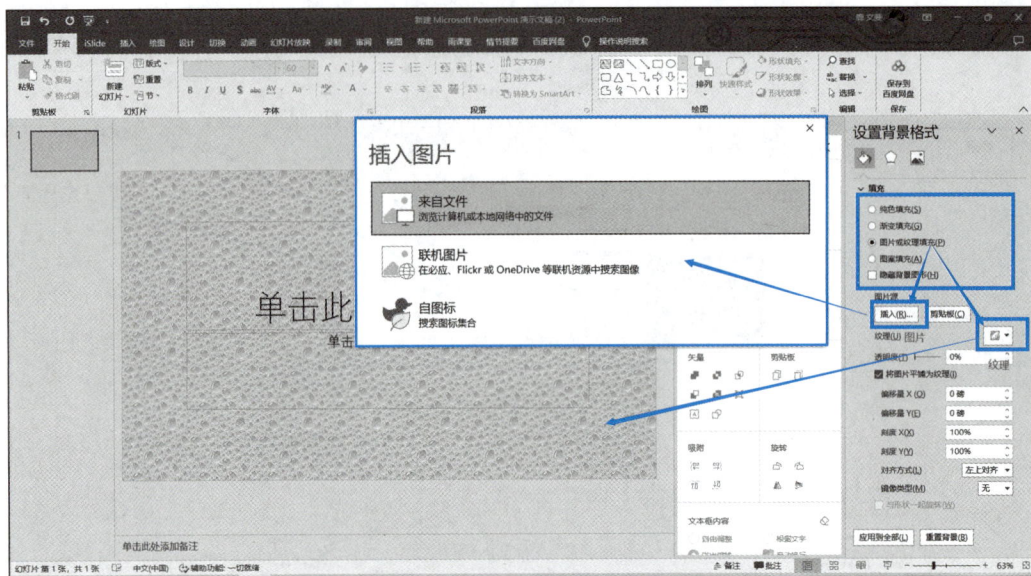

图 6.18　幻灯片页面的背景设计

② 幻灯片的页面设计。优秀的 PPT 页面设计,不仅应该有利于内容表达,也要给人以美感享受,促进演示者和受众间的信息传递和情感交流。页面设计有以下三个原则。

原则一:图文混排,布局合理。幻灯片之所以区别于 Word 文档和 PDF 文档,就是幻灯片具有图文并茂的特色,观赏性更强。但很多人在制作 PPT 时都会输入大段文字,一份优秀的幻灯片应当追求图片与文字简洁明了,搭配讲解来进行说明,而不是把要说的全放在 PPT 中,在讲解时"干读"PPT 中的文字。

原则二:呼应主题,风格统一。图片要切合主题,图片色彩尽量与 PPT 整体色彩风格保持一致。文字要大小合适,字体选择要呼应主题,如主题偏古风,可以选用宋体、魏体等。主题偏现代商务,可以使用黑体等。

原则三:色彩和谐,简约易读。PPT 的整体色彩要切合主题,使用明亮鲜艳的色彩搭配。整体使用单一颜色,如整体全部使用绿色,仅改变颜色的亮度、饱和度来呈现色彩变化;整体选用一套色卡、色系对使用的颜色加以限定,如马卡龙色系、莫兰迪色系、邻近色等。

6.1.2　教学课件 PPT 的案例制作

以初中一年级生物上册第三章第一节《生物圈中的微生物——病毒》为例制作课件。首先,根据课本、授课内容制订大纲。对照教材,可知本节要讲述病毒的形态结构、病毒的生命活动、病毒与人类的关系三模块,因此可将 PPT 分为开头、病毒的形态结构、病毒的生命活动、病毒与人类的关系、小结五部分。其次,根据内容,寻找制作课件所需的图片素材。最后,进入 PPT 具体制作环节。

(1) 创建演示文稿。新建 PPT 演示文稿,命名为《七年级上册第三章第一节——病毒》。

(2) 制作首页面。创建幻灯片,版式选择标题幻灯片。正标题文本框输入"生物圈中的微生物——病毒",副标题文本框输入"××××年××月××日、××中学××年级××班",适当调整字体与字号,如图 6.19 所示。

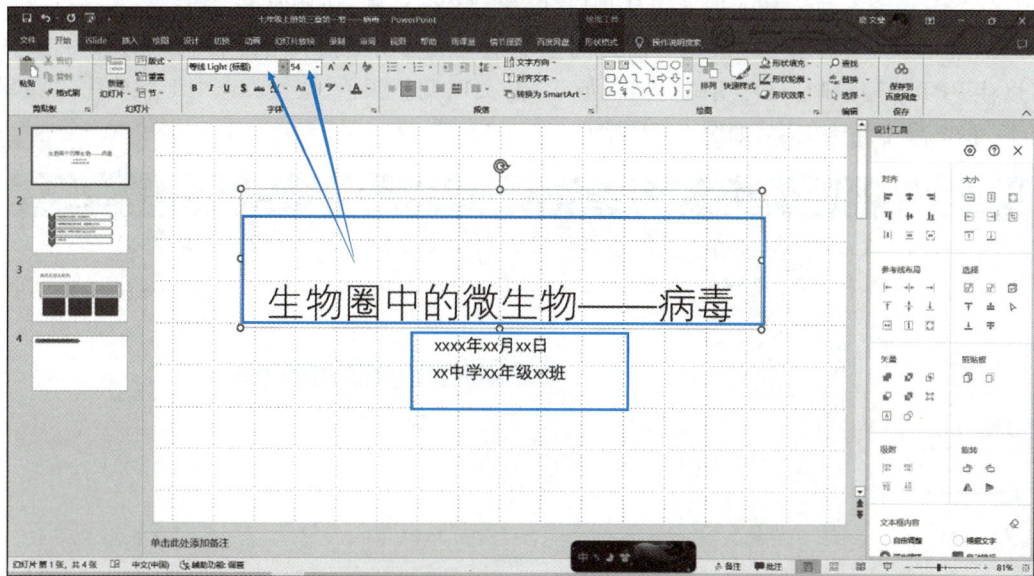

图 6.19 幻灯片首页面效果

（3）制作目录页。可将目录页的目录称为"学习目标"，根据制订的大纲，目录内容设为：观察病毒结构示意图，说出病毒结构；观察噬菌体增殖过程示意图，描述病毒生命活动；观察思考，举例说出病毒与人类生活的关系；本课小结。

插入艺术字"学习目标"，打开"视图"选项卡，然后打开"网格"调整位置。

插入 Smart 图形。左上角单击以添加图形，调整大小、位置、样式、颜色。单击图形或左侧窗口输入文字，如图 6.20 所示。

图 6.20 巧用艺术字、Smart 图形设计目录页

（4）制作内容页。插入内容包括页眉、图片、文字、动画、切换效果、背景等。

① 插入页眉：页眉可以表示当前页的主要内容或标明当前页对应目录中的哪一部分，可以让 PPT 条理清晰，目标明确。插入形状"箭头"，调整颜色、位置。选中形状右击，"编辑文字"在图形中插入文字，如图 6.21 所示。

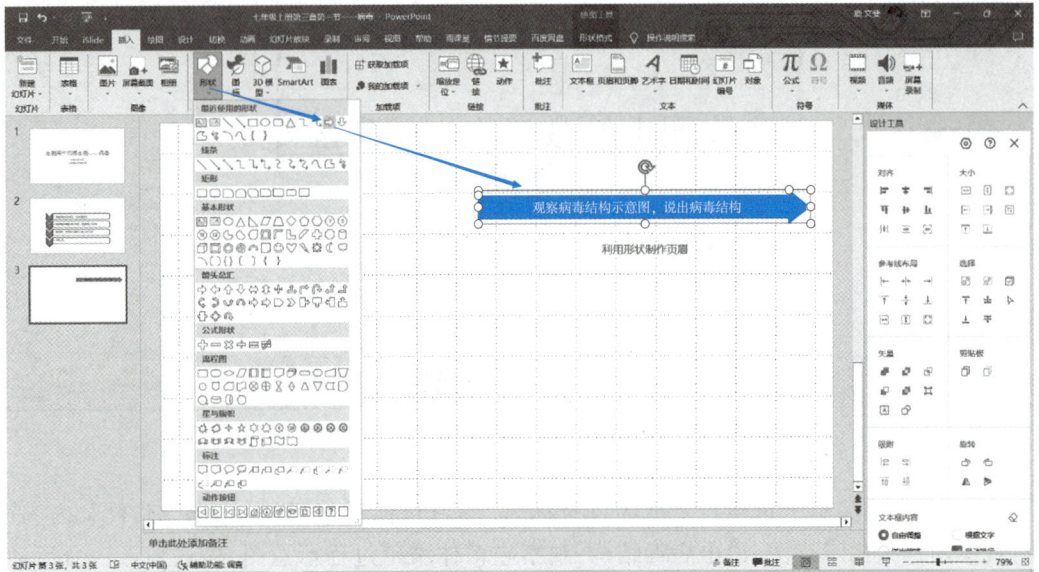

图 6.21　插入形状作为装饰元素

② 插入图片：添加 SmartArt 图形调整大小位置，插入图片。

③ 插入文字：插入艺术字"病毒的形态"，在 SmartArt 图形中插入文字，如图 6.22 所示。

图 6.22　插入 SmartArt 实现图表可视化

④ 添加动画:确定动画应添加给文字"球状""杆状""蝌蚪状"。将上述文字分别单独创建文本框后输入文字,调整大小位置。打开"动画"选项卡,分别添加动画"浮入",调整"开始"为单击时;"持续时间"为 0.5s;"延迟"为 0,如图 6.23 所示。

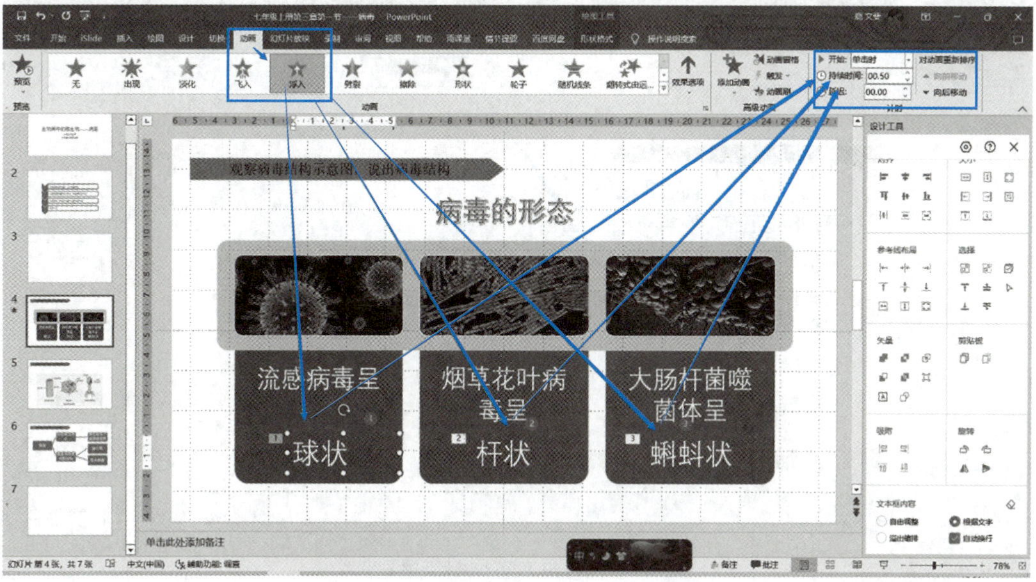

图 6.23　适当设置一定的微动画效果

⑤ 为思维导图制作动画:插入 SmartArt 图形层次结构中的水平层次结构,调整样式色彩。在左上角单击以添加形状,输入文字。添加动画时,要先右击将 SmartArt 图形转换为形状,再添加动画。要同时出现的形状按 Shift 键加选,添加动画,如图 6.24 所示。

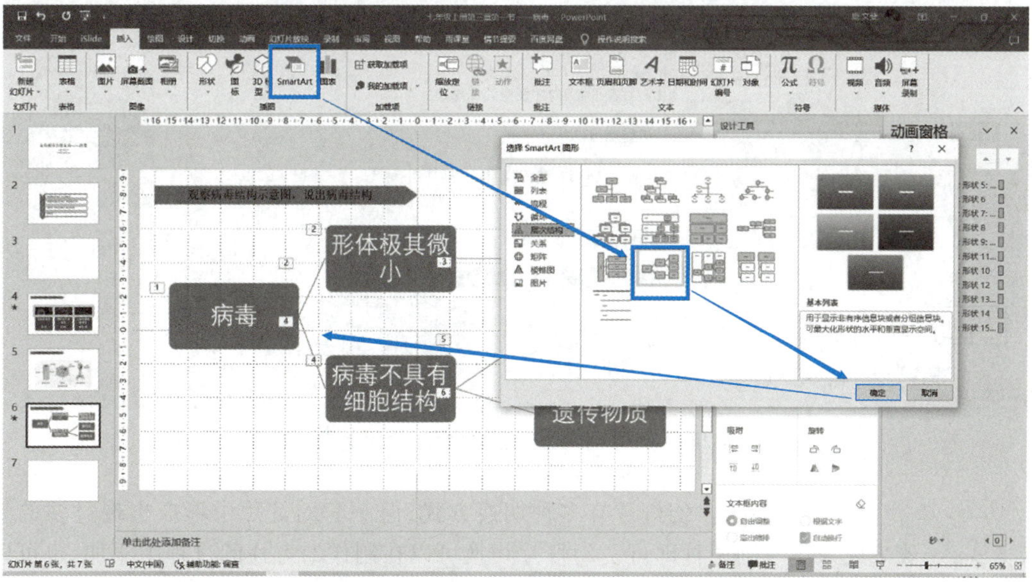

图 6.24　为思维导图添加形状动画

（5）制作填空位。绘制文本框，输入文字，将要进行填空的文字删除，用空格打出空位。插入形状或绘制新文本框，输入"空"内文字，添加动画，如图 6.25 和图 6.26 所示。

图 6.25　利用文本框制作填空位

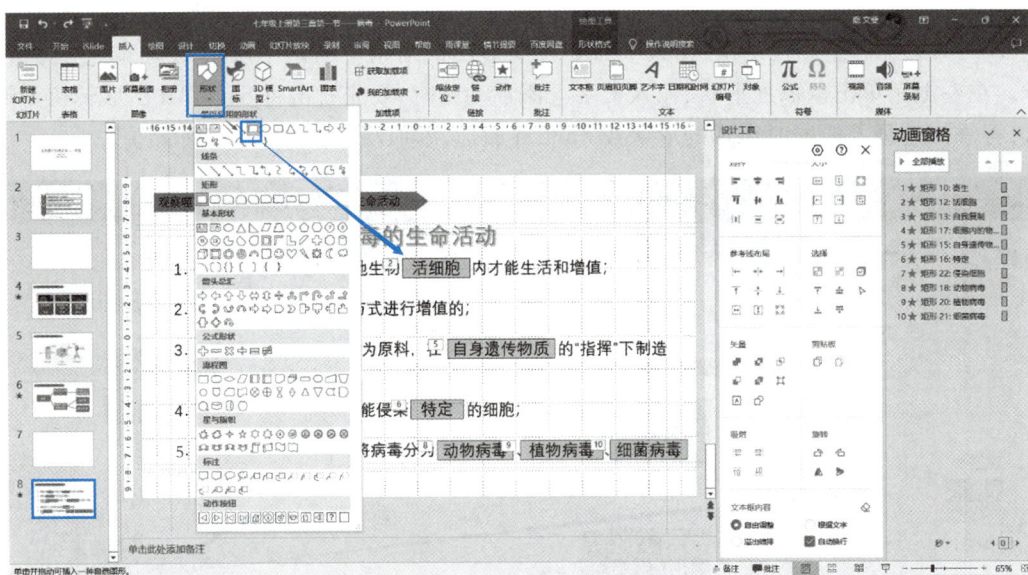

图 6.26　插入形状，绘制新文本框，输入文字内容

（6）制作页面切换效果。幻灯片有多种切换方式，但一套幻灯片中不应出现过多的切换方式，一般来说采用一到两种即可。幻灯片切换可以在制作幻灯片的过程中添加，也可以在完成整套幻灯片后添加应用到全部。首页幻灯片可以添加切换，也可以不添加。

（7）添加背景装饰。

① 纯色背景、渐变背景，以及图片纹理背景：在幻灯片空白处右击选择"设置背景格

式",在打开的右侧窗口中可以选择纯色填充、渐变填充,或图片或纹理填充,来进行背景设置,如图 6.27 和图 6.28 所示。

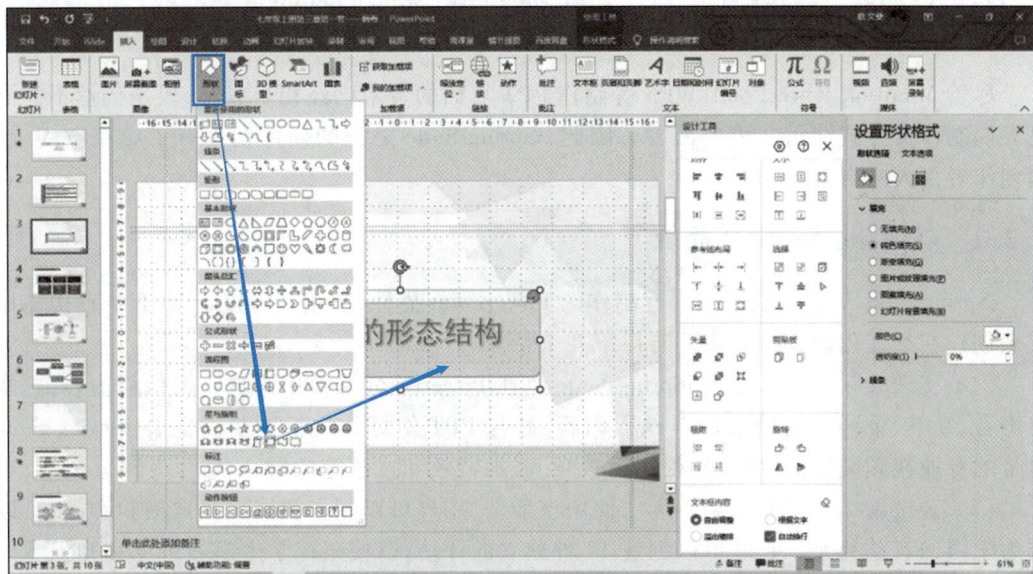

图 6.27　形状元素装饰文字

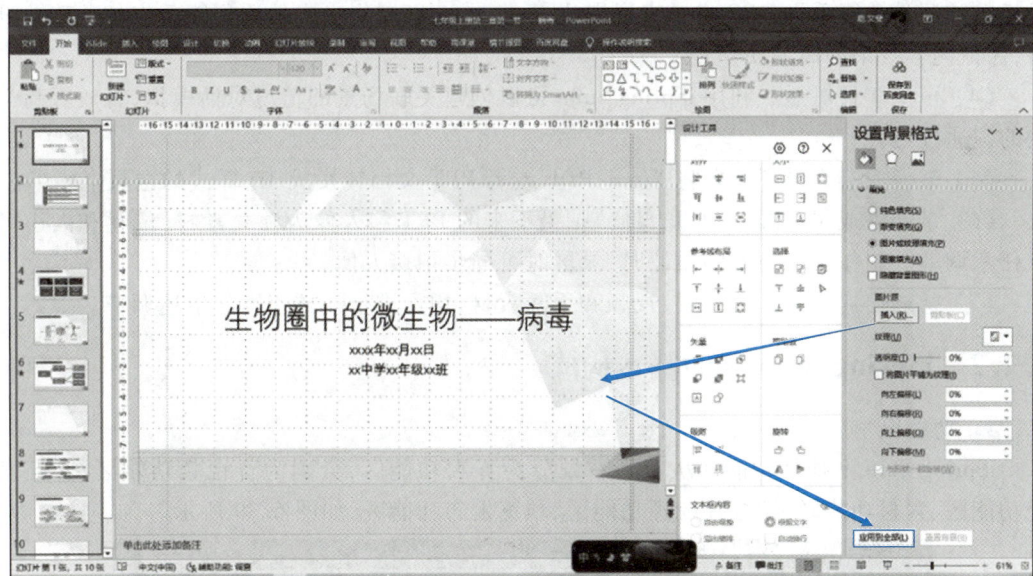

图 6.28　抽象图案装饰背景

② 设置完成后单击"全部应用"按钮即可整体设置背景。

③ 某些页设置不同背景可以在左侧栏按 Shift 键选中幻灯片,重新统一设置背景格式。

④ 添加装饰元素可以使用两种来源,一是 PPT 图形、图标;二是插入透明背景图片。装饰元素不能喧宾夺主,不应太过复杂精美,少量加入起到美化作用即可。装饰元素也要遵循色彩统一原则,符合 PPT 整体配色。

6.2 交互式课件的案例制作

尽管 Microsoft PowerPoint、WPS 等制作 PPT 页面的技术已经相当成熟,但是仍然不能满足人们制作交互式演示文稿的需要。因此,iSpring Suite 之类的插件就具有了应用空间,带给创作者更大的自由。

6.2.1 iSpring Suite 9 简介

iSpring Suite 9 是一款用于内容制作的 PowerPoint 插件,使用者可以在 PPT 中直接使用它来创建在线课程内容。它主要有以下几个特点。

(1)实现视频讲座。通过 iSpring Suite 可在 PowerPoint 文稿中添加丰富课程内容,它能将声音、视频、录屏等轻松添加至课程内容,并与 PPT 幻灯片进行同步。配合 iSpring Suite 自带的专业视频编辑器,可以轻松编辑视频,添加特效和过渡等效果。

(2)轻松制作互动测试和问卷。使用该插件,用户可以制作智能交互式测验和问卷,以作为学习的有益补充。它既可以创建 14 种独立的评估,以便跟踪学生学习进度和知识掌握情况,也可以制作不同难度的测验,让学生边练边学,有效提升学习考核效果。

(3)广泛支持移动设备。用户可以从任意设备查看交互式内容。无论是在 Mac、PC、平板电脑还是智能手机(iOS 或者安卓),由 iSpring Suite 制作出来的课程能适应各种移动设备,保证内容效果的高品质呈现。

(4)模拟情景对话。利用 iSpring Suite 可以创建关联场景的情境对话模拟,有效提高学生的沟通技巧。

(5)转换成翻页电子书。将 Word、PDF 或者 PPT 文档转换成 3D 样式的翻页电子书。

(6)录课件或者录屏时拍摄人像。拍摄下来的 PPT 和人像为独立素材,位置和大小可以任意调节。制作录屏类型的微课时,录屏时可同步拍摄人像。

(7)播放倍速调节。对音频、视频和手写素材,均可进行播放速度的倍速调节。

6.2.2 iSpring Suite 9 的基本构成

1. 功能区

iSpring Suite 9 插件功能区从左到右划分为五大功能区,分别为音视频功能区、交互设计功能区、素材功能区、幻灯片梳理功能区、预览发布功能区,如图 6.29 所示。

图 6.29 iSpring Suite 9 插件的功能区组成

2. 各功能区介绍

(1)音视频功能区。包括音频、视频、旁白等。

录制音频:可收录麦克风声音,录制单张课件讲解音频或者整个课程的讲解音频,如

图6.30所示。

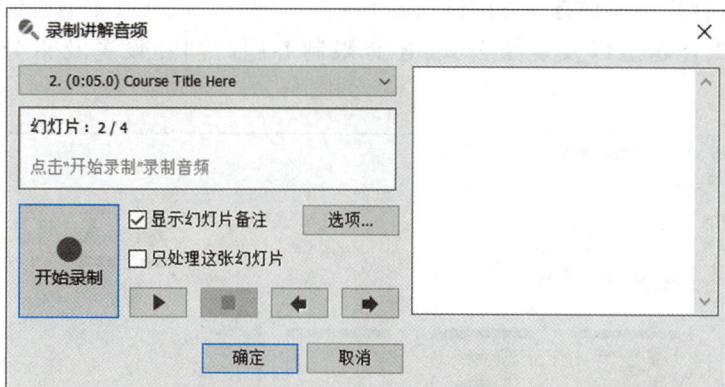

图 6.30 录制讲解音频

录制视频：无须使用第三方工具，只需通过设备摄像头，录制单张课件讲解视频或者整个课程的讲解视频，如图6.31所示。

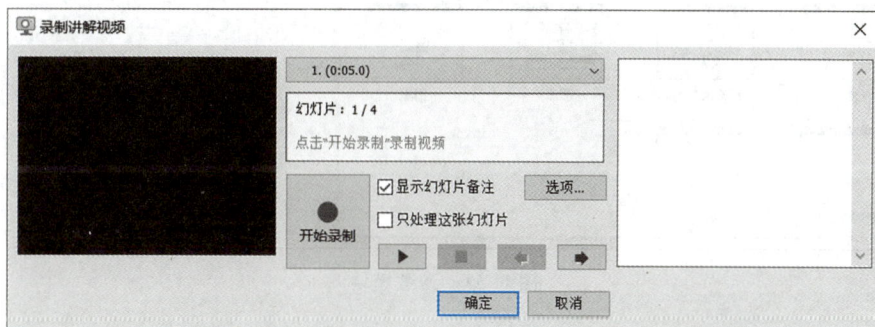

图 6.31 录制讲解视频

管理旁白：编辑、管理音视频，处理音视频与课件或动画同步，如图6.32所示。

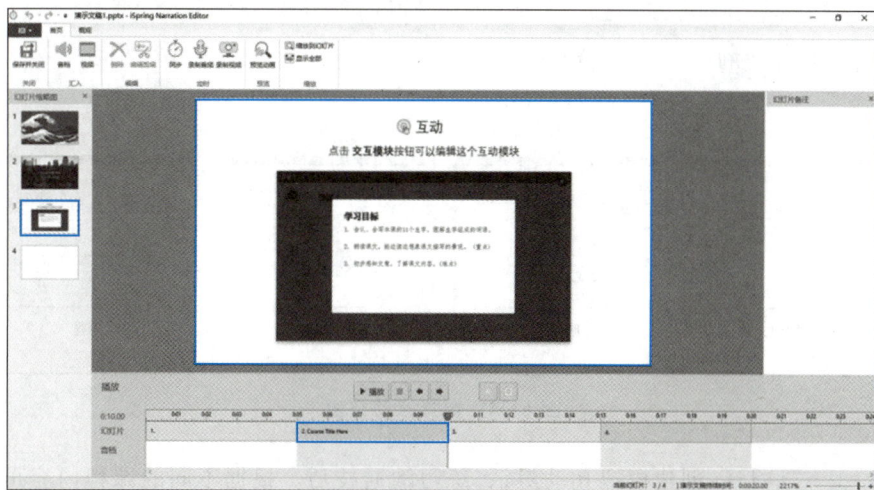

图 6.32 管理旁白

（2）交互设计功能区。包括测试、互动、模拟互动对话、屏幕录制等。

① 测试：在课件中添加有评分的测试或者是调查问卷。可以添加单选题、多选题、简答题、是非题等 13 种题型以及复杂公式，还有限制答题时间和设置及格分数等功能，如图 6.33 所示。

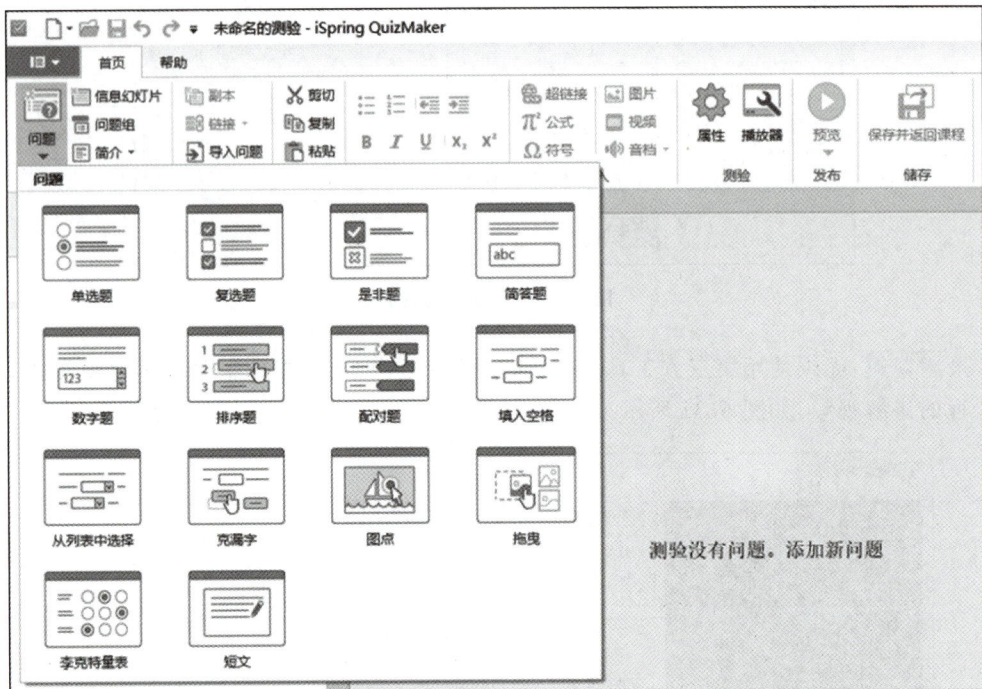

图 6.33　测试模块

② 互动：可添加流程类、注释类、层级类、目录类四大类共 14 种交互模块，如图 6.34 所示。

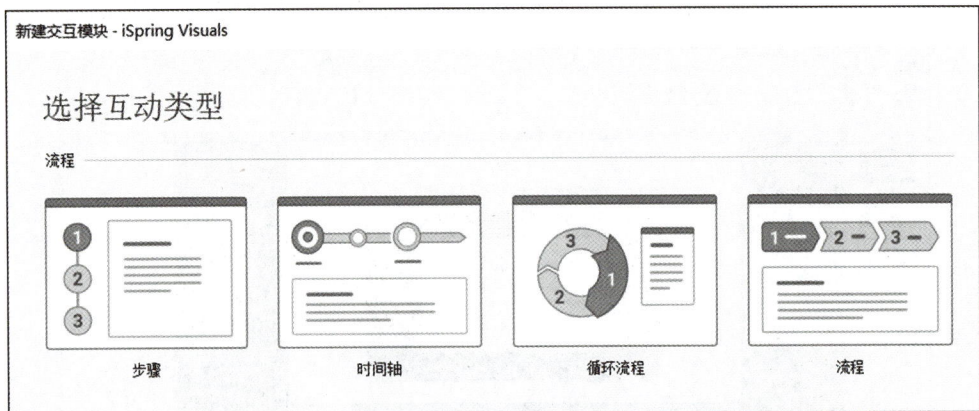

图 6.34　选择互动类型

③ 模拟互动对话：创建模拟互动对话，练习沟通技巧。根据不同的课程内容可以添加不同的场景和人物，还可以进行人物配音，如图 6.35 所示。

图 6.35　模拟互动对话

④ 屏幕录制：可以选择部分屏幕录制、全屏录制或应用程序录制。可以单独录制屏幕或者网络摄像头内容，也可屏幕和网络摄像头内容一起录制。将视频粘贴到幻灯片上或用作独立的培训材料，如图 6.36 所示。

图 6.36　屏幕录制

（3）素材功能区。包括幻灯片模板、人物角色、背景、对象、图标等。

① 幻灯片模板：包含开场、导览、章节、内容、结语大约 300 套幻灯片模板，可单张插入也可整套插入，如图 6.37 所示。

② 人物角色：包含多种职业、种族、姿势、表情的人物角色。选择合适的人物及姿势单击插入即可将人物插入幻灯片，如图 6.38 所示。

③ 背景：包含多种不同场景的背景，可以快速为幻灯片插入合适的场所背景，如图 6.39 所示。

④ 对象：包含多种设备模型、办公用品、纸张等剪贴图，如图 6.40 所示。

图 6.37　幻灯片模板

图 6.38　人物角色

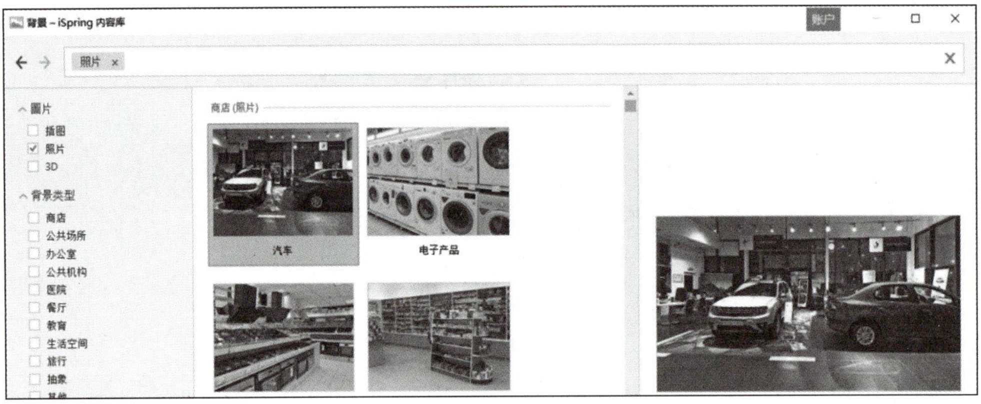

图 6.39　照片背景

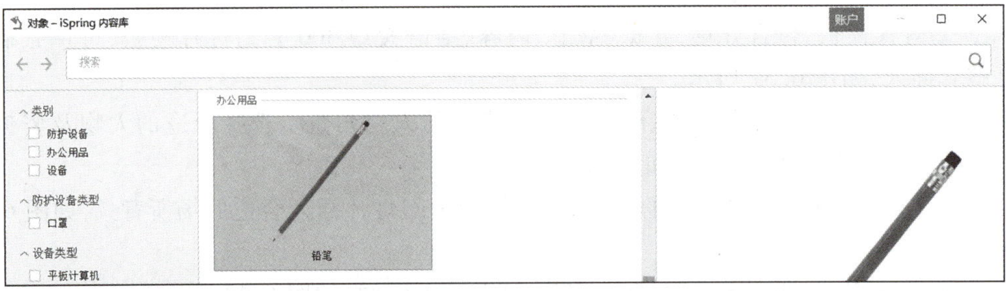

图 6.40　对象

⑤ 图标：包含手势、数字、扁平化图标、控制按钮等多种类型图标。

（4）幻灯片梳理功能区。包括幻灯片属性、演示文稿资源、播放器等。

① 幻灯片属性：用于修改幻灯片标题、换页方式、前进返回分支、版面配置等。

② 演示文稿资源：添加附件和超链接、演示者信息、公司标志等。

③ 播放器：自定义幻灯片放映时的播放器版面、颜色配置和文本标签等。

（5）预览发布功能区。包括预览、发布等。

① 预览：在不同设备上可查看幻灯片的播放情况。

② 发布：格式可选择为 HTML5 或视频发布到我的计算机或者是 LMS。

6.2.3　iSpring Suite 9 综合案例介绍

以小学四年级语文课文《观潮》为例，运用 iSpring Suite 9 插件制作交互式课件，其中包含模拟互动对话，使学生快速了解课前准备以及课中提问交流；交互步骤，循序渐进地引导学生进入课文的世界；随堂测试，使学生巩固课中所学知识。

1. 安装并打开 iSpring Suite 9

iSpring Suite 9 安装完成之后，打开 PowerPoint，就会在工具栏看到 iSpring Suite 9 的启动选项卡，单击选择相应功能即可使用。目前 iSpring Suite 9 不兼容 WPS。

2. 制作课件首页

（1）单击"插入"按钮，出现的下拉菜单中选择"图片"，弹出插入图片的窗口，选择"此设备"，浏览找到相应的图片并将其导入，如图 6.41 所示。

（2）单击"插入"按钮，在下拉菜单中选择"文本框"里的"横排文本框"。鼠标在幻灯片上适当位置单击一下，出现文本输入框。在里面输出相应的文字，设置文字的颜色、字体、大小等，如图 6.42 所示。

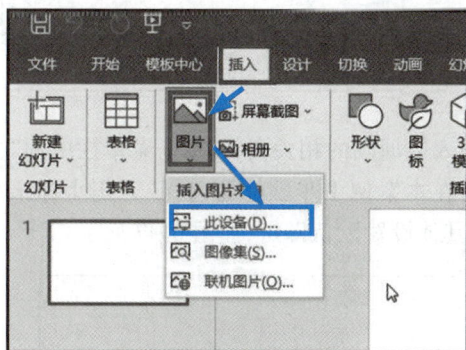

图 6.41　插入图片

图 6.42　插入横排文字

3. 制作交互模块进行课前引导

（1）单击"插入"按钮，在菜单中选择"新建幻灯片"，新建空白幻灯片，如图 6.43 所示。

（2）单击 iSpring Suite 9 按钮，在菜单中选择"交互"，在弹出的窗口中选择"新建交互模块"，如图 6.44 所示。

（3）在窗口中选择自己所需要的互动类型，在本案例中，选择最基础的"步骤"作为互动类型，单击"建立互动模块"按钮确定选择，如图 6.45 所示。

（4）勾选"简介"，将简介改为"学习目标"，将本科的学习目标输入到简介文本中，单击菜单栏中的"文本格式"，调整到合适的字体、大小、间距、对齐方式等，如图 6.46 所示。

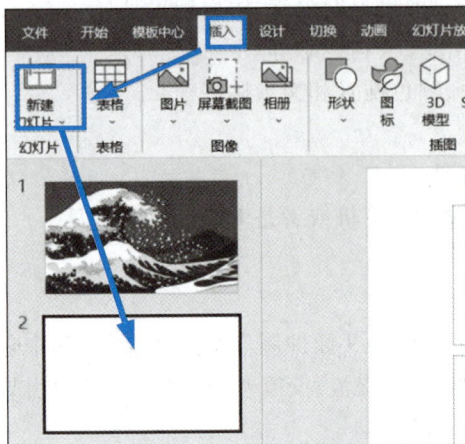

图 6.43　插入次页面

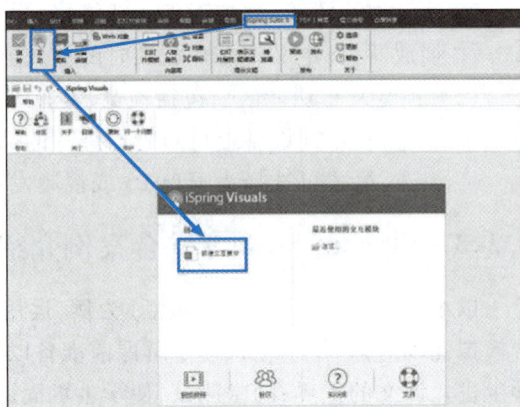

图 6.44　插入交互模块

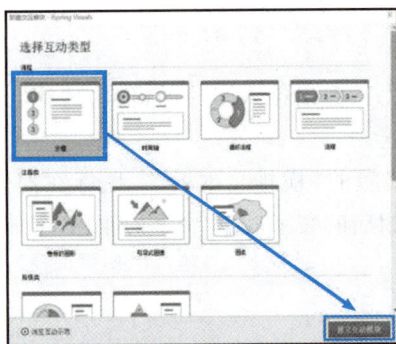

图 6.45　"步骤"互动类型

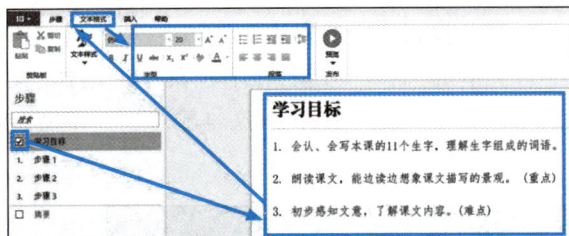

图 6.46　设置文本内容格式（一）

（5）"步骤一"输入"助读资料"，"步骤描述"输入钱塘潮的相关资料，单击菜单栏中的"文本格式"，对字体、大小、对齐方式进行相应的调整。在本案例中步骤标题选择"方正小标宋简体""28 号""加粗"，步骤描述选择"仿宋""20 号"，其他设置默认即可，如图 6.47 所示。

图 6.47　设置文本内容格式（二）

（6）单击"插入"按钮，在菜单栏中选择"图片"，选择下载好的关于钱塘潮的图片，单击

"打开"按钮,单击图片选择适合的嵌入模式,本案例中选择默认的嵌入案例即可,如图6.48所示。

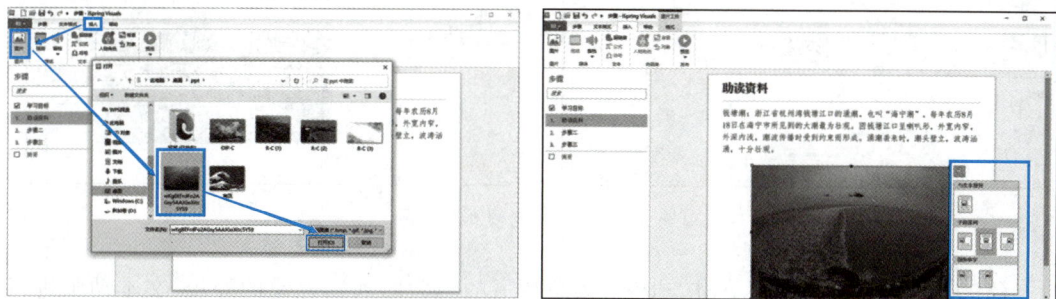

图6.48 选择嵌入案例方式插入图片(一)

(7)在"步骤二"输入"你知道涨潮是什么样子吗?","步骤描述"输入相关问题,插入相关图片。文本格式设置与步骤一相同即可,如图6.49和图6.50所示。

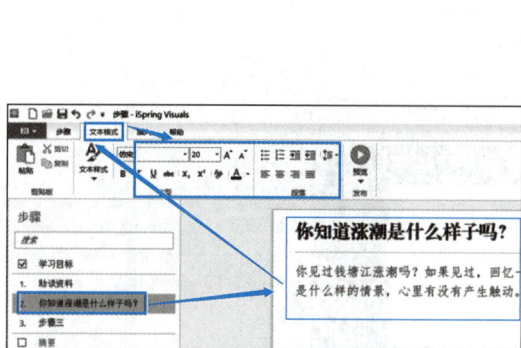

图6.49 输入文本内容并设置格式(一)　　　　图6.50 选择嵌入案例方式插入图片(二)

(8)在"步骤三"输入"观看钱塘潮视频,今天就让我们一起跟随作者的脚步去钱塘江观潮吧!",如图6.51所示。

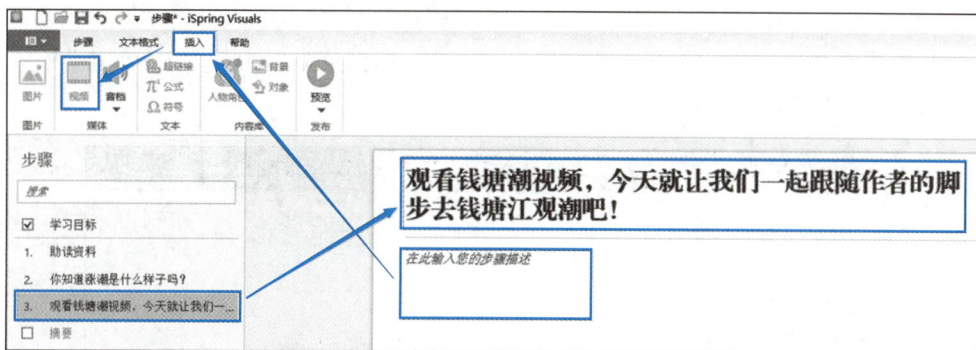

图6.51 输入文本内容并设置格式(二)

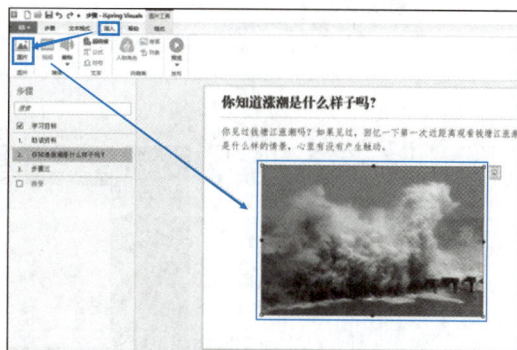

(9)单击"步骤描述"处空白,单击"插入"选项卡,选择"视频",单击"打开"按钮,插入钱塘潮视频。单击视频可选择视频嵌入方式,本案例中默认即可,如图6.52所示。

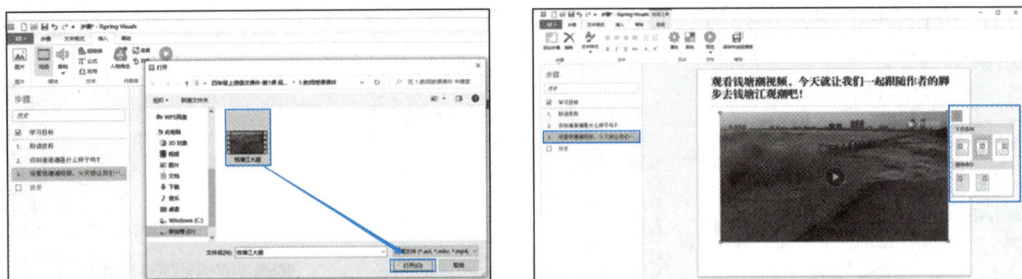

图 6.52　插入视频及其结果

（10）互动制作完成后,单击"步骤"菜单栏下的"属性"可对互动的外观、文本动画进行设置,本案例中默认设置即可。单击"步骤"菜单栏下的"颜色"对互动窗口属性和外观进行设置,本案例中默认即可。设置完成后单击菜单栏中的"预览"按钮,可查看在不同设备上的显示情况。确认无误后单击"保存并返回课程"按钮,完成互动,如图 6.53 所示。

图 6.53　设置属性并预览

4. 制作对话模拟

（1）新建空白幻灯片。单击 iSpring Suite 9 按钮,选择菜单栏中的"对话模拟"标签,在弹出的窗口中选择"新建对话模拟",如图 6.54 所示。

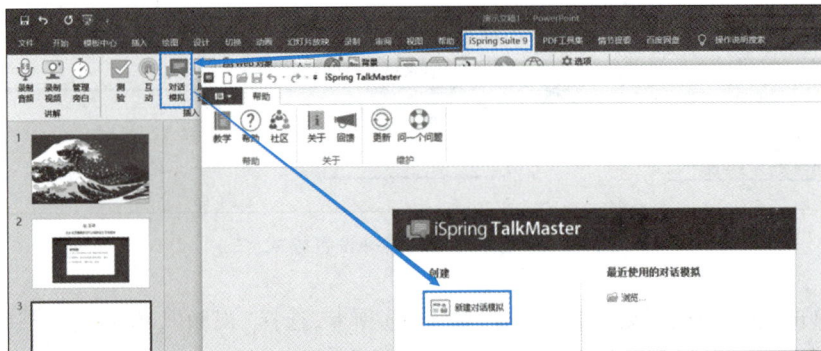

图 6.54　新建对话模拟

（2）在菜单栏中单击"新建场景"标签，在弹出的制作框中单击角色框，如图 6.55 所示。

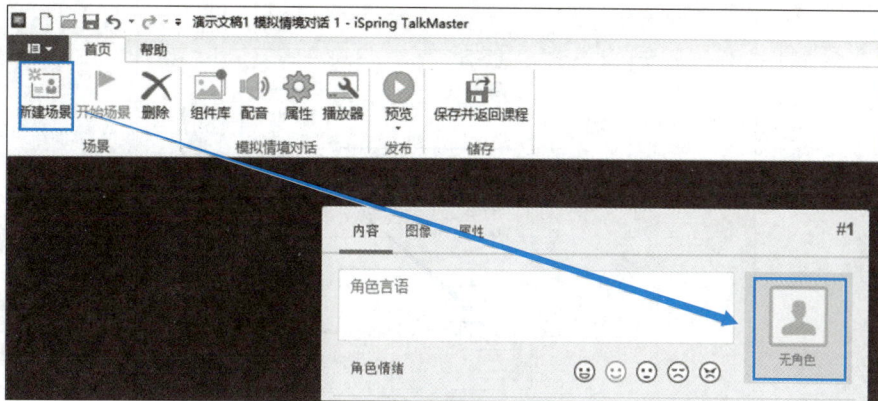

图 6.55 新建场景并添加角色

（3）选择合适的人物角色并单击人物角色即可选中，单击上方"背景"按钮选择合适的对话背景图，单击选中后关闭对话框即可。本案例中，选择一名女教师和教室背景图，如图 6.56 所示。

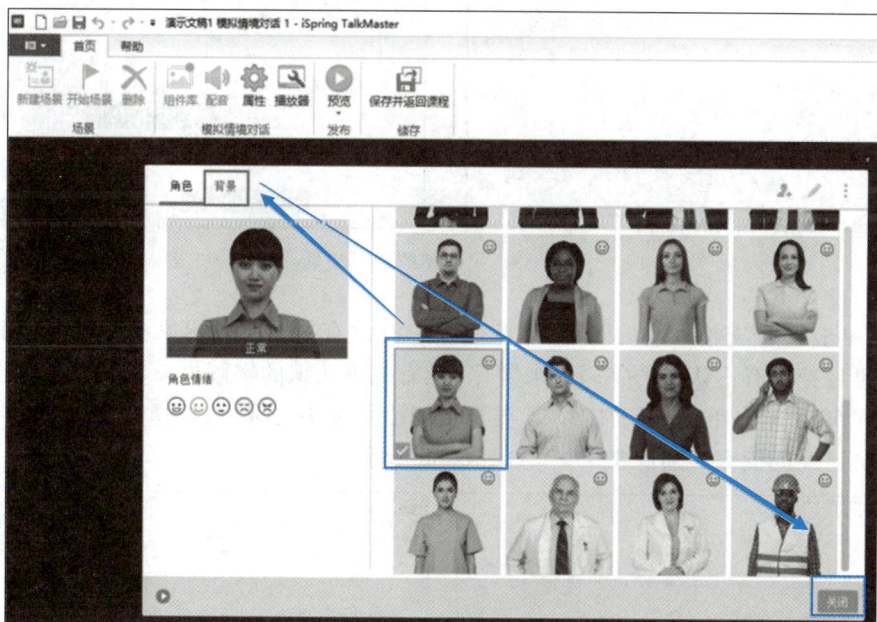

图 6.56 选择角色

（4）单击角色言语对话框输入"同学们，课前自己预习并朗读课文了吗?"，选择合适的角色情绪，本案例中我们选择疑惑，然后单击加回复，添加两条回复分别为"朗读课文了。""没有朗读课文。"，如图 6.57 所示。

（5）按住鼠标左键拖住回复框后面的连接向外拉，拉出新的回复场景。将两个回复的场景拉得稍远一些，尽量不要重叠，如图 6.58 所示。

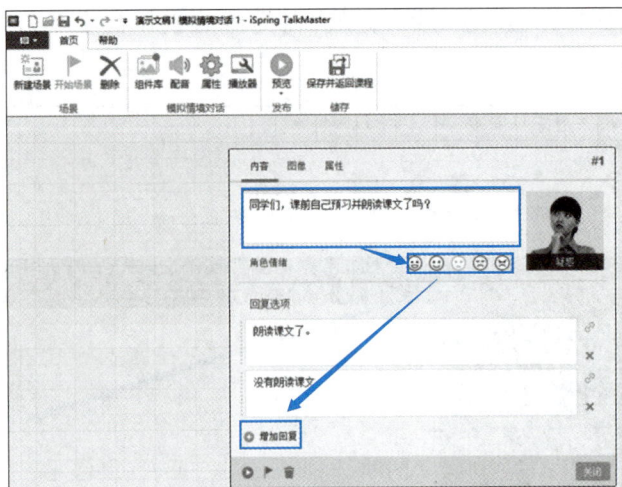

图 6.57　输入对话

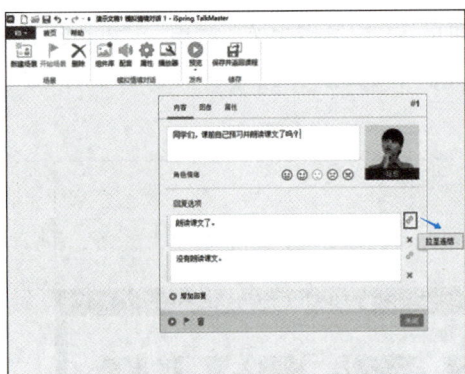

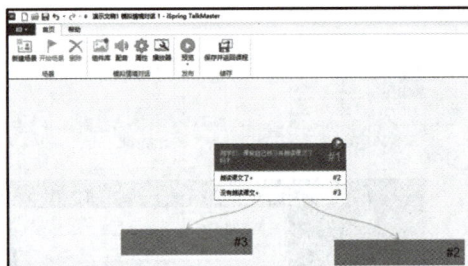

图 6.58　拉出新的回复场景

（6）单击#2 分支输入新的问句"朗读过程中有没有把生字画出来呢？"，添加两个回复分别为"已经把所有不认识的字画出来了。""没有把不认识的字画出来。"，选择正常角色情绪，如图 6.59 所示。单击#3 分支输入"要自己朗读一遍课文哦！"，选择角色情绪为不高兴，添加回复"已经朗读完一遍课文了。"，如图 6.60 所示。

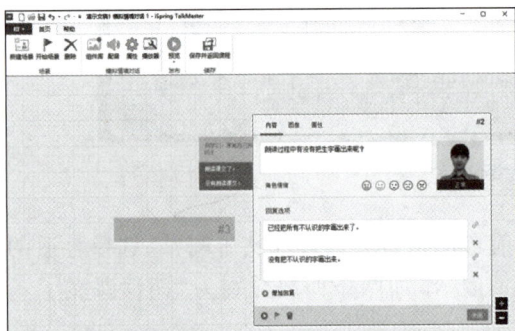

图 6.59　#2 分支设置对话

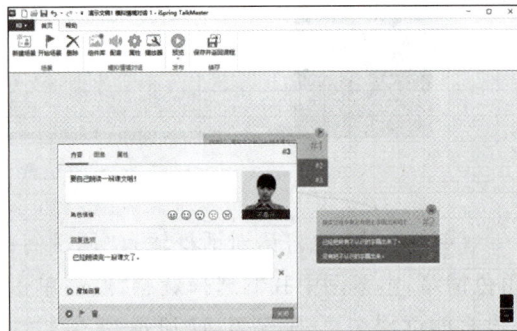

图 6.60　#3 分支设置对话

（7）单击#3 回复框后面的连接向外拉,将连接箭头指向#2,如图 6.61 所示。

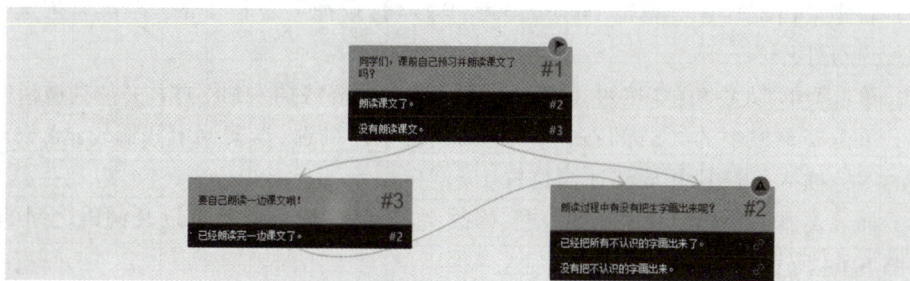

图 6.61　#3 分支指向#2 分支

（8）将#2 的两个回复后面的连接向外拉,再拉出两个新的场景分别为#4 和#5,如图 6.62 所示。

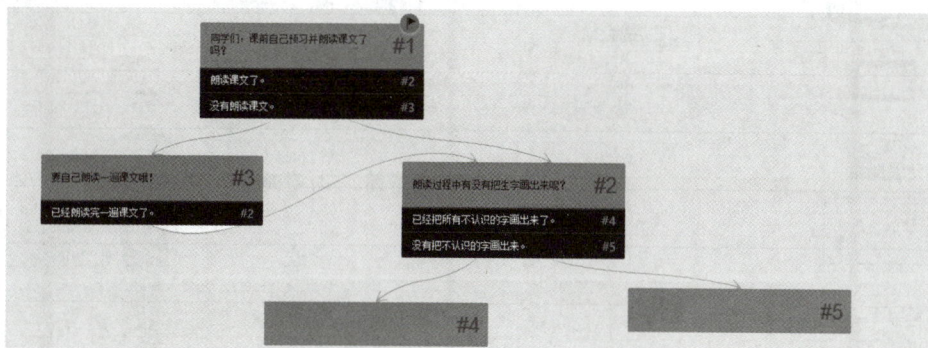

图 6.62　从#2 分支拉出#4、#5 分支

（9）单击#4 输入角色言语"你太棒了!",角色表情更改为高兴,添加消息"让我们开始今天的学习吧!"。单击#5 分支输入"那就再朗读一遍把生字画出来吧。",角色表情更改为疑惑,添加回复"已经把生字画出来了。",如图 6.63 所示。

图 6.63　为#4 分支、#5 分支设置对话

（10）单击#5 回复框后面的连接向外拉,将连接箭头指向#4,完成本次模拟对话连接。单击"预览"按钮查看无误后,单击"保存"按钮并返回课程。

5. 制作跟读页

（1）新建空白幻灯片。单击 iSpring Suite 9 按钮，选择菜单栏中的"背景"，挑选合适的背景插入到幻灯片。

（2）单击菜单"人物角色"按钮，挑选合适的人物角色姿势插入到幻灯片并放到适当位置。

（3）单击菜单栏中的"图标"按钮，勾选类别可快速挑选，本案例中我们勾选"教育"，挑选合适的图标插入幻灯片并放到适当位置。

（4）插入文本框，将生字输入文本框，修改文本字体、大小和颜色以及词语之间的间距，完成如图 6.64 所示效果。

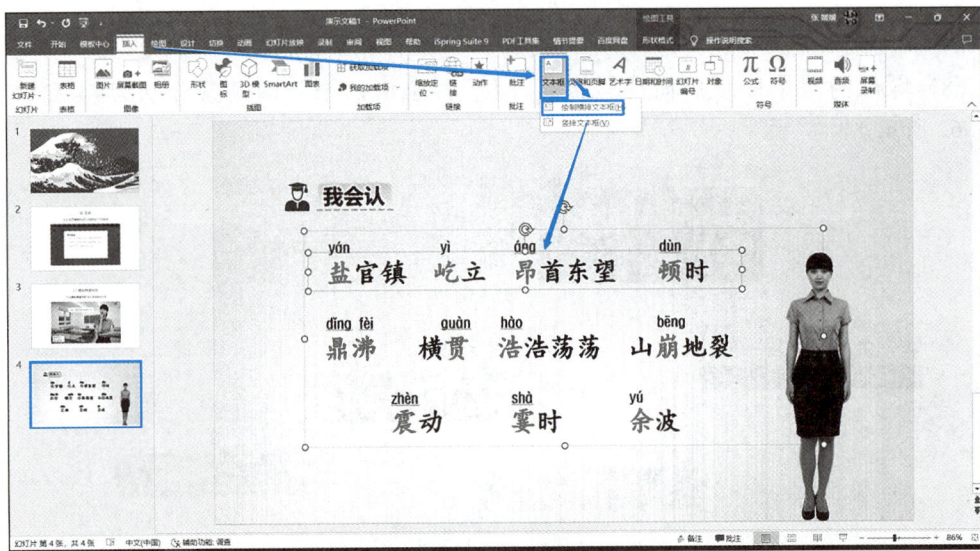

图 6.64　制作页面内容效果

（5）单击菜单栏中的"管理旁白"按钮。可以单击"录制音频"按钮直接录制跟读，也可以单击"音档"按钮插入提前录制好的音频。在本案例中单击"音档"按钮选择提前录制好的音频，单击"打开"按钮插入到幻灯片中，如图 6.65 所示。

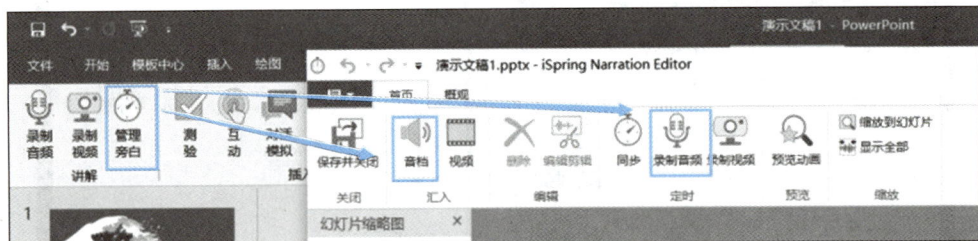

图 6.65　录制旁白音频

（6）在汇入音频选项卡中，可选择插入音频的位置是从光标位置插入还是当前幻灯片插入。在本案例中我们选择当前幻灯片开始，选择第四张幻灯片，如图 6.66 所示。

（7）单击音档栏音频，选择菜单栏中的"编辑剪辑"，对音频进行简单处理，如图 6.67 所示。

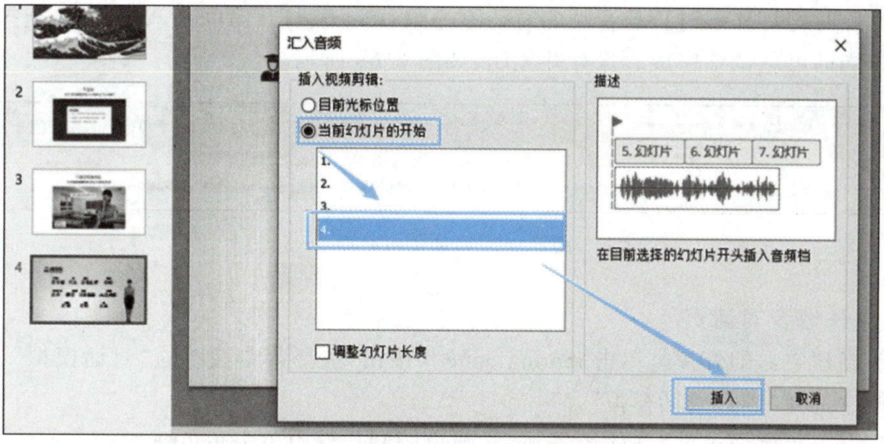

图 6.66　汇入音频

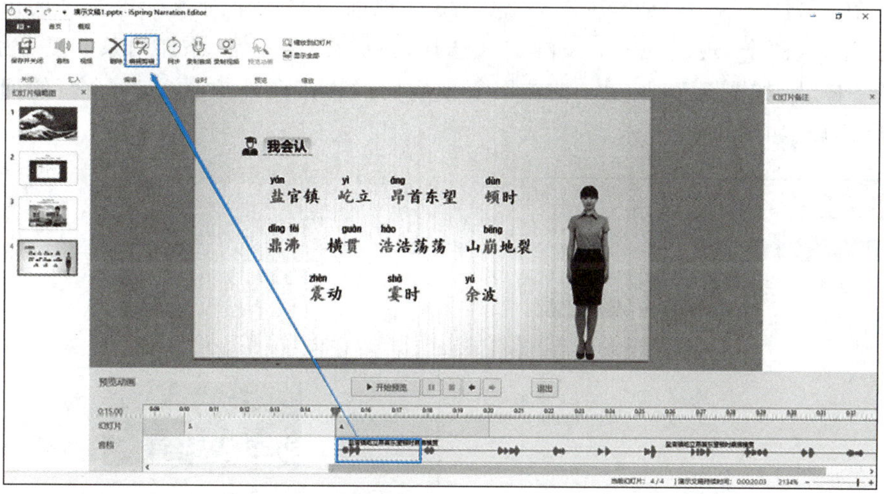

图 6.67　编辑剪辑

（8）音段之间的停顿时间不够,可以单击两个音段之间的空白,选择菜单栏中的"静音",调整静音时长为 1 秒,单击"确定"按钮即可扩大间隔。调整结束后保存关闭即可,如图 6.68 所示。

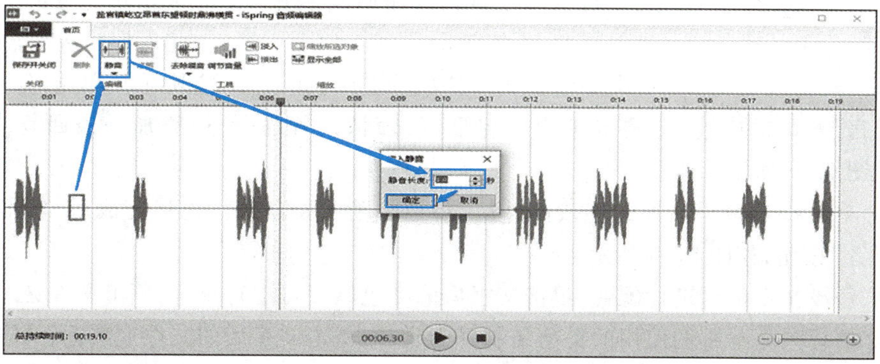

图 6.68　插入静音区

（9）此时幻灯片的时长与音频的时长不一致，单击幻灯片时间条末尾，向后拖拉至与音频时长相同即可。调整完成后保存并关闭，如图6.69所示。

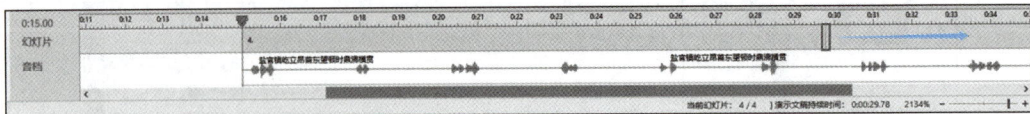

图6.69 拖动幻灯片时长

6. 制作语音对话页

（1）新建空白幻灯片。单击iSpring Suite 9按钮，选择菜单栏中的"对话模拟"，在弹出的对话框中选择"新建对话模拟"。

（2）在菜单栏中单击"新建场景"。在弹出的制作框中单击角色框。

（3）选择一名女教师人物和教室背景图。

（4）在"角色言语"对话框中输入"想一想：'观潮'和'天下奇观'，这两个词语中都有一个'观'字，这两个'观'字意思一样吗？"，选择角色情绪为正常，添加两条回复分别为"不一样。""一样。"，如图6.70所示。按住回复框后面的连接向外拉，拉出两个新的回复场景分别为#2和#3，如图6.71所示。

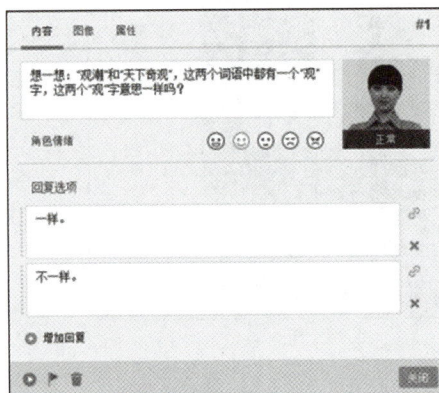

图6.70 输入对话

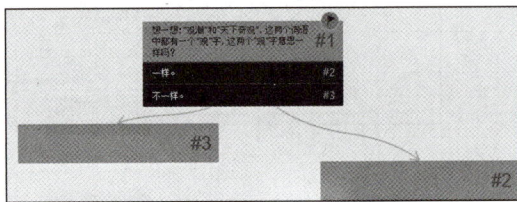

图6.71 拉出回复场景#2和#3

（5）单击#3场景，在"角色语言"对话框中输入"'观潮'的'观'是'看'的意思。'奇观'的'观'是'景象'的意思。'奇观'，指雄伟美丽而又罕见的景象或出奇少见的事情。千百年来，钱塘江以其奇特卓绝的江湖，不知倾倒了多少游人看客，因此人们由衷赞叹其为天下奇观。"，表情设置为高兴，添加信息为"你太棒了！"，如图6.72所示。单击#2场景，在"角色语言"对话框中输入"再仔细想一想哦。"，表情设置为疑惑，添加一条回复为"不一样。"，如图6.73所示。

（6）单击#2回复框后面的连接向外拉，将连接箭头指向#3。连接完成后，单击菜单栏中的"配音"按钮，如图6.74所示。

（7）每段文字都可进行配音，单击文字后的红色圆点可进行录音，单击文件夹可添加提前录制好的音频。本案例使用的提前录制好的音频，单击文字后的文件夹图标，选择提前录制好的音频单击打开，即可添加音频，如图6.75所示。

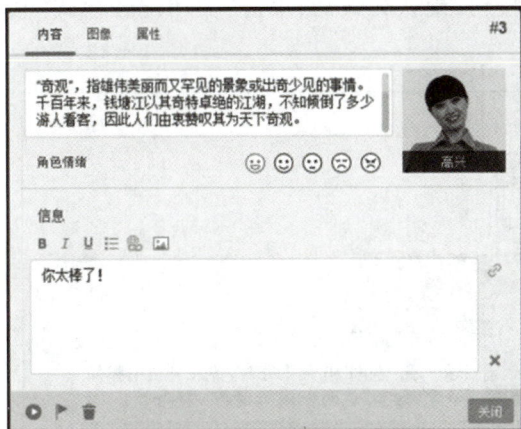

图 6.72 #3 场景输入对话

图 6.73 #2 场景输入对话

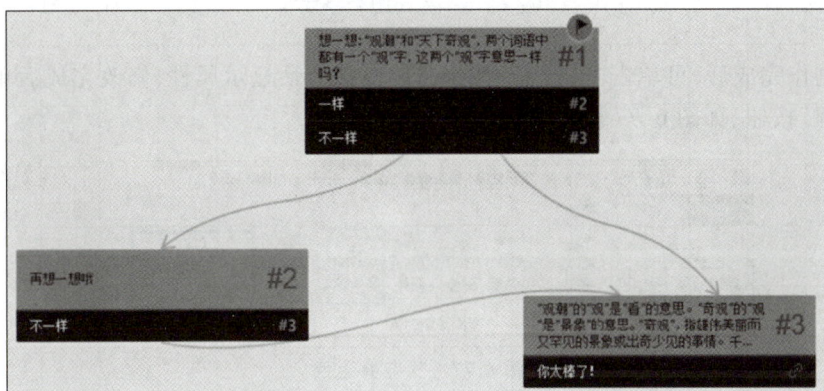

图 6.74 连接#2 场景指向#3

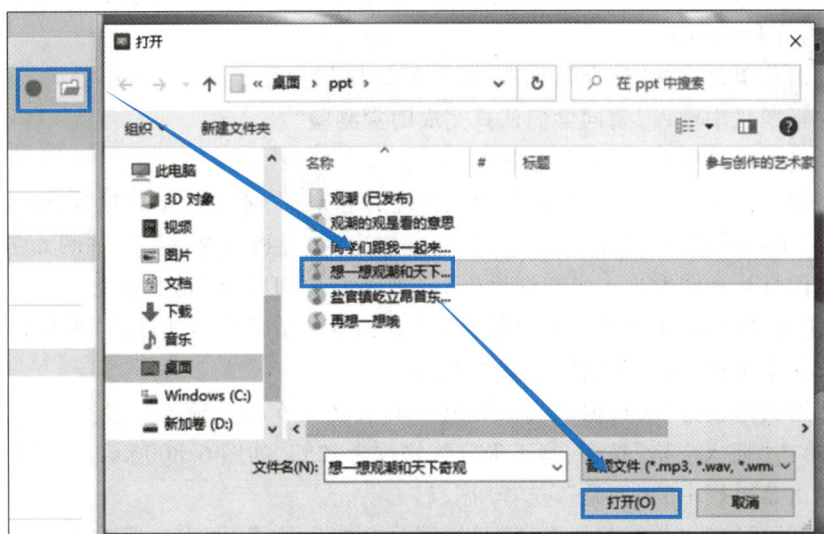

图 6.75 添加音频

（8）将文本都添加完配音后，单击"预览"按钮，确认无误后，单击"关闭配音模式"按钮，如图 6.76 所示。

图 6.76　关闭配音模式

（9）制作完成后，可单击"播放器"按钮修改模拟对话显示属性，修改完成后单击"保存并返回课程"按钮，如图 6.77 所示。

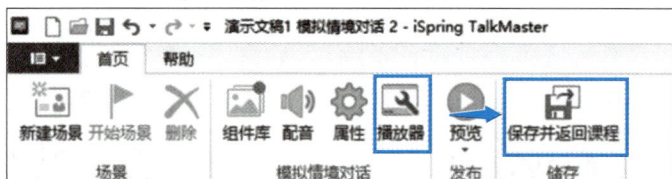

图 6.77　保存并返回

7. 制作随堂测试

（1）新建空白幻灯片。单击 iSpring Suite 9 按钮，选择菜单栏中的"测验"，在弹出的窗口中选择"有评分的测验"。

（2）单击菜单栏中的"简介"，选择"标题幻灯片"，为测试添加一个引导。

（3）在标题栏中输入"请同学们认真完成随堂测验"。

（4）单击菜单栏中的"问题"，选择"配对题"。

（5）将题目修改为"1.试着将词语和意思配对起来。"，添加两个新项目，输入相应的词语和意思，将正确后面的分数修改为"25"，勾选右边栏"随机排序答案"，如图 6.78 所示。

（6）从幻灯片视图发现一张幻灯片放不下所有配对，所以回到窗体视图，右击问题 1 选择复制，右击选择粘贴，将新补充的问题的配对修改为相应的配对即可，如图 6.79 所示。

（7）单击菜单栏中的"问题"，选择"填空题"。

（8）将题目修改为"2.根据课文内容填一填"，在文本位置输入一段文字，选中添加空格的文字，单击"插入空格"按钮，将正确分数修改为"25"，如图 6.80 所示。

（9）单击菜单栏中的"问题"，选择"图点"。

（10）将题目修改为"3.找找看，哪两个词写余波为息。"，图点位置单击"从文件"按钮选择问题图片，单击"打开"按钮，如图 6.81 所示。

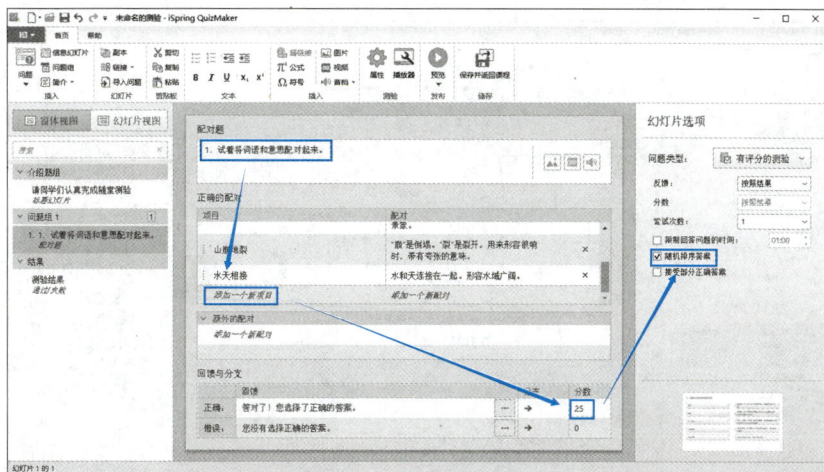

图 6.78 配对题的设置

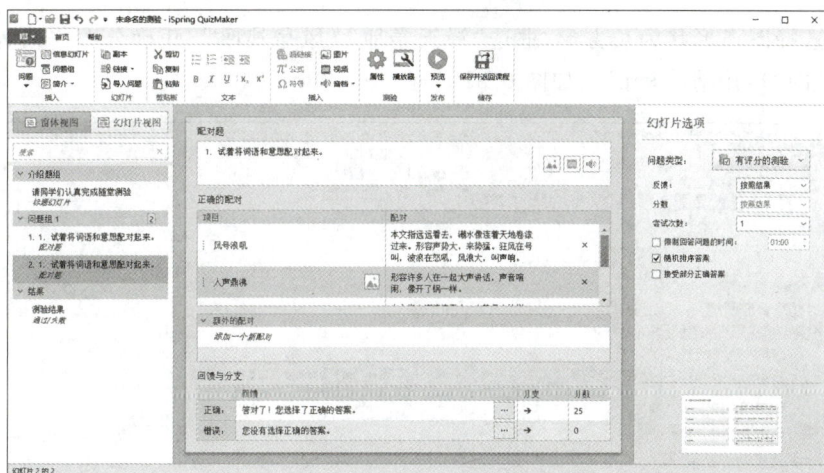

图 6.79 新增问题组

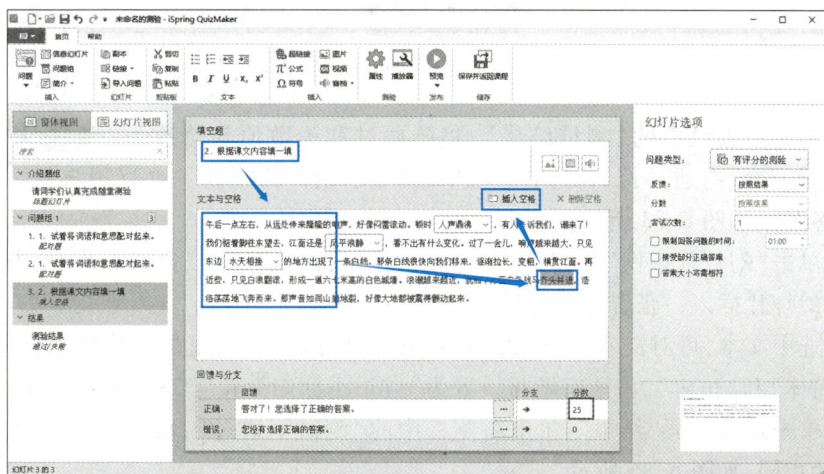

图 6.80 填空题设置

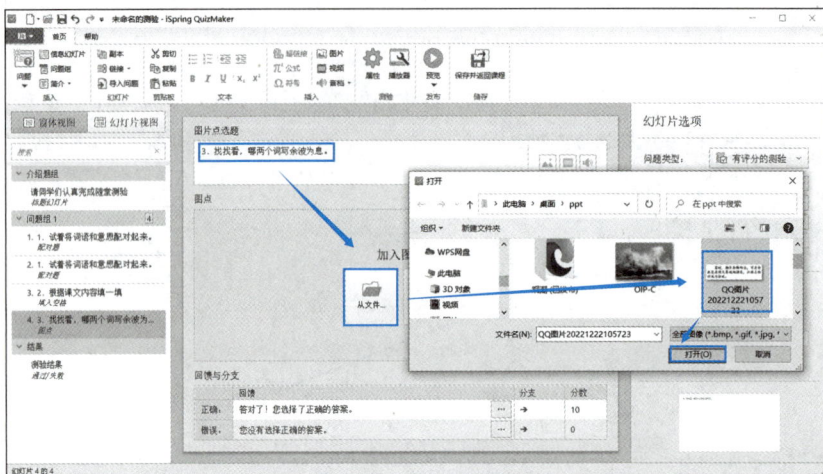

图 6.81　图点题设置

（11）选择图点形状为长方形，框选"漫天卷地""风号浪吼"，正确分数修改为"25"，勾选右边栏中的"启用清除标记"，如图 6.82 所示。

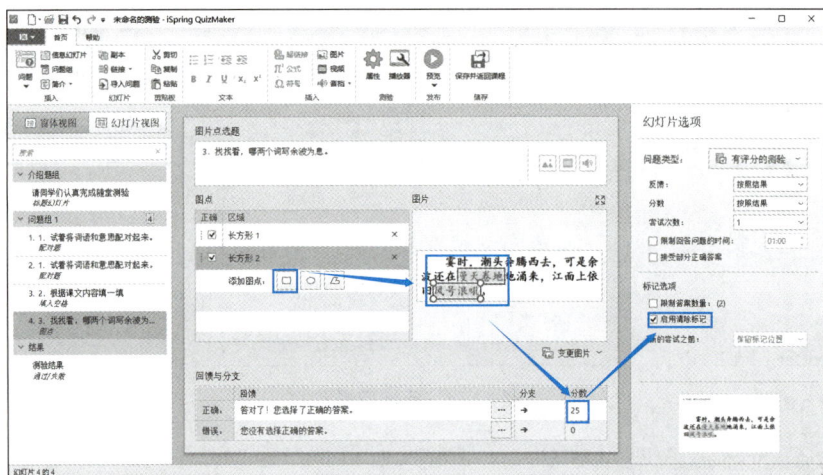

图 6.82　图点题进一步设置

（12）单击左边栏中的"测试结果"，将已通过和失败语句修改为"恭喜，你通过了测试！""很遗憾，你没有通过！"，勾选右边栏中的"显示用户的分数""允许用户复习测验""显示正确的答案"，如图 6.83 所示。

（13）单击"幻灯片视图"按钮，单击"插入"按钮，选择"图片"选好图片，单击"打开"按钮，为所有幻灯片插入一张合适的背景，如图 6.84 所示。

（14）选中文本，可对文本字体、大小、颜色等进行修改，这里的字体我们依旧选用"方正小标宋简体"和"仿宋"，将所有题目设置为"方正小标宋简体""28"，如图 6.85 所示。

（15）单击最后一页"结果"，单击右侧栏中的"测试不通过"，将背景、文字修改与测试通过幻灯片相同，如图 6.86 所示。

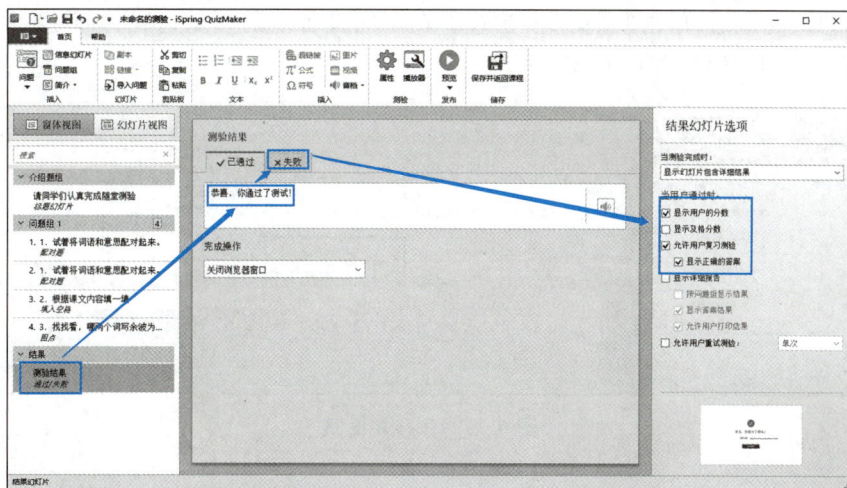

图 6.83　测试结果设置

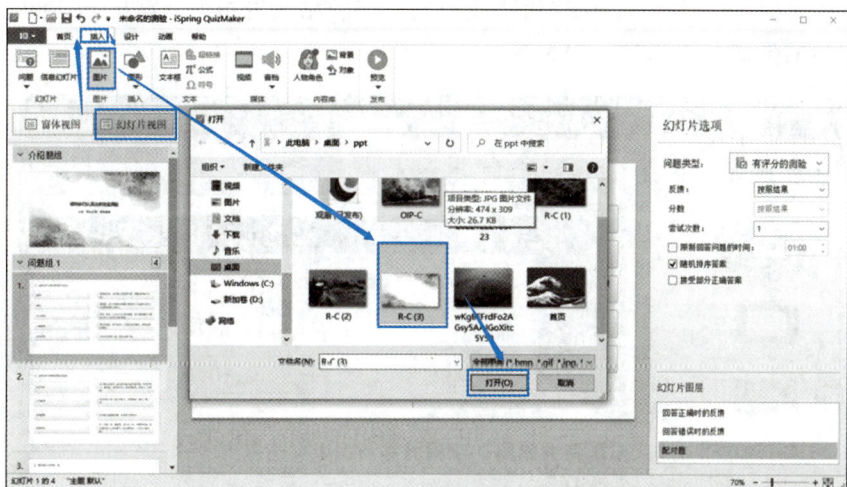

图 6.84　插入背景

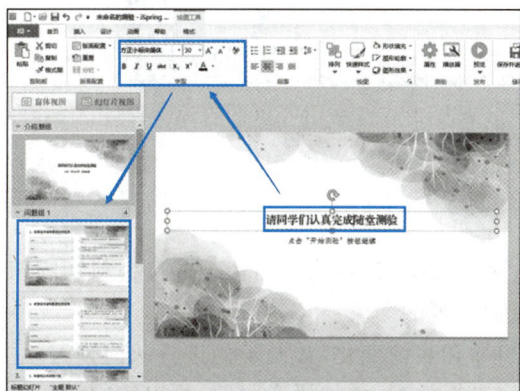

图 6.85　统一设置题目样式

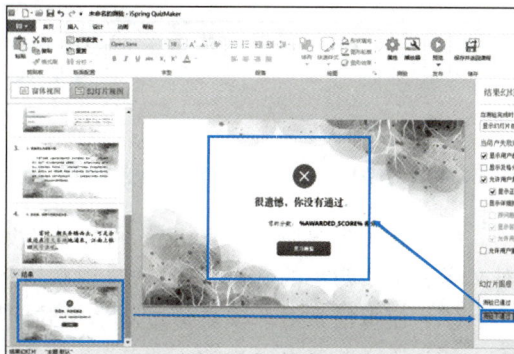

图 6.86　测试不通过页面设置

（16）修改完成后，单击"预览"按钮查看在不同设备上的显示情况，确认无误后，单击"保存并返回课程"按钮，如图6.87所示。

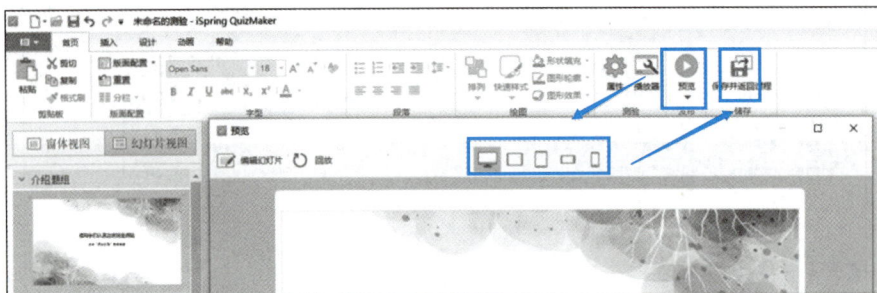

图6.87　保存并返回

8. 发布

制作完成后，单击"预览"按钮查看在不同设备上的显示情况，确认无误，单击"发布"按钮，修改文件名称，可选择"HTML5"格式或者是"视频"格式发布到计算机上，也可选择 LMS 以"Scorm"包的形式发布，如图6.88所示。

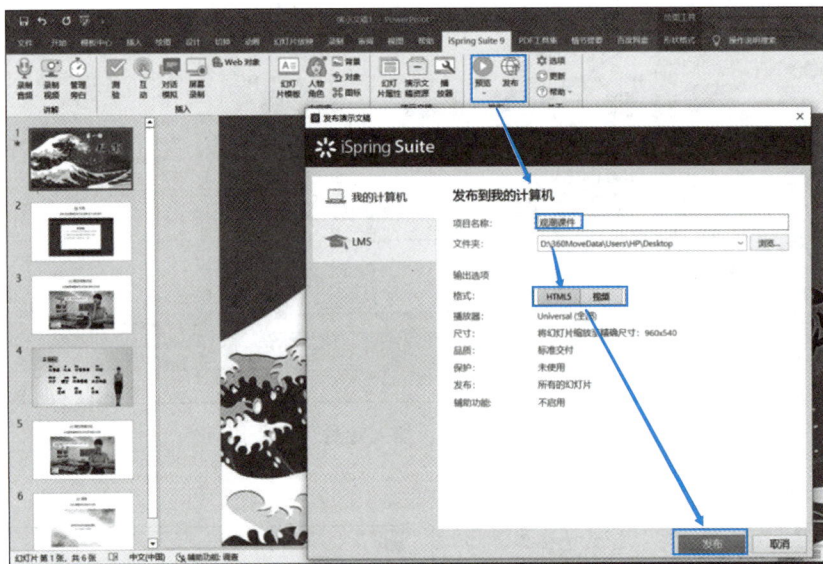

图6.88　发布作品

6.2.4　iSpring Suite 9 的设计要点

（1）互动模块通过步骤引导，可以让大家首先了解学习目标，进而通过助读资料和问题对文章有一个初步的认识，最后通过视频留下更加直观的印象。

（2）模拟情景对话模块通过对话形式问题引导和表情变化，让同学们进行课前预习。

（3）语音跟读页通过插入语音、人物，对生字进行学习，添加语音跟读，可以使同学们的记忆更加深刻。

（4）语音模拟情景对话模块，可以在提问复杂的问题或者是有生字时，学生阅读问题比较困难,可以对对话添加语音,强化学生理解。

（5）测试模块,通过多种测试题以及评分,对一节课所学知识进行检测和巩固,进行有针对性的复习。

通过使用 iSpring Suite 9 能够快速开发互动性在线学习课程,将声音、视频、录屏等内容添加至课程,使课件讲解更加清晰;通过互动对话测试让学生边练边学,可以丰富课程内容,有效提升学习效果。同时,交互式内容可以从任意设备查看,保证内容高品质呈现。

6.3 动画演示课件的案例制作

6.3.1 Focusky 的教学应用和技术特性

1. Focusky 的教学应用

Focusky 是一款强大的动画演示制作软件,其不同于传统 PPT 的功能、页面及制作流程,给用户带来强大的视觉冲击。作为一款可视化演示工具,Focusky 集演示文稿制作、动画宣传视频制作于一身。

Focusky 在课堂上得到了普遍应用,其突出的优势弥补了 PPT 的不足,当学科内容具有明显的整体与部分之间的逻辑联系时,它的特点就会发挥得淋漓尽致,其转场的移动方式能够完美体现逻辑关系,反映学生的思维过程。同时,采用画布作为内容展示界面,以路线呈现的方式,通过缩放、旋转、平移等效果创造非线性的演示,能把教学内容与个人想法更生动形象地呈现给观众,越来越多的人使用它来制作微课并运用于教学。

2. Focusky 的技术特性

（1）超多模板,涵盖各行各业 它提供了上万套模板,涵盖各个分类,广泛适用于企业、政府、银行、学校等各类机构,可制作出酷炫的演示宣传。Focusky 模板还包括了每届大赛的优秀奖案例以及用户精品案例,可以快速让新手迅速掌握制作精髓。

（2）内置大量角色及动作 它内置了大量的动画角色,每个动画角色包含 60 多个动作,角色还可以按照行业及职业分类,教师、学生、白领、公务员等应有尽有。有了这些角色,人们就可以快速制作出栩栩如生的对话场景,增加演示的生动性和趣味性。

（3）强大的动画功能 它为每个元素对象精心设计了大量的动画特效,每个动画特效又包含进场动画、强调动画及退场动画,无论是想要实现文字动画还是手绘动画,甚或是 MG 动画,Focusky 都可以轻松实现。

（4）无限缩放的 3D 镜头设计 3D 镜头是一大特色,它可以让演示者轻松地缩放展示内容,每一镜头都可以自定义位置、形状、大小及可见性等属性,配合 Focusky 无限的画布,演讲者可以充分发挥想象力创作出夺目的演示作品。

（5）强大交互功能 其内置很多交互组件,如按钮、滑块、文字标签、文本框、复选及单选组件和菜单组件等。每个组件可以包含很多触发事件与触发行为,可以轻松设计各类交互式的小应用及小游戏。

（6）自定义背景、3D 背景及切换背景 它支持多种背景形式,包括图片背景、视频背景、纯色背景,以及 3D 背景。其中 3D 背景可以让演示置于 3D 环境中,随着镜头的移动缩放,背景中的对象自动实现不同层次的错位移动,来达到立体视觉效果。

(7) 思维导图功能　它内置专业思维导图制作工具,使演示者能够按路径分支演示思维导图。这个思维导图不仅可以设置不同种风格的分支布局,还可以任意更改分支内容。对分支可以进行复制、移动、删除、导出等操作,还可以添加图片、贴纸、语音和附件。

(8) 图形及 3D 模型　它包含大量的矢量图形组件,其中学科组件涵盖了物理、数学、化学等多个领域,每个矢量图形组件都可以自定义颜色与外观,还可以调节外形控制锚点,Focusky 包含了大量的 3D 组件,满足各种 3D 几何演示的应用场景。

(9) 集成屏幕录制　Focusky 自带集成的录屏模块,可以直接录制屏幕,并且录完后直接导入到演示项目里。Focusky 录屏模块,可以轻松录制屏幕、系统声音、麦克风以及摄像头,还可以设置鼠标样式,单击风格等更多个性化功能。

(10) 转场展示效果　除了镜头转场外,Focusky 还可以像 PPT 一样实现每个页面的切换转场动画,每个转场还可以设置转场时间、动画速度、转场色彩等参数。

(11) 艺术图形与素材　它内置了和 PPT 类似的艺术图形,这些图形可以灵活自由定制,同时它也内置了大量的商业矢量图片以及透明的 SWF 格式的动态素材。

(12) 演示注释及倒计时　它提供丰富注释功能,可以随时在需要位置处注释强调信息。演讲者可以设置注释笔的粗细及颜色,可以使用注释功能内置的各类图形。

(13) 公式编辑器及图表功能　它内置多种图表组件,支持一键替换图表样式。内置丰富的公式编辑器,可以自由设计各类物理、化学、数学等学科的公式。集成 AI 文字自动转语音功能,并且可选择多种角色(男士、女士、儿童、卡通)与多种语言(普通话、英语、粤语),输入文字即可转为配音。

(14) 多格式输出功能　它支持多种格式,EXE 格式允许在没有安装 Focusky 的机器上播放演示视频,还可以上传到各大视频网站上分享传播。

6.3.2　Focusky 的基本界面

1. Focusky 的界面组成

Focusky 的主界面如图 6.89 所示,主要包括:最上方的标题栏,显示名称和版本号。另外还有显示账号登录及注册账号的情况。标题栏下方是搜索框,可以搜索相关的模板或者相应的教程。

图 6.89　Focusky 的主界面

搜索框下方紧接着的是文件菜单栏,包括:①新建项目:可以新建新的空白项目;②打开工程:打开已经存在的项目继续编辑;③导入 PPT:可以导入 PPT 文件进行编辑;④编辑 EXE:编辑已经发布了的 EXE 文件;⑤修复工程:修复有错误的 Focusky 文件;⑥导入图片:导入自己的图片;⑦创建文字云:创建文字版。

文件菜单栏下方是模板分类,根据需求选择相应的分类快速地找到需要的模板。接下来是模板选择区,有非常多的模板可供选择。

Focusky 的操作界面由主工具栏、快捷工具栏、画布、元素工具栏、镜头栏等组成,如图 6.90 所示。主工具栏中的一些按钮说明如下。

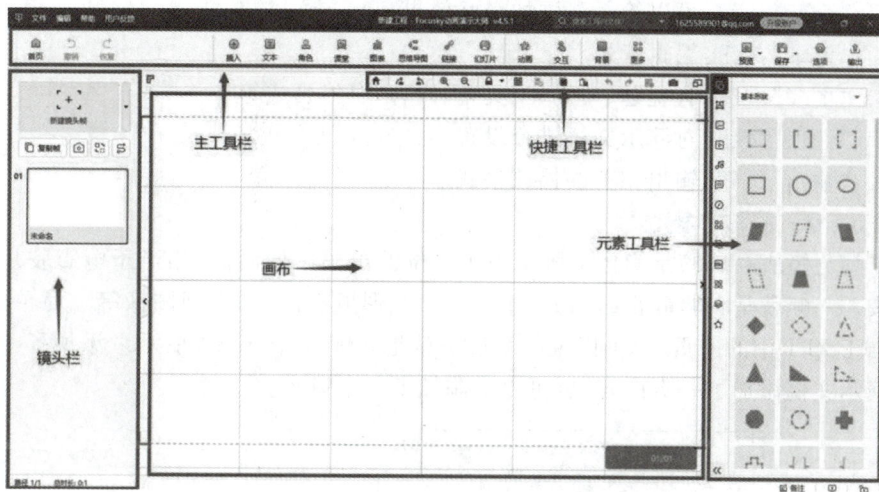

图 6.90　Focusky 的操作界面

(1)"插入"按钮:插入元素,内容十分丰富。

插入图形:可以根据需要插入合适的基本图形,还可以添加像物理学科中的电路图的常用图标,如电信号、热敏电阻等常用图标。

- 插入文本:可以选需要的字体插入文本。
- 插入图片:可以插入需要的图片,也可以导入自己的本地图片。
- 插入视频:可以插入自己的本地文件,也可以单击屏幕录制使用 Focusky 自带的录制程序录制屏幕内容。
- 插入音乐:可以插入自带的音乐,也可以选择自己的本地音乐。
- 插入气泡:可以在需要的位置插入气泡来注释内容。
- 插入 SWF 文件:插入一些动画图片。
- 插入图标:插入需要的图标。
- 插入组件:一般都是些按钮图形,可以与交互功能联合使用。
- 插入学科图形:根据需要插入学科图形,一般用于数学、物理等学科。
- 插入其他文件:可以插入一些 Photoshop 文件、PDF 文件和 Office 文件。
- 插入收藏:可以插入自己收藏的一些文件,方便检索。

(2)"文本"按钮:可以在画布中编辑文本。

(3)"角色"按钮:可以选择需要的角色文件,双击进入动作编辑页面,里面有各种各样的动作可供选择,也可直接通过搜索栏检索需要的角色或者动作。

(4)"课堂"按钮:设置一些测验:选词填空、分类、输入填空、单选题、多选题、知识匹配、判断题等,也可以设置小游戏来增加课堂的互动性和娱乐性,提高学生学习的兴趣。

(5)"图表"按钮:可以设置柱形图、折线图等图表。

(6)"思维导图"按钮:设置思维导图,非常适合单元总结或者期末总结。

(7)"链接"按钮:可以插入链接。

(8)"幻灯片"按钮:选择多张图片制作幻灯片。

(9)"动画"按钮:设置元素的动画特效,如进入特效、退出特效、强调特效等。

(10)"交互"按钮:可以给元素添加交互效果。

(11)"背景"按钮:编辑背景。

(12)"更多"按钮:有主题、布局、工具箱、内容布局、公式等。

(13)"选项"按钮:对演示文稿进行设置。

(14)"输出"按钮:输出相关的播放格式。

2. Focusky 的核心概念

(1)帧与镜头帧。帧是影像动画中最小单位的单幅影像画面,相当于电影胶片上的每一格镜头。一帧就是一幅静止的画面,连续的帧就形成动画,如电视图像等。简单来说,一帧就相当于 PPT 中的一页,也可以说一个镜头就是一帧,如图 6.91 所示。添加了一帧就相当于给演示文稿添加了一页内容,也可以说添加了一个镜头。

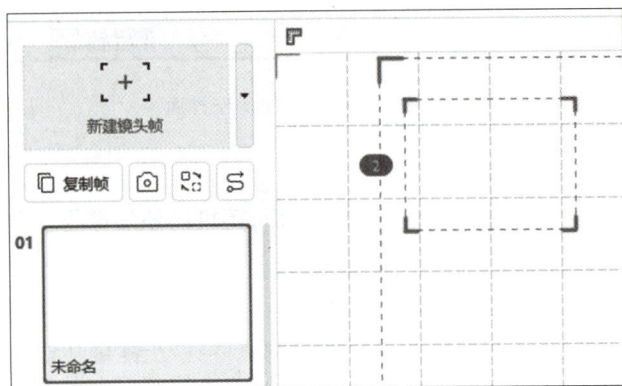

图 6.91 新建镜头帧

(2)路径。路径也就是镜头的顺序,调整路径就是调整镜头的播放顺序,如图 6.92 所示。

(3)图层。图层就像是含有文字或图形等元素的胶片,一张张按顺序叠放在一起,组合起来形成页面的最终效果。上面的图层优先显示,下面的图层会被上面的图层覆盖,可以根据需要合理设置图层顺序。还可以隐藏图层和重命名,如图 6.93 所示。

(4)交互。交互就是互相交流,一般用于计算机操作领域,指人将信息输入计算机,经过一系列信息加工过程,再由计算机输出更高级的信息。简单来说,就是在 Focusky 中控制一个操作对象,来触发另一个对象,完成一系列的行为,这个就是交互。可以控制一个元素来操作另一个元素,让这个元素进行播放动画、改变大小、改变位置等操作。也可以通过这个对象来触发系统播放音乐、播放视频等操作。

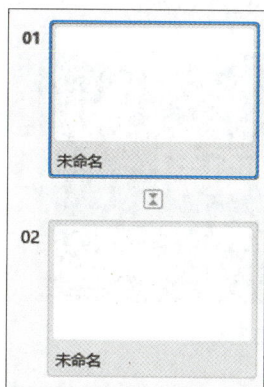

图 6.92 路径

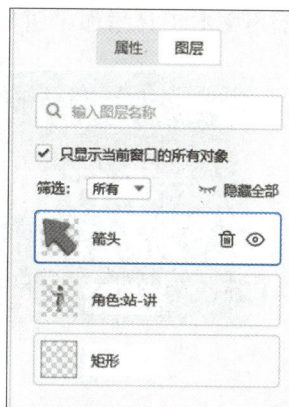

图 6.93 图层

6.3.3 Focusky 的案例制作

（1）单击"版式"按钮,可以从空白页面开始创建。先将教室背景拖入画布,并单击右边的等比例填充至帧大小,使背景一键铺满整个界面,如图 6.94 所示。

（2）根据需要,搭建场景,如图 6.95 所示。添加角色,从主工具栏中找到角色,如图 6.96 所示。选择小学生角色设置坐姿动作为背坐。此时小学生没坐在椅子上,需要我们调制图层,在元素工具栏中找到图层,将角色图层放在椅子图层的下面,达到如图 6.97 所示效果。

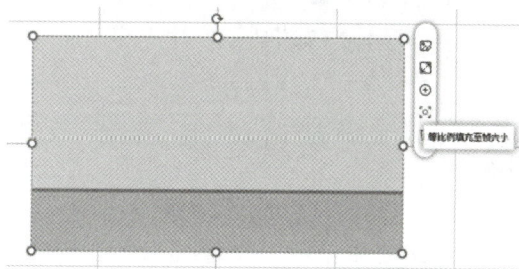

图 6.94 插入图形并等比例填充

图 6.95 搭建场景

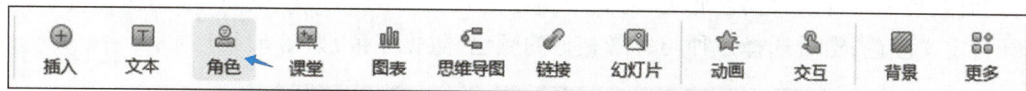

图 6.96 选择"角色"命令引入小学生角色

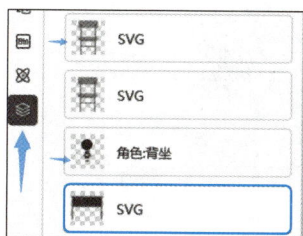

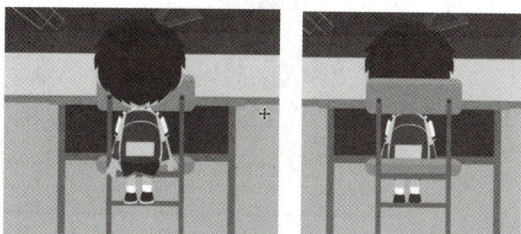

图 6.97 调整角色图层使其更具合理性

（3）在黑板上用文本工具添加主题和署名,如图 6.98 所示。

图 6.98　设置黑板文字书写效果

（4）给文字添加动画,选择文字,单击主工具栏中的"动画"按钮(见图 6.99),选择合适的动画效果和时间长短,可以直接拖动更改时间,如图 6.100 所示。

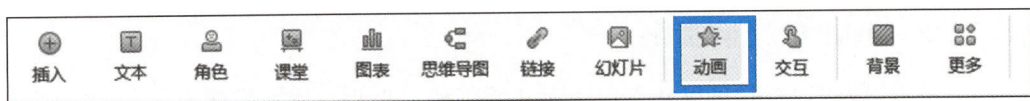

图 6.99　添加文字动画效果

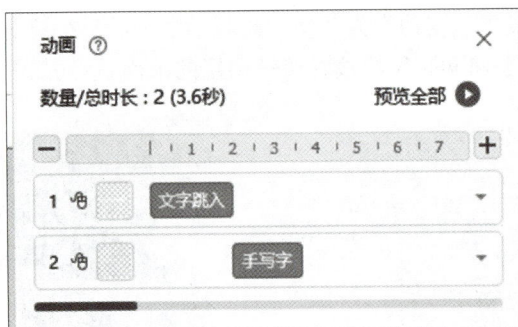

图 6.100　动画序列和时间

（5）制作第二帧,单击"新建镜头帧"按钮,将镜头帧调整好大小位置,让它包裹两个小孩,此时发现下方背景有白色底边,需要单击主工具栏中的"背景"按钮,选择颜色背景,再选择自定义颜色,然后选择一种与背景相近的颜色,防止穿帮,如图 6.101 所示。

图 6.101　调整镜头帧

（6）在"元素工具栏"中添加气泡工具。可以在属性中调整气泡背景颜色和文字颜色，并且给气泡添加动画效果，如图6.102~图6.105所示。

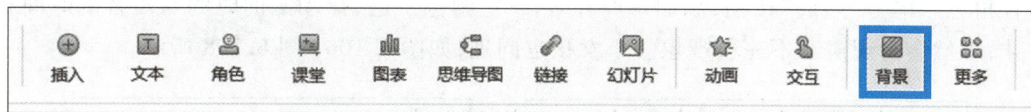

图 6.102　重新定义背景色

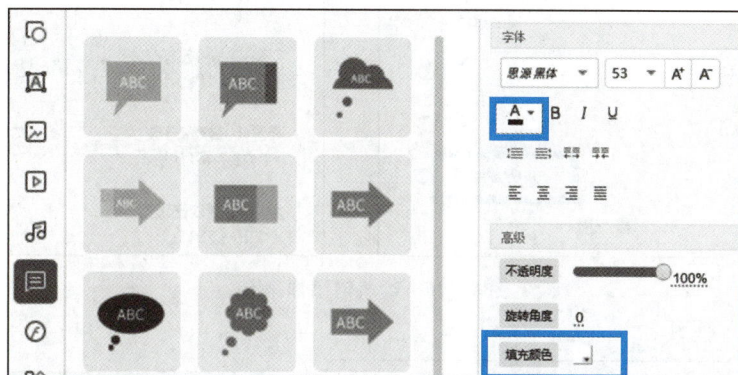

图 6.103　添加气泡文字并设置

图 6.104　气泡文字添加效果

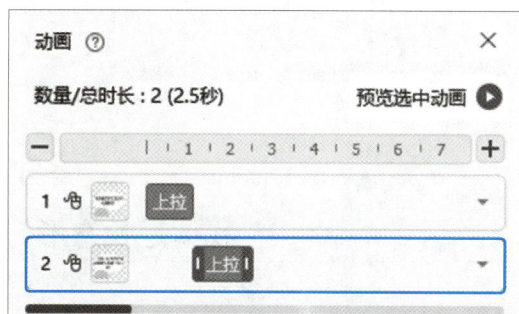

图 6.105　气泡文字动画效果

（7）给气泡添加声音,单击动画中的三角按钮,单击"添加声音"按钮,如果本地有音频可直接添加,如果没有也可以用声音合成工具。将气泡中的文字输入对话框中,选择合适的声音角色。单击"生成"按钮,添加好声音后,一定预览一遍,让动画的时间与声音的时间相一致,不然会出现声音不完整现象。小女孩也同理,如图 6.106~图 6.108 所示。

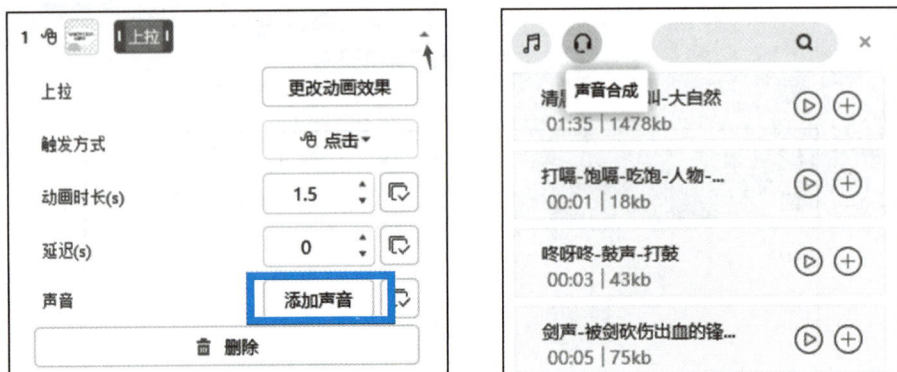

图 6.106　给气泡添加声音

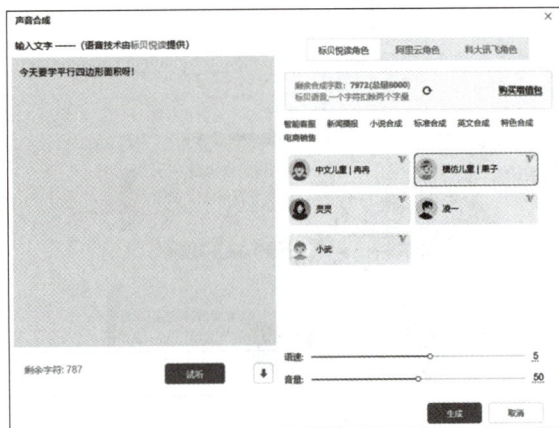

图 6.107　设置声音合成效果

图 6.108　设置声音参数

（8）想要达成对话效果,可以直接单击添加动画,选择修改文本,然后写上相应文字,这样动画运行到这个时候会自动变换文本,调整好文字语音动画,如图 6.109 所示。

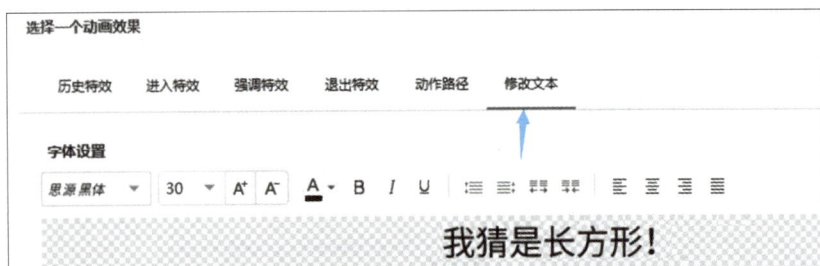

图 6.109　修改文本

（9）再把动画的顺序调整一下，第一个为"点击"，后面三个都为"在上一个之后"，使之平滑，如图6.110所示。

（10）制作第三个镜头帧。在平行四边形的形中添加一个镜头，作为第三帧的位置，如图6.111所示。

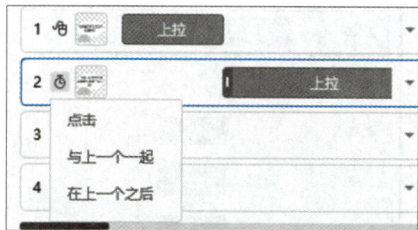

图 6.110　微调动画顺序

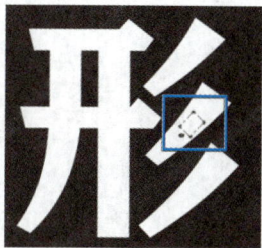

图 6.111　选择镜头帧的位置

（11）先设置好背景，添加网格素材，用文本工具和添加图形工具添加。添加图表工具，双击图表可直接编辑内容。给各个部分添加好动画效果，如图6.112所示。

图 6.112　制作第三个镜头帧画面及动画效果

（12）制作第四个镜头帧，因为需要第三帧的背景，所以可以直接单击"复制帧"按钮，复制一份。添加相同的动画效果可以双击"格式刷"工具。添加好内容和动画效果，如图6.113和图6.114所示。

图 6.113　复制镜头帧及预期效果

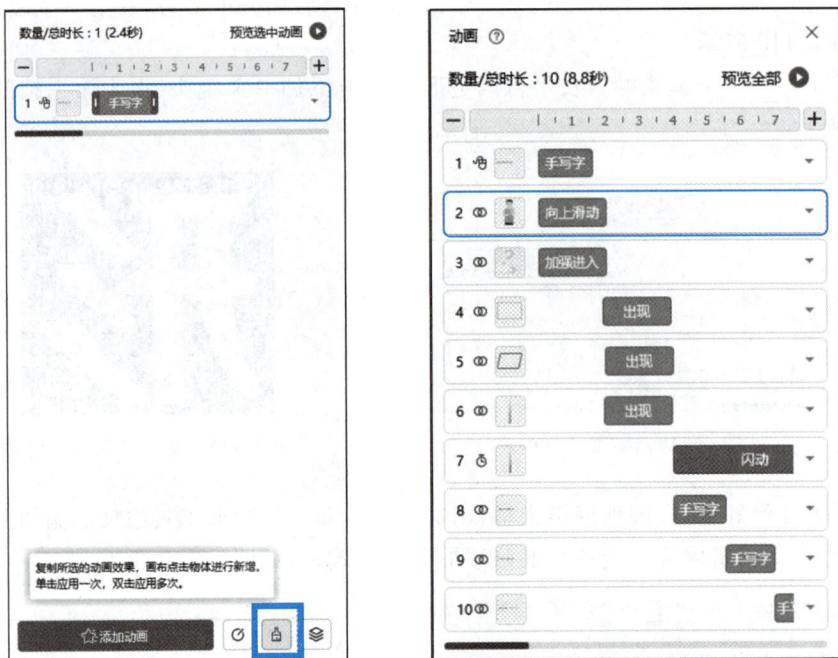

图 6.114　制作第四个镜头帧动画效果

（13）复制镜头帧,制作第五帧,元素工具栏中选择"组件",选择"按钮"工具,此帧来设计交互功能。先建立好一个平行四边形,再加上一个相同颜色三角形和纯白色三角形,单击"交互"按钮,操作对象选择平行四边形,触发对象为蓝色直角三角形,触发行为选择改变属性位置和大小,调整好位置,如图 6.115~图 6.118 所示。

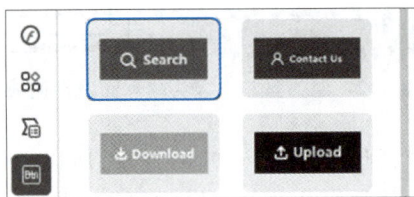

图 6.115　组件中选择"按钮"工具

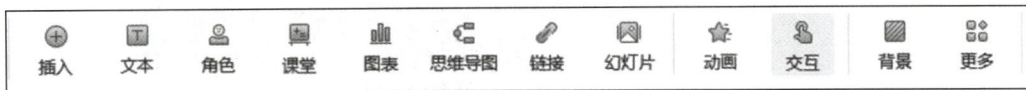

图 6.116　"交互"功能按钮

图 6.117　"交互"列表面板

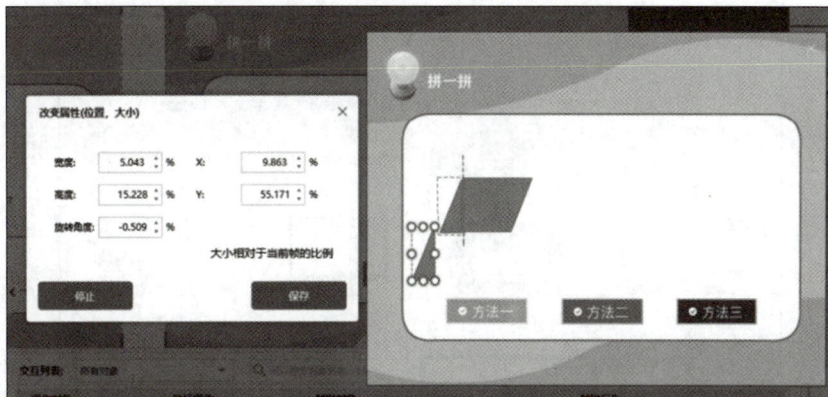

图 6.118 制作运动动画

注意：添加交互的触发行为为播放动画时，必须勾选动画之前隐藏对象。方法一的交互如图 6.118 所示，就完成了平行四边形变成长方形的动画效果了。其余两个也按照同样思路完成，如图 6.119 和图 6.120 所示。

图 6.119 鼠标单击触发动画行为

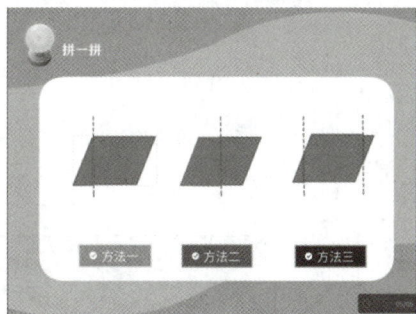

图 6.120 制作完成三种交互

（14）制作第六帧，先复制帧，这里用课堂活动增加演示文稿的互动性。单击"课堂"按钮，选择选词填空中的脑洞大开，双击进入编辑。编辑时选中你要设空的位置单击下面的增加填空项。单击"确认"按钮生成。调好位置和属性，如图 6.121~图 6.126 所示。

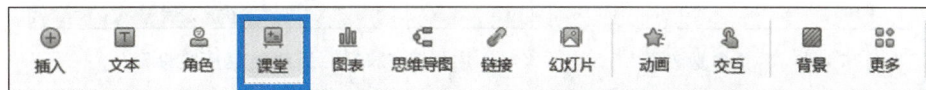

图 6.121 "课堂"按钮

图 6.122　选择"脑洞大开"

图 6.123　添加填空项

图 6.124　题干与填空项

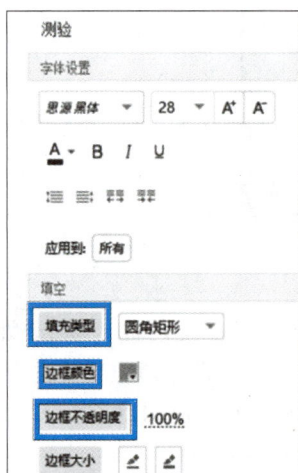

图 6.125　测验参数设置

图 6.126　最终效果预览设置

（15）制作最后一帧,总结一下演示文稿内容。首先在排版好的帧里加上角色。其次选择男教授和讲解动作并翻转适应文稿。最后添加好总结文本,并且加入合适的动画效果,如图 6.127 和图 6.128 所示。

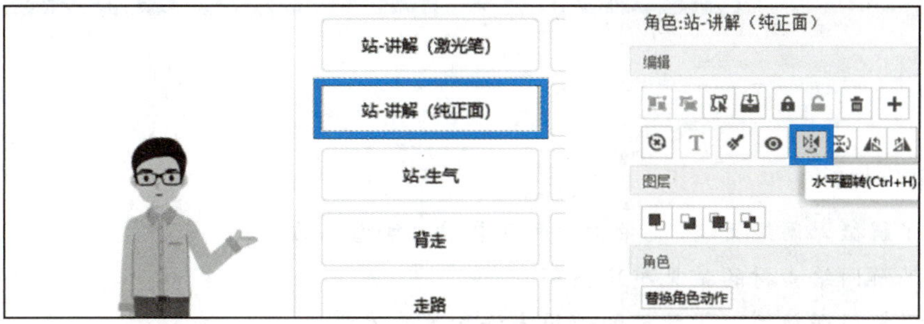

图 6.127　角色形象选择与参数设置

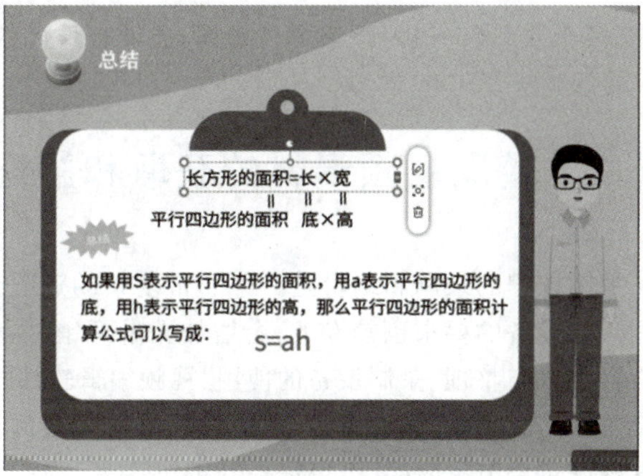

图 6.128　最后一帧效果预览

思考题

1. 如何认识 PowerPoint 中模板设计和母版设计的关系?
2. iSpring Suit 插件制作交互式课件的教学模式有哪些?
3. 阐述 Focusky 有哪些优缺点。

第7章 微课设计及其案例制作

本章教学目标

（1）了解微课网络素材、实拍素材的获取途径和基本方法。

（2）了解网络素材的常见整理技巧。

（3）了解微课视频剪辑软件的使用方法和主要流程。

（4）掌握 PR 软件中如何抠除绿幕和叠加视频素材。

（5）了解 H5 的基本技术特性和教学应用类型。

（6）学会利用木疙瘩平台制作一款 H5 新媒体动画，并进行设计、输出和发布。

7.1　微课视频素材的获取和整理

对一般教师而言，视频课程的录制和编辑是一个非常复杂的过程。这是因为录课通常需要许多专业人士参与，对设备的要求也较专业，会增加大量开销，并耗费一定的时间。这里，笔者将从录课的素材获取与整理、录制设备的使用、视频编辑软件的简介与使用方法，以及视频编辑中的注意事项等几个方面详细介绍，并通过两个实际案例让读者更深入地理解录课的每一个环节，这样既可以节省时间，也可以提升工作效率。

7.1.1　微课网络素材的获取

通常，录课过程中，可能需要插入许多网络的视频和图片素材，对于图片素材，要求分辨率最高 2K 左右，可以通过微信或 QQ 截屏的方式去获取。对于一些视频网站上的素材，可以选择用一些更快捷的方式去获取，而不需要通过手机。对可以通过链接地址解析出视频的网站，安装"油猴"插件后，再安装适当的脚本即可下载。"油猴"插件安装方法如下。

视频素材的
获取技术

第一步，搜索"扩展迷"进入扩展迷官网，如图 7.1 所示。

图 7.1　进入扩展迷官网

第二步，单击右上角的"搜索"按钮，搜索 Tampermonkey 或"油猴"这个关键词，如图 7.2 所示。

图 7.2　搜索插件

单击搜索结果进入详情页面,如图 7.3 所示。

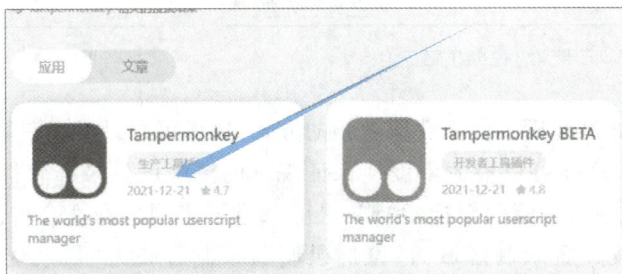

图 7.3　搜索结果

进入页面最底部,单击下载,之后按照步骤获取验证码即可下载,如图 7.4 所示。

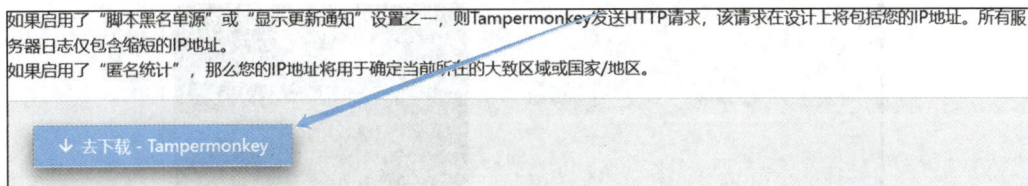

图 7.4　下载插件包

第三步,下载后会得到一个压缩包,将压缩包解压后得到一个扩展名为 crx 的文件。打开 Chrome 浏览器,单击右上角三个点的图标,再单击"扩展"按钮即可进入浏览器的插件安装界面。勾选扩展管理界面的开发人员模式后,将解压后所得到的 crx 文件拖曳到界面即可安装。"油猴"插件脚本的获取方法是:单击插件图标,再单击获取新脚本,如图 7.5 所示,即可进入脚本获取界面。

第四步,进入页面后单击 GreasyFork 即可进入脚本搜索界面,如图 7.6 所示。在搜索界面的搜索栏中,输入需要的脚本名称,如"视频下载",按回车键搜索,即可得到合适的脚本,直接单击脚本安装即可,如图 7.7 和图 7.8 所示。

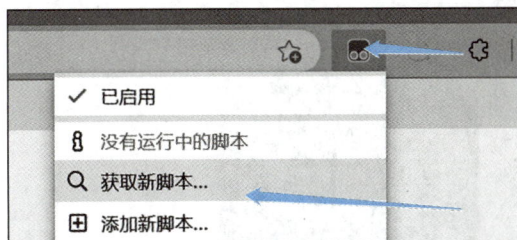

图 7.5　"油猴"可自动获取新脚本

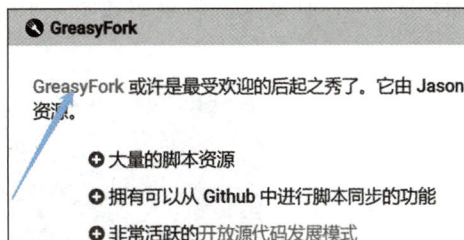

图 7.6　获取 GreaseFork

图 7.7 搜索"视频下载"

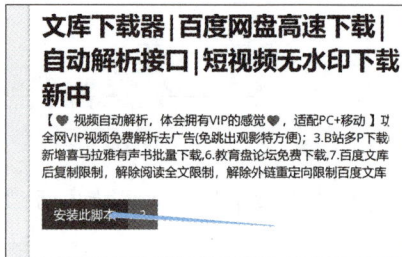

图 7.8 安装此脚本

对于一些无法通过解析手段来获取视频的方式,这里可以录屏来获取视频素材,建议找最清晰的原版视频,这样可以最大限度地保证视频的清晰度。录屏软件这里建议选择 EV 录屏,大家可以自行通过搜索引擎搜索"EV 录屏",进入官网选择适合自己的系统版本下载安装。进入软件后先设置录制区域为"全屏录制",录制音频为"仅系统声音",再单击"开始"按钮录制,如图 7.9 所示,之后进入需要录制的视频全屏播放即可。

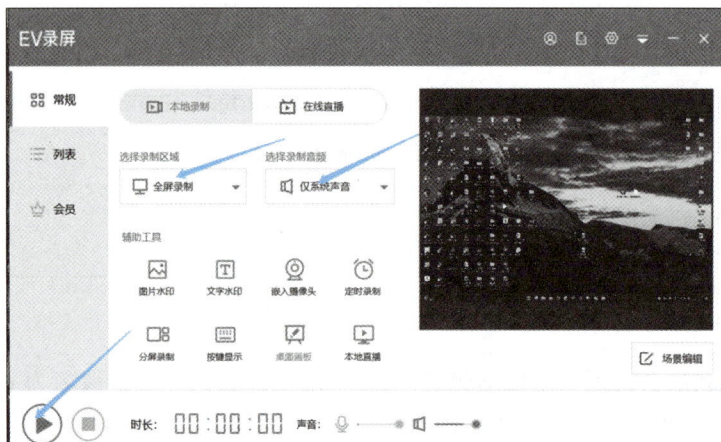

图 7.9 "EV 录屏"软件界面

7.1.2 微课实拍素材的获取

对于实录素材的获取,这里更推荐通过专业的录制设备,例如微单等进行拍摄。在选择上,推荐可用充电宝供电从而可以长时间录制的微单相机,例如佳能 R7 与 R10 或索尼 A7M4 等型号。佳能这两款机型如图 7.10 所示。

图 7.10 佳能 R7 与 R10

录课前先调整相机参数。以佳能 R5 为例,第一步,将开机键拨到"ON"的位置,如图 7.11 所示。第二步,按下相机顶端的"MODE"按键,进入模式切换,如图 7.12 所示。第三步,按下相机后面的"Info"按键切换到录制模式,这里建议选择 M 档曝光模式,如图 7.13 所示,便于控制曝光。快门选择 1/50s 或 1/100s,ISO 感光度建议设置在 1600 以下,光圈调整到合适大小,保证合适的曝光,如图 7.14 所示。调整好曝光之后,调整机位到合适位置,单击相机顶部的红色按钮即可开始录制,如图 7.15 所示。

图 7.11　佳能 R5 开机

图 7.12　佳能 R5 切换模式

图 7.13　M 档曝光

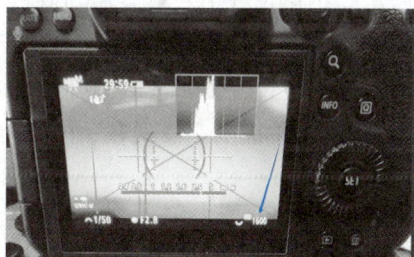

图 7.14　优先保证画面亮度

图 7.15　视频录制键

在收音设备的选择上,对着教师的机位,推荐使用无线麦克风,如图 7.16 所示。全景机位(学生机位)则可用指向性麦克风,如图 7.17 所示,如此一来就可以得到一个比较好的收音效果。教师使用的无线麦克风一定要保证充足的电量。在灯光选择方面,由于智能白板亮度较高,为了平衡教师脸部的亮度和白板的亮度,建议选择一个灯光加柔光罩,如图 7.18 所示,为教师脸上打一个面光,这样录制出来光比不会太大。最后,由于录课时间较长,尽量选择 256G 以上的内存卡。

图 7.16　无线麦克风(教师用)　　图 7.17　指向性麦克风(学生用)　　图 7.18　无线灯光和柔光罩

实录素材的获取也有许多拍摄技巧。在课堂实录的拍摄过程中,为了使画面更加生动和细致,在拍摄过程中一般会用到双机位或者三机位,从而用不同的角度进行拍摄,展现教师的操作细节与听课同学的面部表情反应等。这里以双机位为例,一个机位为教师与白板的特写,这个机位主要是体现教师神态和讲解的内容,机位的收音用无线麦克风收音;另一个机位为学生正面的全景机位,在学生回答问题时,迅速拍摄学生的半身特写,收音用指向性麦克风。

在曝光控制方面,建议以过曝 1/3 档为宜,同时在录制 50 帧画面时快门选择 1/100s,在录制 25 帧画面时快门选择 1/50s,这样可以保证教师影像拥有正常的运动模糊。在画质的选择上,如果需要后期进行二次构图,需要选 4K 的分辨率,但是这样存储空间的压力比较大,对后期剪辑设备的性能要求也比较高。如果不需要后期二次构图,为减少存储压力,可以选择 2K 画质进行录制。

在录制开始时,一般专业的录像机会配备时间码接口,但价格都比较昂贵。这里提供一个简单的方式,在按下录制键后,两个录制者可以同时拍打一下手,这样在剪辑软件里可以更好地匹配两个画面,进行多机位剪辑。

在实际拍摄中还有一种视频素材获取的方式,那就是绿幕拍摄,如图 7.19 所示。绿幕拍摄只需要一个机位,后期通过抠像技术将内容合成进去即可,环境布置也不像实景拍摄那样需要调度人员那么复杂,在设备选择上,推荐具备外接电源供电、不限时长录制的微单相机,如索尼 A7M4。对比那些专业的摄像机,索尼 A7M4 性价比较好。同时,绿幕应尽量选择大一些的,这样对前期拍摄和后期抠像都更为方便,灯光选择普通灯光即可。录课打灯光时,建议不要使人物的发丝显现得太清晰,那样无疑会增加后期抠像难度,其余部分保证正常的亮度即可。

图 7.19 绿幕拍摄场地

对于收音设备的选择,无线麦克风和指向性麦克风都可以,如果录制现场的声学环境比较好的话,建议选择无线麦克风。同时在教师讲课的同时,要选择合适的录屏软件,将教师讲课的 PPT 全程录制,并且录制声音,这样方便后期将两个视频的音频进行校正比对。

绿幕拍摄的后期制作阶段,最重要的一部分就是抠像,所以人物和绿幕应有明显的区分。在拍摄时需要注意两点:①拍摄对象要远离绿幕,这样可以避免绿幕的部分反光反射到被拍摄对象上;②拍摄对象不要选择和绿幕颜色相近的衣服,建议选择黑色或深蓝色等和绿幕有较大反差颜色的衣服,这样比较利于后期抠像,如图 7.20 所示。

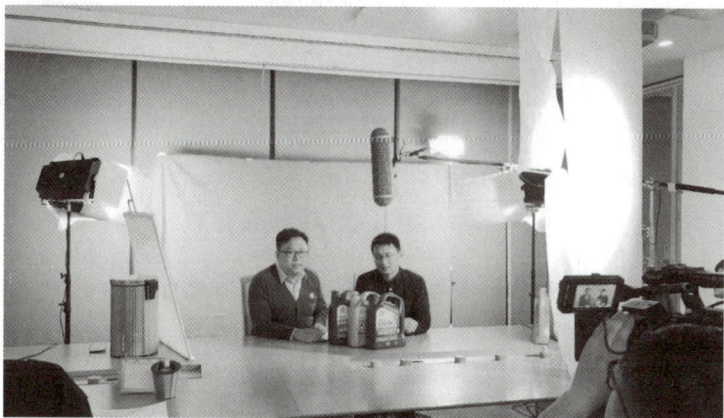

图 7.20 绿幕拍摄现场

7.1.3 微课资源素材的整理

在获取完各类素材之后,对于素材的保存和分类整理也非常重要。对于从网络上获取的各类素材,建议按照类型来命名文件夹,例如可按图片、视频、音乐等分类命名。将素材文件重命名后,分别放入对应类型的文件夹内,当有新的文件类型出现的时候,要尽量新建新类型的文件夹,并将素材存入。网络获取的素材,可以采取本地不同盘进行备份,这样可以避免误删时难以找回。以多机位实拍录课获得的素材为例,先以机型和机型所负责的录制机位进行分类,如"索尼 A7M4 某老师录课特写"。

对文件夹分类时,要尽量把文件夹里的内容写清楚,这样在查找素材时,方便素材管理人员与视频剪辑人员操作。在实拍素材备份方面,难以做到影视行业从拷卡开始就进行"双向的数据校验",但是可以在拷卡时同时往不同的盘里拷贝,这样可以大大减少数据出错而导致素材不能用的问题。要时刻谨记,拷卡是不要将素材直接剪切,这样很容易造成素材出问题,而此时卡内素材已没有原始备份,不得不再进行数据恢复的情况,所以必须将数据从卡内复制出来。只有当复制出的数据经确认没问题后,才可以将存储卡格式化。

7.2 视频剪辑软件的基本使用

市面上有很多剪辑软件,比较通用的有两款,一款是 Premiere,另一款是剪映专业版。先来介绍一下 Premiere。Adobe Premiere Pro 简称 Pr,是由 Adobe 公司开发的一款视频编辑软件,常用的版本有 CS4、CS5、CS6、CC 2014 等,最新的版本是 2023。Adobe Premiere 兼容性较好,广泛应用于广告制作和电视节目制作中。

首先,用 Premiere Pro 2023 软件进行多机位剪辑,从官网下载安装后双击桌面图标即可打开。进入软件后,会有两个选项,一个是"新建项目",它会创建一个全新的项目文件,里面可以进行编辑存放各类素材的链接。另一个是"打开项目",单击会打开上一次做过的项目,这里选择"新建项目",如图 7.21 所示。

Camtasia 微课录制与制作

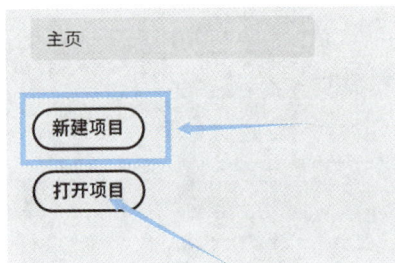

图 7.21 新建或打开一个 Premiere 项目

其次,Pr 跳转到一个新界面,用户可以输入项目名称,选择项目位置,还可以根据需要自行更改项目名称,例如修改为"多机位剪辑",项目位置默认桌面即可,也可以根据需求修改。最后,单击"创建"按钮即可,如图 7.22 所示。

图 7.22 定义项目名称和位置

进入项目之后,要进行一步重要的设置,即修改工作区,Premiere Pro 2020 之后默认工作区都为"学习",这时要切换到"编辑"工作区,如图 7.23 所示,这种设置可有效提升剪辑工作效率。

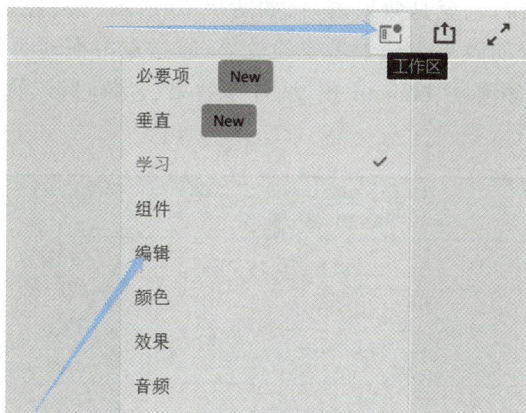

图 7.23　切换到"编辑"工作区

主界面上的五个窗口分别是：素材窗口、预览窗口、时间线窗口、源监视器、工具箱，如图 7.24 所示。每个窗口的作用，具体如下。

- 素材窗口：可以导入并管理素材。素材可以是视频、音频、图片等。
- 预览窗口：可以预览剪辑时间线上的成片，同时在英文输入法下按住"~"键即可全屏预览。
- 时间线窗口：可以直接将素材拖入时间线内，也可以对事件向内的素材进行剪辑、插入、调整、添加关键帧等操作。
- 源监视器：可以对项目内的素材进行双击预览，也可以在源监视器内通过 I/O 两个按键选定素材的出入点，并可以选择音视频，将其单独直接拖曳到剪辑时间线上。
- 工具箱：工具箱从上往下分别为：①选择工具，快捷键为"V"。②向前选择轨道工具，主要作用是选择某一轨道上的所有素材，快捷键为"A"。③波纹编辑器，用于拖动素材的出点，改变所选素材的长度，而轨道上的其他素材的长度不变。④剃刀工具，主要功能是分割素材，让一个完整的片段切开，形成两段新的片段，快捷键为"C"。它和前面的选择工具是在视频剪辑里最常用的两个工具。⑤钢笔工具，可以画蒙版，调整关键帧等，快捷键为"P"。

图 7.24　主界面的五个窗口

　　另一个非常重要的窗口,就是效果窗口,如图 7.25 所示。顾名思义,它是存放效果的窗口,这里有很多软件内置的效果。选中需要的效果,通过左击拖动的方式将效果拖动到时间线窗口中。效果窗口包含预设、Lumetri 预设、音频效果、音频过渡、视频效果、视频过渡六个分类。

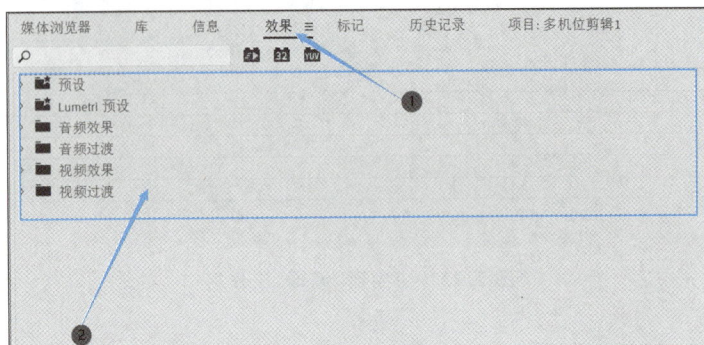

图 7.25　效果窗口

　　在了解以上内容后,就可以进行多机位视频剪辑了,具体步骤如下:
　　第一步,将素材导入 Pr,如图 7.26 所示。

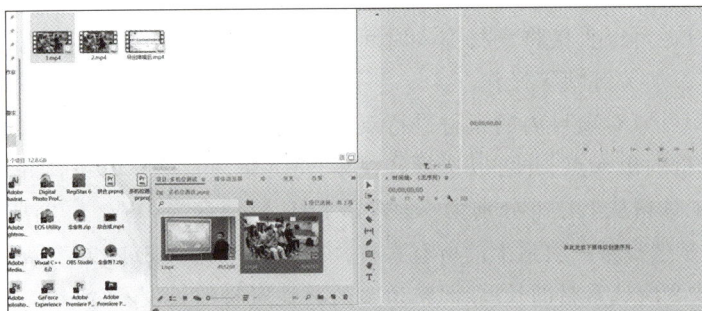

图 7.26　将素材导入 Pr

　　第二步,将素材拖入右侧序列处创建序列,如图 7.27 所示。

图 7.27　将素材拖入以创建序列

第三步,将两个素材竖向排列,选中所有素材右击同步,选择音频进行多机位时间匹配,如图 7.28 和图 7.29 所示,等待处理即可。这时就可以选择启用和停用进行多机位剪辑了,不过这种方法比较麻烦。

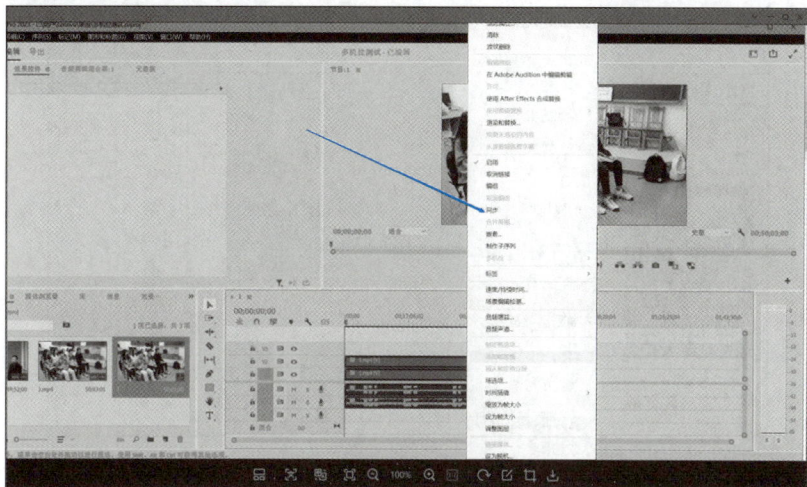

图 7.28 多机位匹配(1)

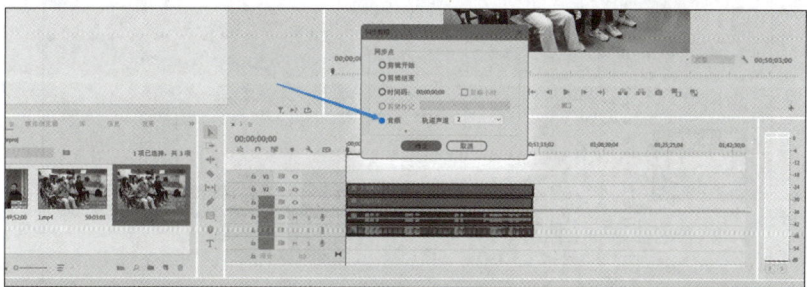

图 7.29 多机位匹配(2)

下面介绍一种更简单的多机位剪辑。选择两段素材右击,选择"创建多机位源序列..."命令,进行多机位剪辑,如图 7.30 所示,默认采用弹出的对话框设置即可,等待处理即可。

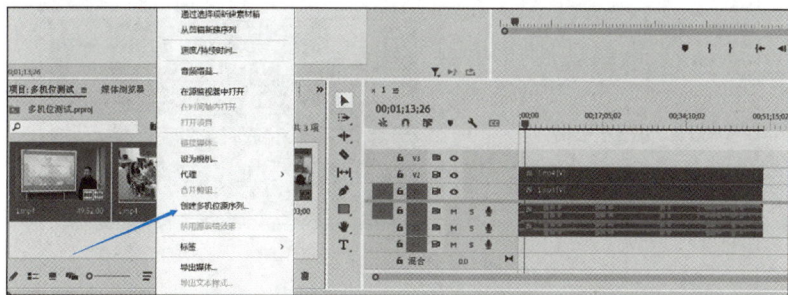

图 7.30 多机位剪辑(1)

右击素材,选择"从剪辑新建序列"命令,如图 7.31 所示,开启多机位剪辑,如图 7.32 所示,这样就可以用键盘数字键 1、2 进行多机位切换了,这种多机位剪辑效率高。最后,在录课过程中如有 PPT 内容的播放,建议直接将多机位中录制白板播放 PPT 的视频替换为 PPT 内的原始视频,这样可以最大限度地保证清晰度。

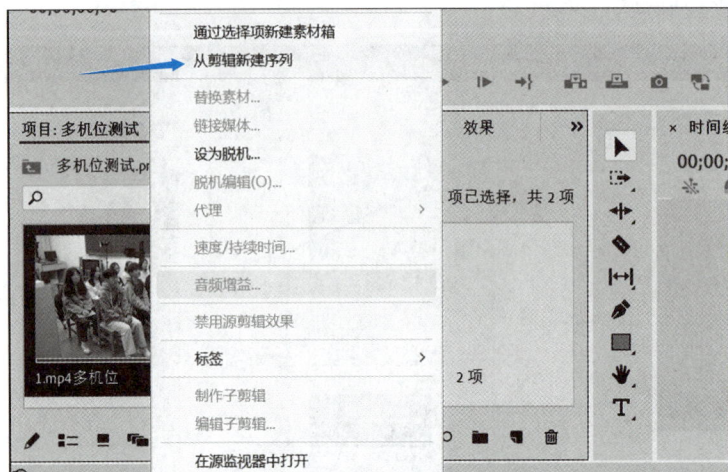

图 7.31 多机位剪辑(2)

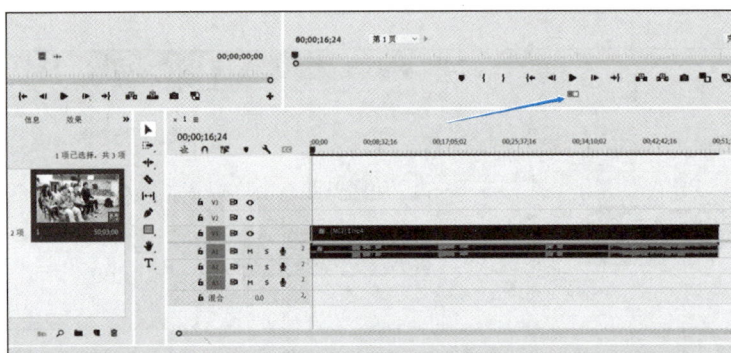

图 7.32 多机位剪辑(3)

第四步,导出,按下 Ctrl+M 组合键进入导出的界面,如图 7.33 所示。

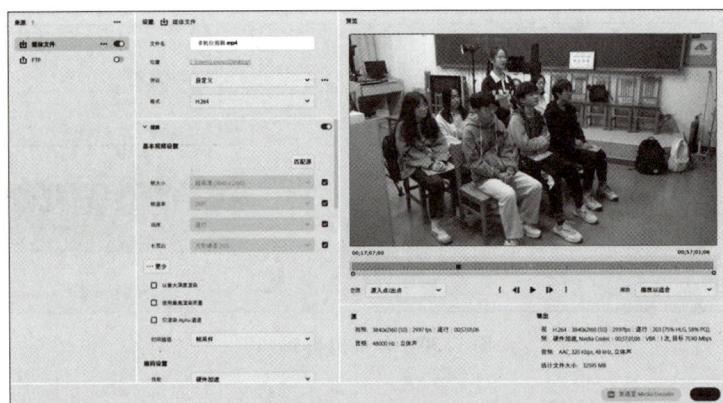

图 7.33 导出界面

导出设置里有很多重要的参数,如图7.34所示,其含义如下。

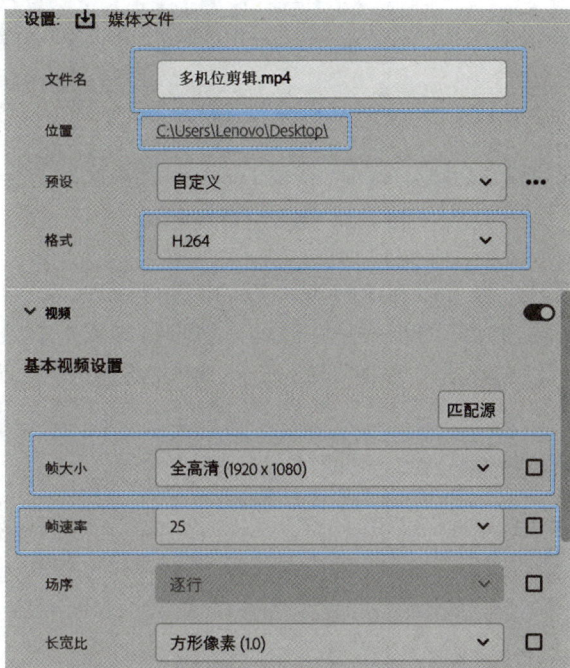

图7.34 视频导出设置

- 文件名:可以自行根据需求更改。
- 位置:单击后可以更改位置。
- 格式:可以下拉,这里最常用的为H.264格式,导出之后文件扩展名为.mp4,可以满足绝大多数平台的播放要求。
- 帧大小:帧大小为视频导出后的分辨率大小,这里如果原始视频为4K,可以选择导出为4K或全高清。如果原始视频为全高清,这里直接可以导出全高清。
- 帧速率:导出后视频每秒播放的帧数,这里建议和原素材一致或者25帧。

往下拉还有一个非常重要的视频参数,比特率设置,如图7.35所示。

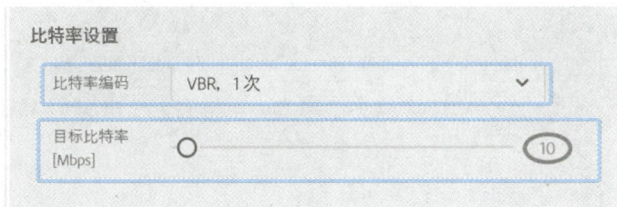

图7.35 比特率设置

合适的比特率设置,既可以保障视频清晰度,也可以保障视频大小合适,不会对存储空间构成压力。在导出视频为全高清时,比特率编码建议选择"VBR,1次",目标比特率建议设置为10Mb/s。如果导出为超高清视频(4K),目标比特率建议为20Mb/s。调整好参数,选择导出,耐心等待视频合成完毕,如图7.36所示。

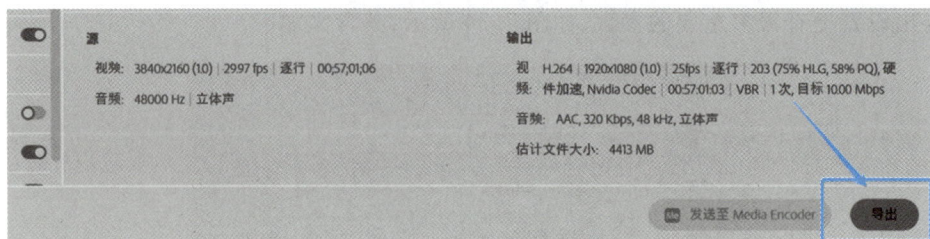

图 7.36　视频最终导出

对于绿幕抠像的素材,也可以在 Premiere Pro 中进行处理,从"新建项目"到"导入素材"的步骤和上述"多机位剪辑"的步骤是一致的。将素材导入剪辑之后,与多机位剪辑不同,需要到效果界面搜索"超级键",如图 7.37 所示,将"超级键"效果直接拖曳到视频上。

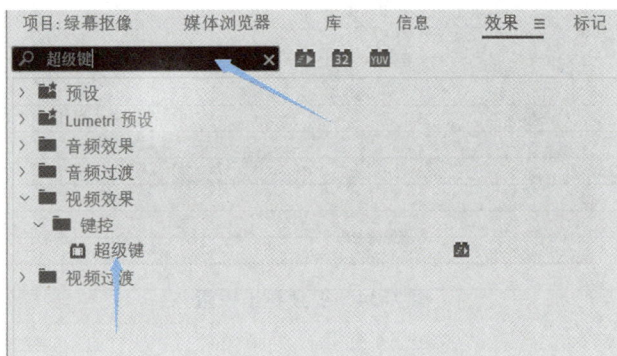

图 7.37　在效果界面搜索"超级键"

将其拖曳到视频上面后,在视频的效果控件界面里,就会出现一个名为"超级键"的效果,如图 7.38 所示。

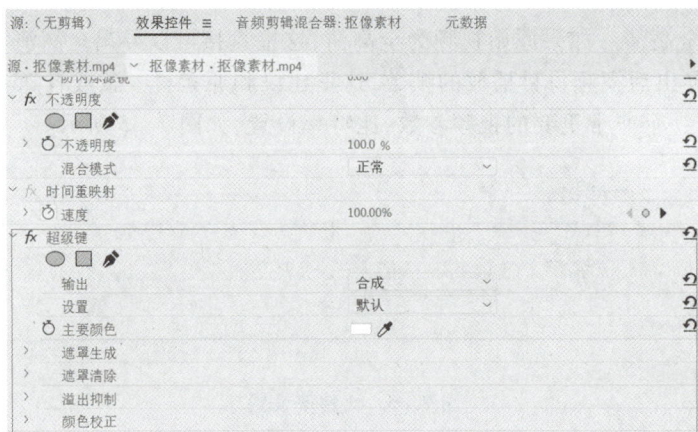

图 7.38　视频效果控件的"超级键"效果

这时,单击"超级键"效果,再单击"主要颜色"选项后面的"吸管"工具,吸取绿幕的颜色,即可完成基础的绿幕抠像,如图 7.39 所示。

注意：这里的输出选项要选择"合成"，才能更好地查看效果。

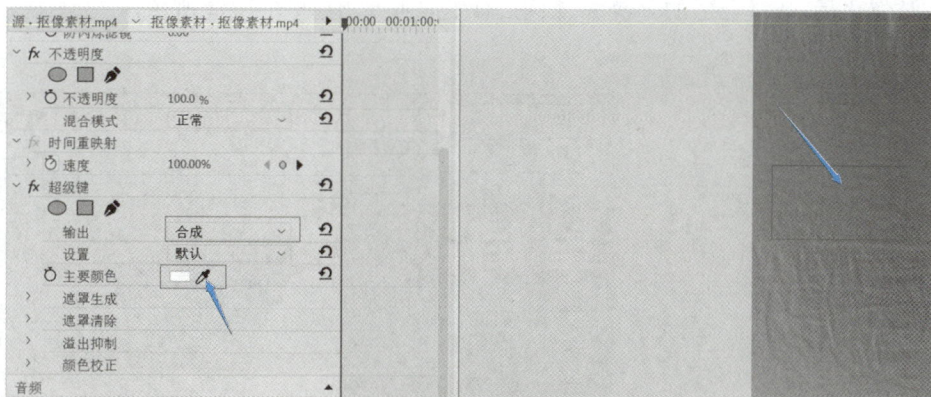

图 7.39 基础绿幕抠像参数设置

在设置中，可以选择几种抠像的预设参数，如图 7.40 所示。同时，也可以选择自定义的抠像模式，这样可操作性更高，读者可以参考 Adobe 的官方文档，来深入了解抠像中每个选项的含义，这里不再赘述。

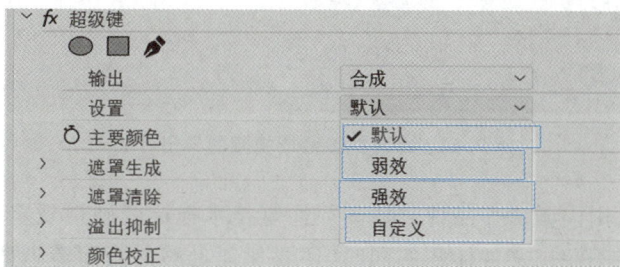

图 7.40 抠像模式

抠像完成之后，就得到了一个除了人物以外背景为透明的一段素材，这样就可以在人物的背景里随意添加一些所需要的元素。添加时，直接将要添加的元素拖曳到抠像视频轨道下方即可添加，添加后效果如图 7.41 所示。如此一来，教师在讲解 PPT 时，也可利用此类方法将 PPT 和老师放在一块，便于使学生更好地理解所讲内容。

图 7.41 绿幕抠像叠加视频效果示例

最后,进行绿幕抠像合成视频的导出,与多机位剪辑导出的方法一致,在确定好导出的名字和位置之后,选择合适的分辨率、帧率、码率即可导出,如图 7.42 所示。

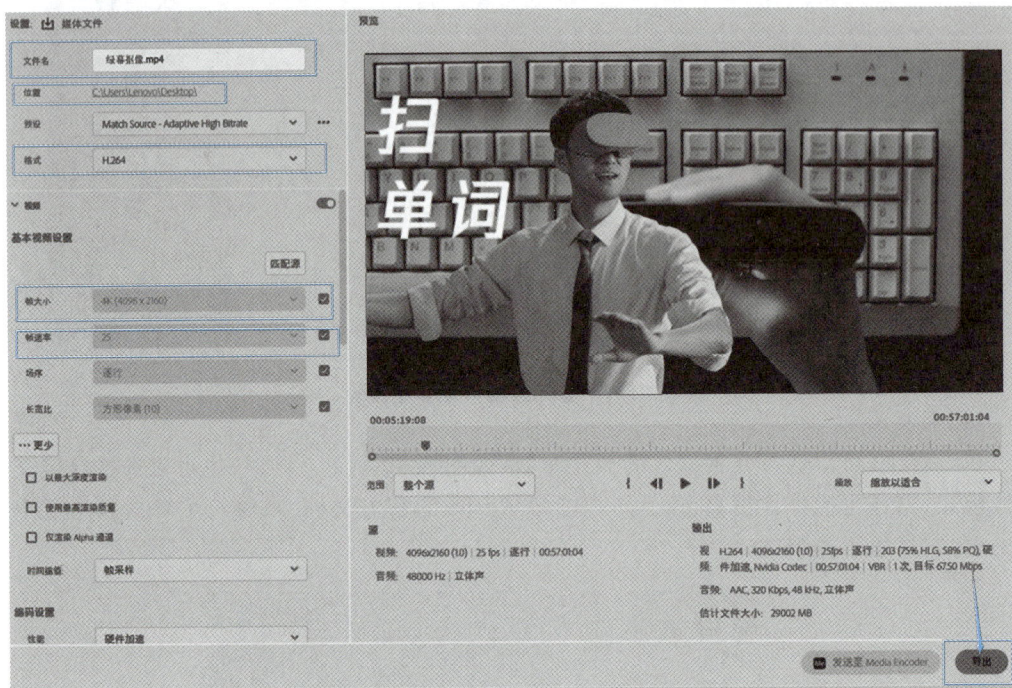

图 7.42　绿幕抠像合成视频的导出界面

需要指出的是,国内微课作品评比活动往往有技术指标的硬性规定,对文件体积、大小等有明确的限制,在不超出文件体积的同时,还要保证足够的画面清晰度。通常要求如下,分辨率为 1280px×720px、帧速率为 25 帧、格式为 MP4。这里提供一个简单的计算文件体积的方式,所选比特率与时间(秒)的乘积再除以 8,即可得到文件体积。在时间和文件体积一定的情况下,可以通过这个公式计算得到所需要的码流大小(意味着清晰度)。

对于留作教学资源用的课程,有两种格式可供选择:一种为分辨率 4K(3840px×2160px)、帧速率为 25 帧、码流大小建议为 20MB/s,这种格式清晰度很高,但对存储空间和前期素材的要求较大;另一种为分辨率全高清(1920px×1080px)、帧速率为 25 帧、比特率大小 10MB/s,这种规格清晰度不如 4K,但文件体积和对前期素材的要求较低,这也是目前网络平台视频的主流分辨率。制作微课的教育技术人员,可以根据自身需求选择合适的种类。

在输出文件格式时,可以考虑 MOV 和 MP4。这两种格式是主流拍摄和输出的格式,文件大小适中,对各个平台的兼容性也较好,不建议在输出时输出这两类之外的视频格式。在选择剪辑工具时,也可以考虑剪映等新推出的实用型软件,其自身有许多智能功能,虽然最终处理效果不如 Premiere Pro 这类专业软件,但是可以提供美颜、智能字幕识别这类比较特殊的功能。对有特效制作需求的人员,推荐使用 After Fx 制作一些炫酷的开场、结尾、转场特效等,也可从网络下载到可供修改的模板。

7.3 新媒体动画的设计和制作

7.3.1 H5 的基本知识和技术特性

HTML5 是互联网的核心语言,是标准通用标记语言下的一个应用超文本标记语言(HTML)的第 5 次重大修改,它的格式是 HDF(简称 H5)。简单来说,H5 就是移动端的 Web 页面,而 H5 动画就是在移动端的 Web 页面能够播放的动画。

新媒体 H5 是一种新媒体的内容传播形式,因为其页面设计、互动效果、内容创意比较有吸引力,所以受用户喜欢,容易在朋友圈形成传播,更是企业进行品牌传播的一种手段和工具。H5 页面是交互式的,有点类似于动态海报,其每一个元素都具有动态性,以动画方式呈现,相比于静态海报来说,可以更好地吸引用户。H5 页面可以在手机上浏览,无须下载,不占内存,用户可以通过分享的链接进入网页中。H5 页面以其交互性好,易于传播,丰富的感官体验,宣传效果好等优点,受到各行各业的喜爱和应用。

H5 页面的优越技术特性体现在很多方面:它强化了 Web 网页的呈现性;增加了本地数据库等 Web 应用的功能;实物动画偶像效果逼真,更吸引眼球;可添加配乐使视听效果更丰富;动画播放无 bug,视频不需要代码去控制播放;动画效果流畅酷炫,不用担心动画元素太多,图片太大,手机性能低等问题,动画怎么酷炫怎么做;动画控制简单灵活,视频是一个整体动画,任何的移动缩放都不会影响动画的内容,前进、后退、快进、快退、暂停都可以只用一个视频完成;动画和重构分离重构只需展示动画和控制交互,无须关心动画的内容,动画和重构可以并行;相对体积更小,可持续加载,canvas 动画文件更少,整体文件大小也小很多,支持一边加载一边播放动画;更短的制作周期,整体制作周期可以缩短 3~5 个工作日。H5 页面与传统 Web 网站的区别,如表 7.1 所示。

表 7.1 H5 页面与传统 Web 网站的区别

项 目	H5 页面	传统 Web 网站
排版样式	类似于 Photoshop、图层	CSS 布局排版的首页、子页面
技术特性	针对性强、偏向于宣传、移动端为主、交互性强	最佳化搜索引擎、跨平台、灵活性强
平台软件	木疙瘩、意派 Epub360、iH5 等	VsCode、Dreamweaver 等
传播方式	短链接、二维码	网站的链接、搜索引擎搜索
信息容量	信息容量较单一	信息容量更大
功能	图文页面,主要应用于信息展示,信息收集,也可以植入支付系统、品牌	包括网站新闻、产品、招聘信息的丰富管理功能

7.3.2 H5 在媒体教学上的应用

(1) H5 课件制作。H5 融合了图片、文字、视频、音频、图表、动画、全景等媒体形式,可以让学习内容变得更加生动,让学习更具有互动性、娱乐性。H5 课件在教学中的应用,真正实现了课内外的相互结合,以及学生自主学习与教师适时引导的结合,教师可以在课堂上先开展讲授,后进行自主学习与合作探究的活动,来培养学生们的合作学习能力与自主学习能力。H5 课件能将各种课件形式融合起来,实现文字、图片、表格、音频、视频、交互、色彩、创意的有机结合。H5 课件能实现良好的学习交互。支持跨平台学习,有助于在不同学习终端获得一致的良好学习体验。

（2）H5 移动微课制作。移动微课内容具有交互性,学生学习完每个知识点后可以进行相应的测验,并得到相应的反馈信息,学生可以及时检查学习效果。应用范围包括应急互动、安全培训、课前预习以及课后复习等。如汗微·微课宝互动平台,它集移动信息化教学工具与投屏于一体,融入多项互动场景,双向互动提升课堂效率。可实现走动教学、拍照讲解、随机选人点评、随堂测试、随堂录课以及教学统计等功能。具体如下。

- 走动教学:摆脱黑板讲台束缚,深入学生中间,吸引注意力。板书灵活,远离粉笔灰。
- 拍照讲解:课堂资源,学生作品随手拍,快捷呈现,对比讲解。
- 随机选人点评:选择随机性,点评可视化,引导学生注意力,及时给予评价,增强学生荣誉感。
- 随堂测试:可从题库选题测试,也可针对现有资料即时测试,即时呈现对错,教与学有的放矢。
- 随堂录课:课堂边讲边录制,创建原生态视频资源,将一次性"教"转变为持续性"学",实现高效自主复习。
- 教学分析:以学情数据实时统计为基础,实现教学分析学生进步可视化。

7.3.3　木疙瘩平台的案例制作

H5 页面的制作平台有许多,如意派 Epub360、iH5、木疙瘩等。木疙瘩是专业融媒内容制作与管理在线平台,提供了图文、H5、图片、视频、数据图表等完整的内容创作工具套件,并可对内容进行流量分析、传播分析及浏览行为分析,支持本地化部署,一站式满足内容生产者的需求。木疙瘩的免费用户可以发布 5 次,导出 2 次,可制作 50 个作品数量,如图 7.43 和图 7.44 所示。

图 7.43　木疙瘩平台首页

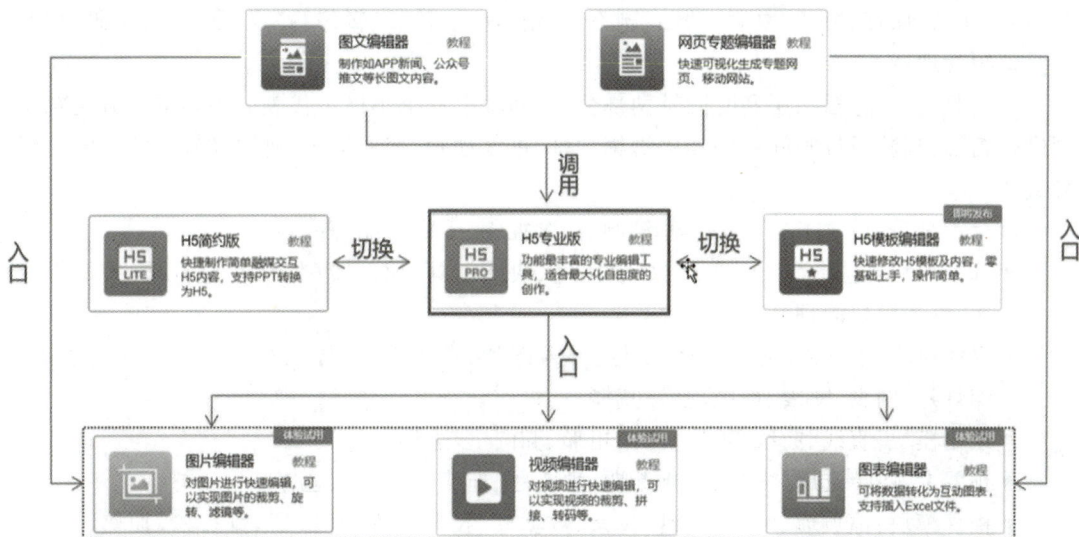

图 7.44　木疙瘩的套件结构

在个人界面,单击"新建作品"按钮,选择 H5 专业版编辑器,如图 7.45 所示。

图 7.45　木疙瘩个人界面

1. H5 专业版编辑器的界面

(1) 菜单栏:包含了基本的操作菜单,如文件、编辑、修改、视图、动画、帮助等。

(2) 工具栏:包含了诸如保存、预览等常用工具的快捷访问,从左到右的按钮依次是:新建、打开作品、保存、剪切、复制、粘贴、删除、撤销、重做、播放、暂停、停止、预览、二维码、脚本以及资源管理器。

（3）时间线：包括图层和时间轴两部分，时间轴上一个小格子代表一帧。可以方便对动画进行精确控制，通过时间线添加关键帧动画、进度动画、变形动画、遮罩动画等酷炫的动画形式。

（4）工具条：包含了选择、元素、绘制、动画控制、手机功能等内容。

- 选择模块：选择、节点、变形、缩放比例、快捷工具、辅助线（按从左至右顺序，每行依次，以下模块同理）。
- 媒体模块：素材库、导入 PSD 素材、导入图片、导入声音、导入视频、文字、文本段落、幻灯片、网页、图表、虚拟现实、直播。
- 绘制模块：直线、曲线、矩形、圆角矩形、椭圆、多边形。
- 预置考题：单选题、多选题、判断题、填空题、拖拽题、总分、题库。
- 控件模块：擦玻璃、地图、点赞、投票、数据库、投票组件、计数器、排行榜、抽奖、签到、绘画板、连线、拖放容器、定时器、随机数、陀螺仪。
- 表单模块：输入框、单选框、多选框、列表框、表单。
- 微信模块：微信头像、微信昵称、定制图片、录音、跳转小程序。

（5）页面编辑面板：用来进行页面的增加、复制、删除、插入等操作。

（6）舞台：整个界面的核心区域，位于界面的中央。在舞台周围，留有一定的编辑缓冲区域，该区域内的对象不会在最终的内容展示上出现，但是可以用来很方便地组织暂时不在舞台上的对象。

（7）属性面板：包含了选择的元素（图片、文字、视频等）的属性。这些属性包括位置、大小、旋转、行为等。

（8）元件面板：包含对元件进行管理的必备功能，可实现新建元件、复制元件、生成文件夹、删除元件、引入元件等功能。一个元件是一个含有自身独立时间线的动画片段，可以反复在舞台上使用，创建比较复杂的组合动画。

2. H5 专业版编辑器的基础操作

（1）缩放层数据及移动层数据。选中图层中的元素，选中对应的帧，右击，选中"缩放层数据"，输入缩放的数值。同理右击，选择"移动层数据"命令，输入 X、Y 轴移动的数值。缩放层数据可使元素在每一帧都缩放到相应的数值，而非仅仅变化一帧。移动层数据同理。可使用工具条中的变形工具对元素进行缩放，按下 Shift 键则可以实现等比例缩放，如图 7.46 所示。

（2）舞台缩放。单击工具条选择模块的缩放比例（放大镜按钮），单击舞台可放大，按住空格键+鼠标左键拖动舞台，可实现拖曳页面。按 Alt 键+单击舞台，出现减号的放大镜，可缩小舞台。

（3）物体属性设置。舞台属性设置可首先设置竖屏、横屏、PC 或自定义，再设置作品尺寸，小锁代表锁定宽高比例。填充色为舞台背景色，背景图片为填充图片。元素属性设置宽、高代表元素宽度高度，左代表 X 轴，上代表 Y 轴，填充色、边框色、边框类型、透明度均属于元素属性的设置，如图 7.47 所示。

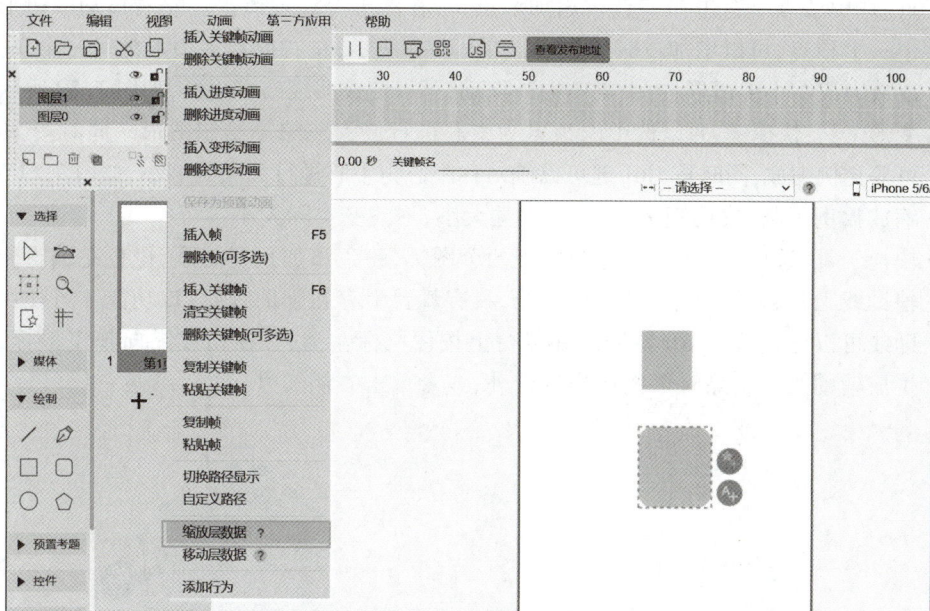

图 7.46　缩放层数据

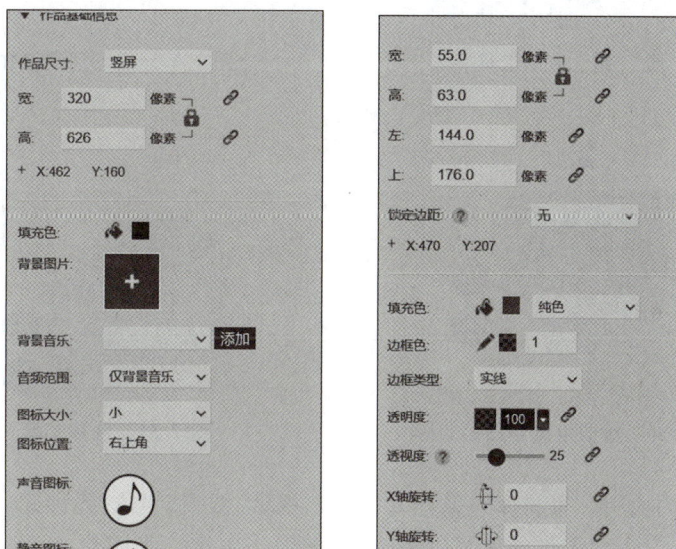

图 7.47　舞台及元素属性设置

（4）选择工具。

- 选择：快捷键 V，可进行选择和移动；选择多个元素时，一种方法是拖动框选多个元素，另一种方法是按 Ctrl 键+单击元素。
- 节点：快捷键 A，针对绘制出来的图形，单击节点，当它变红色时为选中状态，可进行节点的移动。选中节点→右击→节点→重置选中节点，会出现手柄，可对绘制图形进行曲度的调节，如图 7.48 所示；选中节点→右击→节点→删除选中节点，可删除节点;选中节点→右击→节点→添加节点,可在图形上添加节点。左右拖动多边形的其中一个顶点,可以增加或减少边数,如图 7.49 所示;左右拖动多边形的另一个顶点,可以放大或缩小多边形;边中点向内外拖动,可以变成凹或凸多边形,如图 7.50 所示。

- 变形工具:快捷键 Q,以选中的顶点为中心进行放大或缩小绘制图形。同时按 Shift 键可等比例缩放,同时按 Ctrl 键可以轴对称中心为中心进行放大或缩小,如图 7.51 所示。
- 缩放比例工具:快捷键 Z,只改变视觉大小,不改变实际大小。
- 快捷工具:选中时,元素旁边会出现两个图标,粉色添加预置动画,橙色是编辑行为。
- 辅助线工具:切换显示/隐藏辅助线,只有舞台上存在辅助线时,该功能才可使用。辅助线可以通过按住 Alt 键同时在舞台上按住鼠标左键,并横向或纵向拖曳鼠标,即可生成辅助线。删除时可拖曳到舞台外,或者单击右侧叉号。

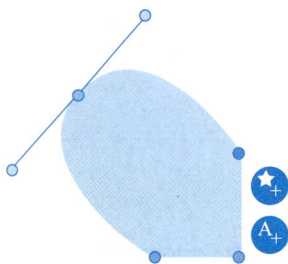

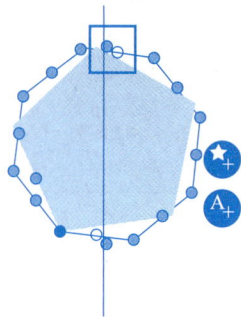

图 7.48　节点工具　　图 7.49　拖动顶点增加边数

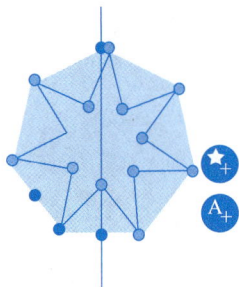

图 7.50　拖动中点变凸多边形　　图 7.51　快捷工具

　　(5)素材库的使用。素材库包括图片、音频、视频、图表、字体、元件库、题库等内容。左侧有公有素材库,为平台提供的素材。多选素材时,选中第一张图片,再按 Ctrl 键选择其他的图片。如果以序列帧形式添加,选中多张图片,勾选右下角以序列帧形式添加,上方时间轴会出现点,可用来实现难以用二维来实现的效果,如图 7.52 所示。

　　图片支持 PNG、JPG、JPEG、GIF、SVG 格式,免费版最大支持 10.00MB。若想上传自己的图片,单击"私有"标签,选择已有的文件夹或者新建文件夹,单击"+"标签,拖动上传,或者输入网址上传,如图 7.53 所示。若素材库中上传的素材删除,使用这个素材的作品中的这个素材也将丢失。选中文件夹,出现垃圾桶的图标,单击即可删除所选文件夹。

　　(6)上传图片有以下两种方法

　　方法一:单击工具条中的导入图片,导入的图片为已存在于素材库的图片。

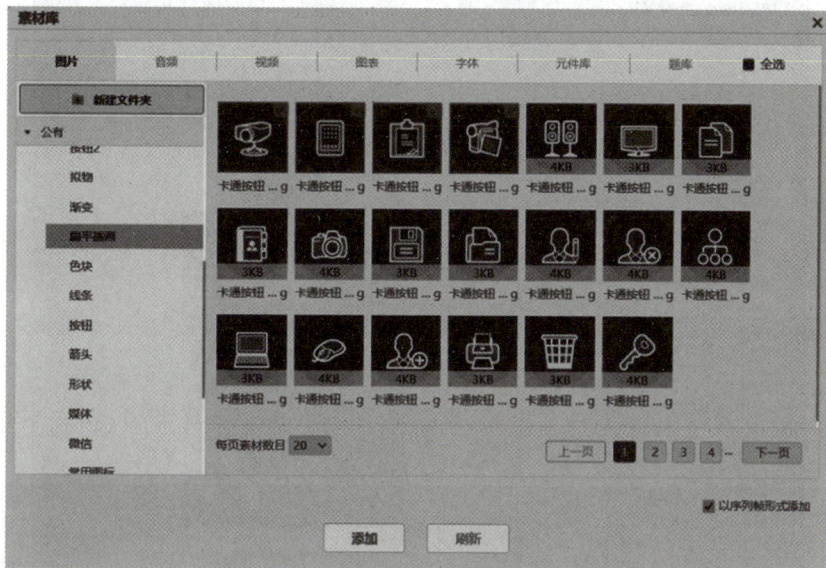

图 7.52 以序列帧形式添加

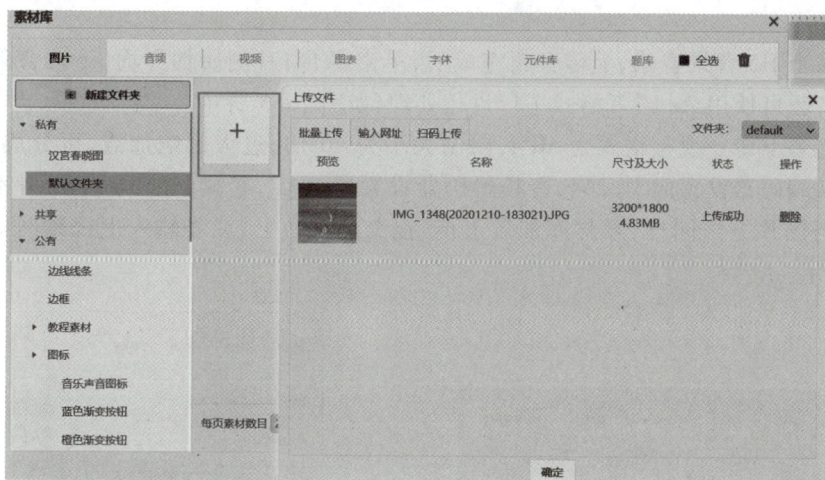

图 7.53 素材库上传图片

方法二:直接将图片拖动到舞台上,图片自动上传至素材库的默认文件夹。

素材过大会影响最后成品的加载。图片若过大,可先压缩,推荐 tiny.com 这个在线压缩网站或者 Photoshop。上传 PSD 以及注意事项:PSD 格式的文件上传的时候,可以直接生成对应的图层,导入后与原 PSD 格式文件排版保持不变。可以整体导入,即合成一个图片,也可以选中想导入的图层分层导入,如图 7.54 所示。

(7) 声音上传仅支持 MP3 格式的文件。与图片类似,有私有、公有以及正版音乐库,正版音乐库曲目需付费后使用。上传音频的方法如下。

方法一:上传自己的音频时,拖动文件到上传界面。

方法二:输入网址,网址以 MP3 结尾。

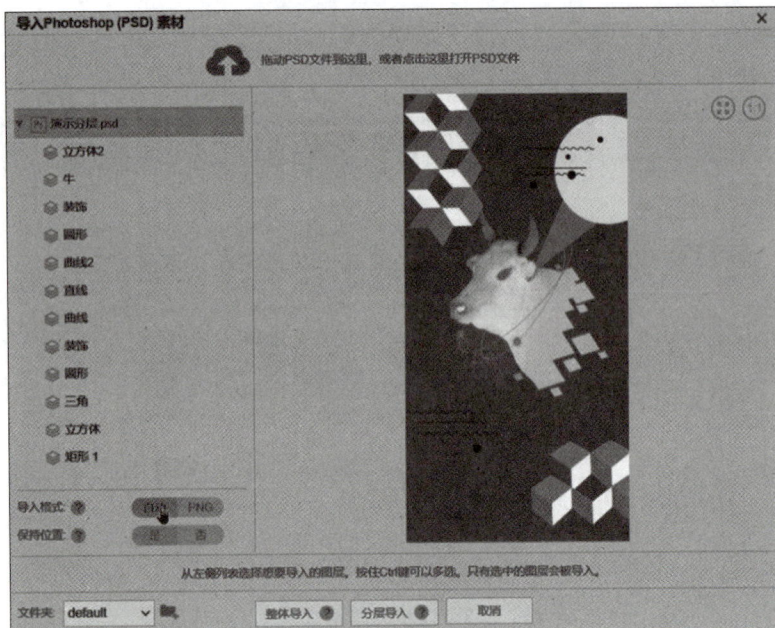

图 7.54　导入 PSD 文件页面

制作整个 H5 背景音乐，上传音频完成后，单击舞台，右侧属性界面，下拉背景音乐，添加按钮。音频可使用 Au 或者格式工厂进行处理，如图 7.55 所示。

（8）视频上传。视频格式为 MP4，限制大小为 40MB，过大影响加载，可分成多个视频上传。视频编码器设置成 H.264，音频解码器设置成 AAC，否则只听到声音，看不见画面。上传方法与图片方法同理，素材库加号上传、拖曳到舞台上，或者输入上视频网址上传，如图 7.56 所示。

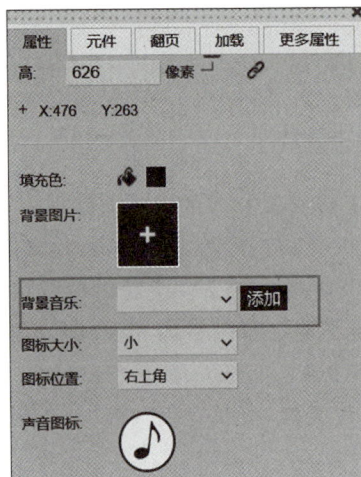

图 7.55　添加背景音乐

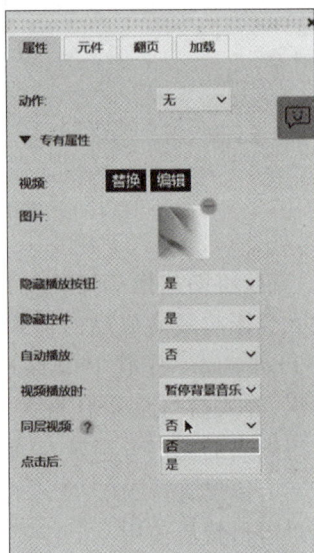

图 7.56　视频相关属性

视频播放时,选择暂停背景音乐。同层视频是在安卓版微信中将视频放置在页面底部并且允许在视频上方叠加其他元素(如弹幕)的方式。同层视频需要在宽度或者高度方向填充舞台,并且同层视频上设置的预置动画将会被忽略并不生效。在格式工厂中转换格式,添加视频后,输出配置,视频编码设置成 H.264,音频解码设置成 AAC。

(9)幻灯片生成。在左侧工具栏,单击幻灯片,按住鼠标左键在舞台上拖曳,形成幻灯片。选择选择工具,右侧属性栏下拉专有属性。在图片列表添加图片,展示方向设置翻页方向。显示方式默认等比例包含,类似等比例缩放;还有一种是等比例覆盖,把图片放大,多个部分拼接在一起;填充颜色则图片变形,如图 7.57 所示。

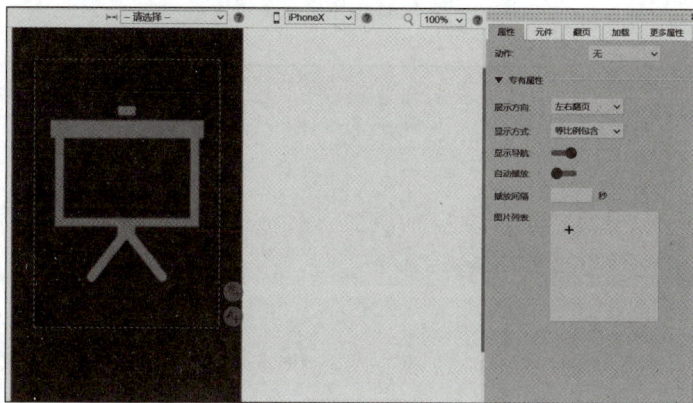

图 7.57 幻灯片生成

3. 木疙瘩平台教学案例制作

利用木疙瘩平台,制作一个名画鉴赏 H5 教学案例。选用素材为中国十大名画之一的《汉宫春晓图》,通过本案例,读者可以熟悉并掌握木疙瘩的一些基本操作,并了解在教学中会用到的长图拖动及关联动画。

(1)新建作品,选择 H5(专业版编辑器)。

(2)右侧作品尺寸选择横屏,上方页面适配方式选择宽度适配,垂直居中,设备类型选择 iPhone X,也可根据自己设备选择相对应的,如图 7.58 所示。

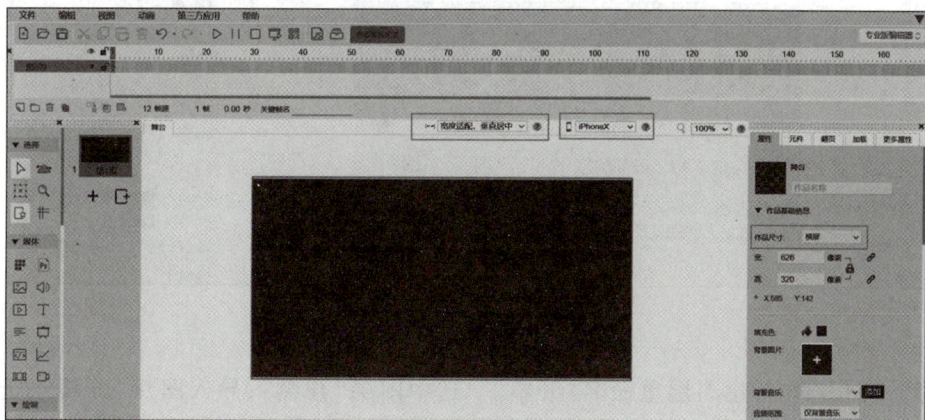

图 7.58 界面设置

（3）单击工具条媒体模块第一个按钮素材库，新建文件夹，命名为汉宫春晓图，单击加号上传所需图片素材，音频、字体模块同理，如图 7.59 和图 7.60 所示。

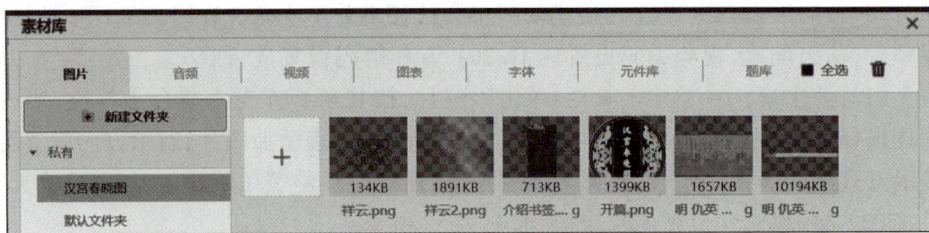

图 7.59　新建文件夹并上传素材

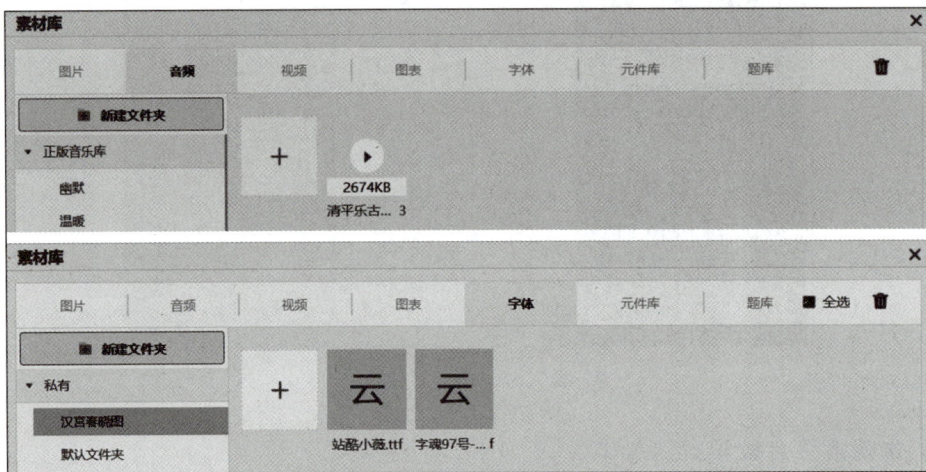

图 7.60　上传所需素材

（4）双击上方图层重命名背景，单击工具条媒体模块导入图片，选中图片"首页背景"，单击添加。选中图片，宽高比不锁定，将高改为 320 像素，再将宽高比锁定，如图 7.61 所示。

图 7.61　导入首页背景图

（5）双击上方新建图层重命名"开篇"。选中图层"开篇"，导入图片"开篇"，选择工具，选择图片，将右侧属性调整为：宽 268 像素、高 268 像素、左 179 像素、上 16 像素，如图 7.62 所示。

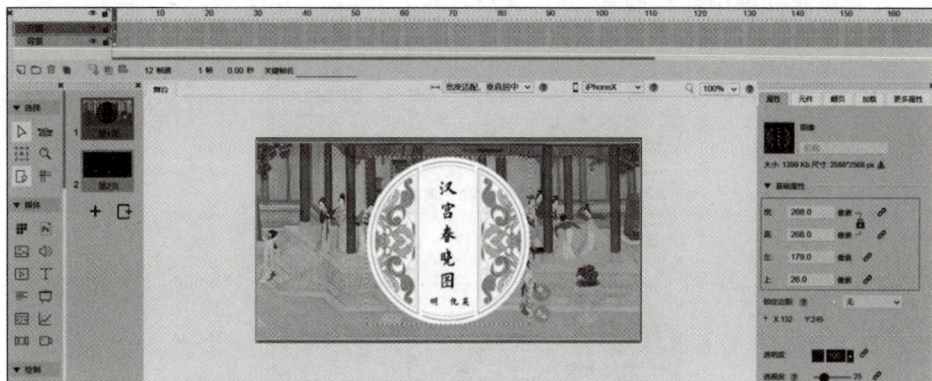

图 7.62　属性调整

（6）选中图片"开篇"，单击右侧红色"星型"按钮，添加预置动画，选择"缓入"类型，如图 7.63 所示。

图 7.63　添加预置动画

（7）预置动画添加成功，会有蓝色按钮出现，右侧属性栏向下拉动，在高级属性中单击"预置动画"的铅笔按钮进入动画选项，时长调整为 5 秒，延迟为 0.5 秒，单击"确认"按钮，如图 7.64 所示。

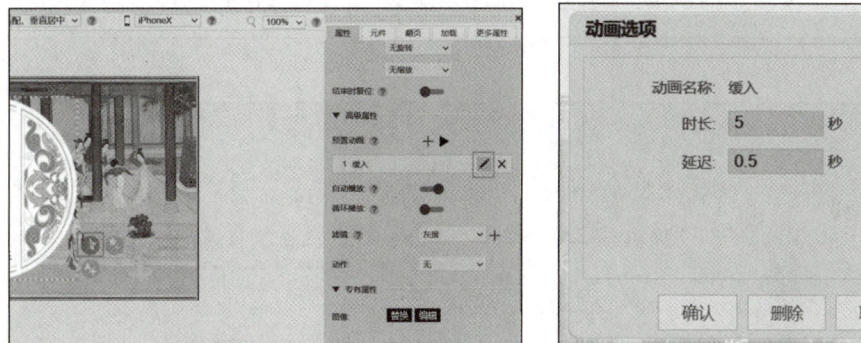

图 7.64　预置动画属性调整

（8）在右侧属性栏中选择翻页，翻页方向选择左右翻页，如图 7.65 所示。

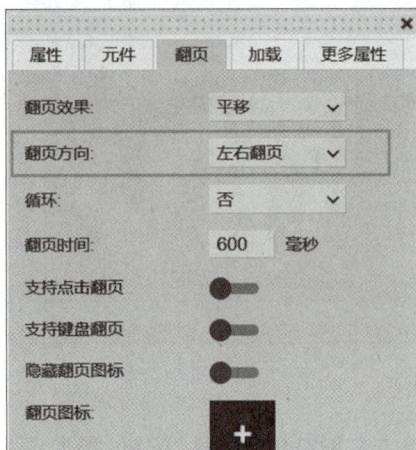

图 7.65　翻页属性设置

（9）在页面栏中单击加号，插入新页面。双击图层，重命名为"背景"。导入图片"明仇英 汉宫春晓图卷"，如图 7.66 所示。

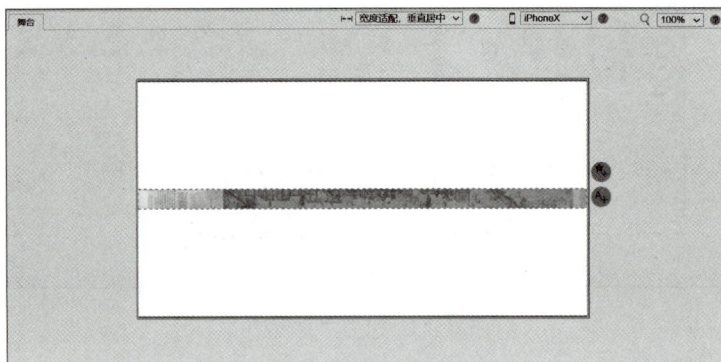

图 7.66　导入图片

（10）调整图片大小，舞台宽高分别为 320 像素和 626 像素，选中舞台中的图片，在右侧基础属性中使宽高比例锁定，把高设置为 320 像素，与舞台同高，并对齐，如图 7.67 所示。

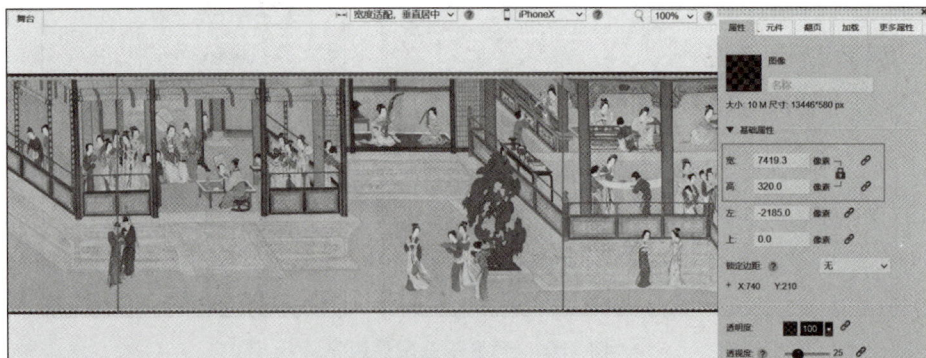

图 7.67　设置图片高度

（11）舞台比例设置成 50%，拖动图片，使图片最右端对齐舞台右端。背景层在第 400 帧右击插入关键帧动画，选中图片，第 400 帧将图片左坐标设置为 0，即图片最左端对齐舞台，如图 7.68 所示。

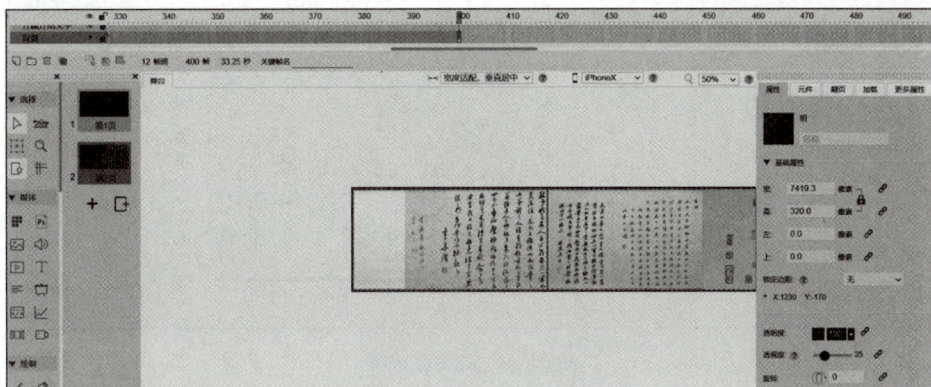

图 7.68 背景层动画设置

（12）新建图层，命名为"开篇介绍"。第二帧，输入所需的第一段文字，字体选用自己上传的惊鸿手书，字号选用 20，行高为 110。选用变形工具，将形状调整成竖排文字。做好第一竖排，第一竖排文字左坐标为 519 像素，上坐标为 13 像素，复制粘贴其他竖排的文字，两竖排文字间隔 50，如图 7.69 所示。

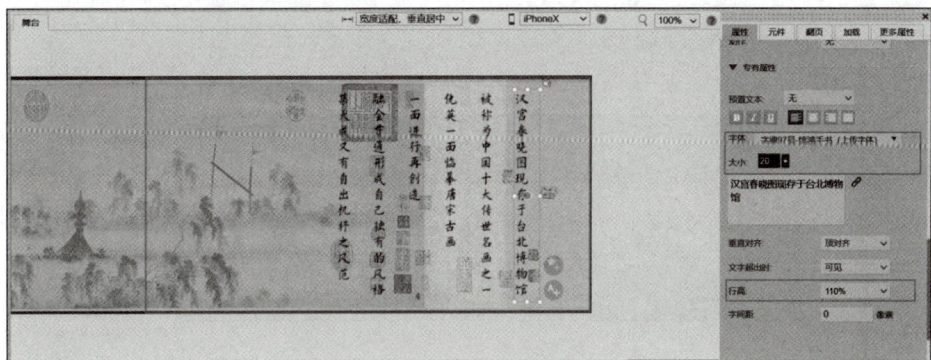

图 7.69 设置文字

（13）文字设置预置动画，选择随机线条，编辑时长设置为 0.5 秒，延迟第一竖排文字设置为 0，后面每排延迟时间增加 0.3 秒，即第二竖排时长 0.3 秒，第三竖排 0.6 秒，以此类推，如图 7.70 所示。

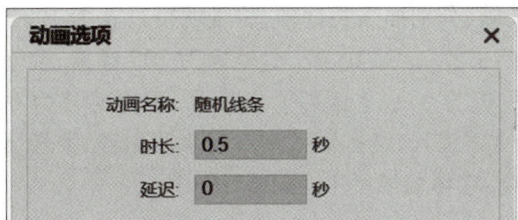

图 7.70 设置预置动画

（14）右击第二帧→复制关键帧，在第 13 帧，右击→粘贴关键帧。选中第 13 帧，将透明度设置为 0，如图 7.71 所示。

图 7.71　透明度设置

（15）新建图层，命名为文字 1，选中第 15 帧，输入素材中第二段文字，字体选用惊鸿手书，字号选用 20，行高为 120，段落选择居中，位置属性左坐标为 99 像素，上坐标为 40 像素，透明度设置为 0。在第 50 帧的位置，右击→插入关键帧动画，将左坐标调整为 684 像素，透明度设置为 0。在第 19 帧的位置，右击→插入关键帧，将透明度设置为 100，第 33 帧同理，插入关键帧，透明度设置为 100，如图 7.72 所示。

图 7.72　文字 1 设置

（16）新建图层，命名为文字 2，选中第 40 帧，输入素材中第三段文字，字体选用惊鸿手书，字号选用 20，行高为 120，段落选择居中，位置属性左坐标为 50 像素，上坐标为 40 像素，透明度设置为 0。在第 70 帧的位置，插入关键帧动画，将左坐标调整为 753 像素，透明度设置为 0。第 44 帧和第 62 帧，分别插入关键帧，将透明度设置为 100，如图 7.73 所示。

（17）导入图片"介绍书签"。第 68 帧，左坐标为 105 像素，上坐标为 5 像素，滤镜选择阴影，单击加号，阴影值设置为 6，水平偏移为 6 像素，垂直偏移为 6 像素，阴影颜色设置黑色，透明度设置为 0.4。文字工具，竖排输入文字观水段内容，字号设置为 15，两竖排之间间隔 20 像素，字体颜色黑色，字体惊鸿手书，如图 7.74 所示。

图 7.73 文字 2 设置

图 7.74 观水介绍书签设置

（18）输入"观"，字号 100，字体选择自己上传的站酷小薇体。滤镜选择阴影，单击加号，水平偏移为 6 像素，垂直偏移为 4 像素，阴影颜色设置黑色，透明度设置为 0.4。"水"字字号设置值为 80，其余属性值相同。依据喜好设置好两个字的位置，如图 7.75 所示。

图 7.75 "观""水"字体设置

（19）选中第 68 帧，全选文字图片，右击→组→组合。在第 95 帧插入关键帧动画，透明度设置为 0。左坐标设置为 381 像素。在第 72 帧和第 88 帧分别插入关键帧，透明度设置为 100，如图 7.76 所示。

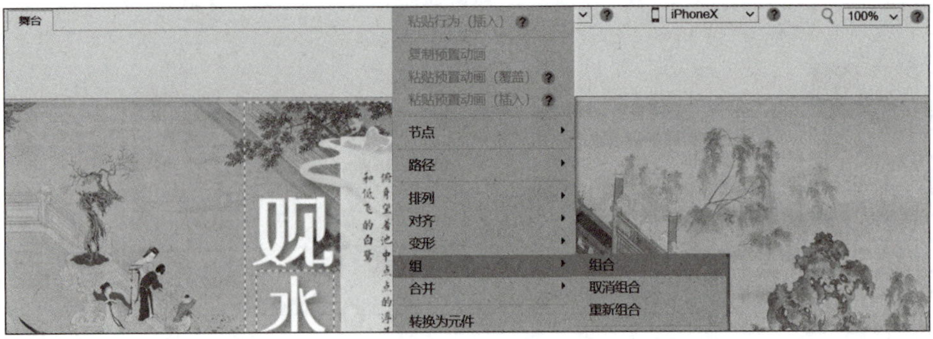

图 7.76　"观水"层组合

　　（20）新建图层,命名为"饲养"。在第 90 帧复制观水层的图片文字的组合,取消组合,观水调整为饲养,书签上的文字也修改为对应的,再将文字和图片组合起来,左坐标为 44 像素,上坐标为 5 像素。在第 125 帧插入关键帧动画,透明度设置为 0。左坐标设置为 381 像素。在第 95 帧和第 120 帧分别插入关键帧,透明度设置为 100,如图 7.77 所示。

图 7.77　"饲养"层设置

　　（21）剩余几层的操作与"观水"层和"饲养"层相同,字体大小和位置依据个人喜好摆放,不要忘记组合即可,每层的上坐标均为 5 像素,接下来把各层的位置简要说明,如图 7.78 所示。

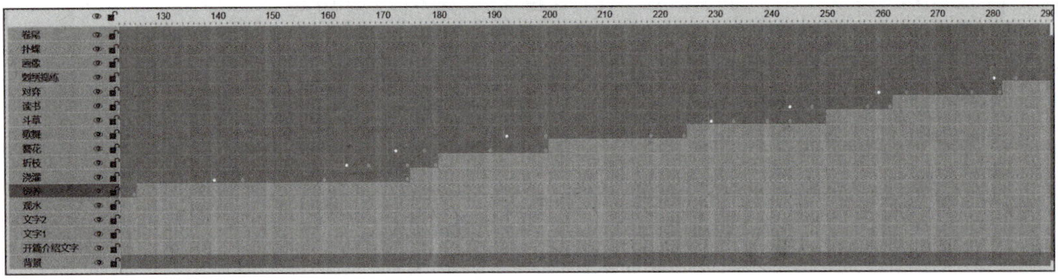

图 7.78　时间轴

　　● 浇灌:第 140 帧,左坐标为 14.5 像素,透明度为 0。第 175 帧,左坐标为 548.5 像素,透明度为0。第145帧和第160帧,透明度为100。

- 折枝:第164帧,左坐标为124像素,透明度为0。第180帧,左坐标为566像素,透明度为0。第168帧和第175帧,透明度为100。
- 簪花:第173帧,左坐标为45像素,透明度为0。第200帧,左坐标为427像素,透明度为0。第178帧和第190帧,透明度为100。
- 歌舞奏乐:第193帧,左坐标为7像素,透明度为0。第225帧,左坐标为453像素,透明度为0。第200帧和第219帧,透明度为100。
- 斗草:第230帧,左坐标为0像素,透明度为0。第180帧,左坐标为566像素,透明度为0。第168帧和第175帧,透明度为100。
- 读书:第244帧,左坐标为58.5像素,透明度为0。第262帧,左坐标为325像素,透明度为0。第248帧和第258帧,透明度为100。
- 对弈:第260帧,左坐标为6像素,透明度为0。第282帧,左坐标为320像素,透明度为0。第265帧和第277帧,透明度为100。
- 刺绣捣练:第281帧,左坐标为20.7像素,透明度为0。第302帧,左坐标为318.7像素,透明度为0。第285帧和第298帧,透明度为100。
- 画像:第310帧,左坐标为14像素,透明度为0。第330帧,左坐标为268像素,透明度为0。第315帧和第325帧,透明度为100。
- 扑蝶:第338帧,左坐标为76像素,透明度为0。第365帧,左坐标为306像素,透明度为0。第345帧和第360帧,透明度为100。
- 卷尾:第366帧,左坐标为13像素,透明度为0。第390帧,左坐标为306像素,透明度为0。第372帧和第385帧,透明度为100。

（22）新建图层,命名为"玻璃"。选中背景层第一帧,复制,玻璃层第一帧,Ctrl+Shift+V（原位置粘贴）。右侧属性栏命名为"玻璃",透明度设置为0,如图7.79所示。

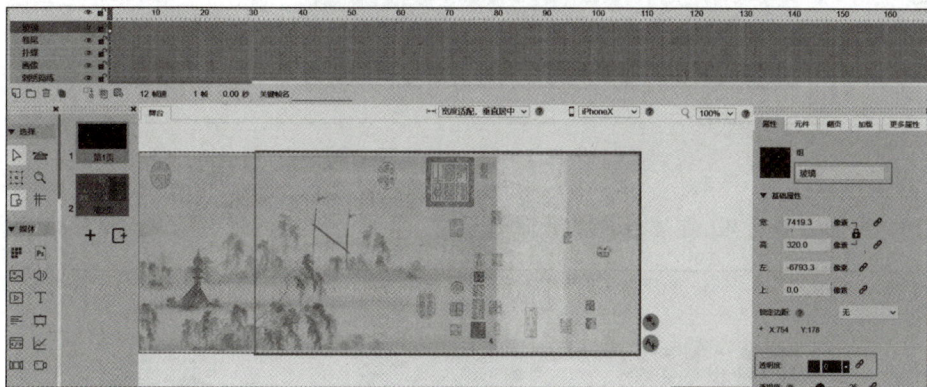

图 7.79　"玻璃"层属性设置

（23）单击舞台旁黑色区域,形成不选中任何物体、任何帧的状态,属性栏下拉,动画关联选择启用,如图7.80所示。

（24）单击链接图标,关联对象选择我们命名的"玻璃",关联属性选择左,因为水平拖动,是左坐标进行变化,若垂直拖动,关联属性则选择上。开始值输入-6793.3,这个值为背景层对齐舞台最右端的左坐标值,结束值输入 0,这个值为背景层对齐舞台最左端的左坐标值。播放模式选择同步,即根据拖动进行动画的播放,如图 7.81 所示。

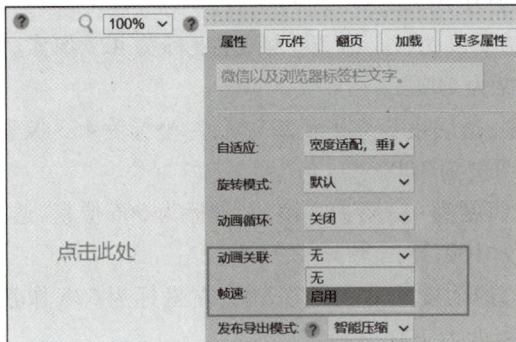

图 7.80　启用动画关联

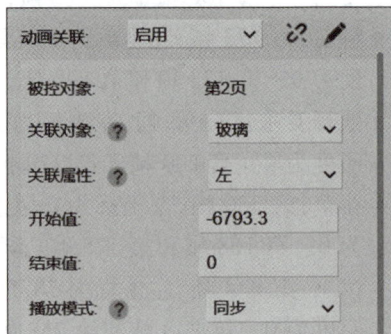

图 7.81　动画关联属性设置

（25）选中"玻璃"第一帧,属性栏下拉,拖动选择水平拖动,惯性系数设置为 15。惯性系数用来控制拖动物体的时候是否允许物体惯性运动。当惯性系数为 0,即没有惯性,物体在拖动结束后即停止运动;当惯性系数非 0,物体在拖动结束后会还会沿运动方向运动一段时间。惯性系数越大,运动的时间越长,如图 7.82 所示。

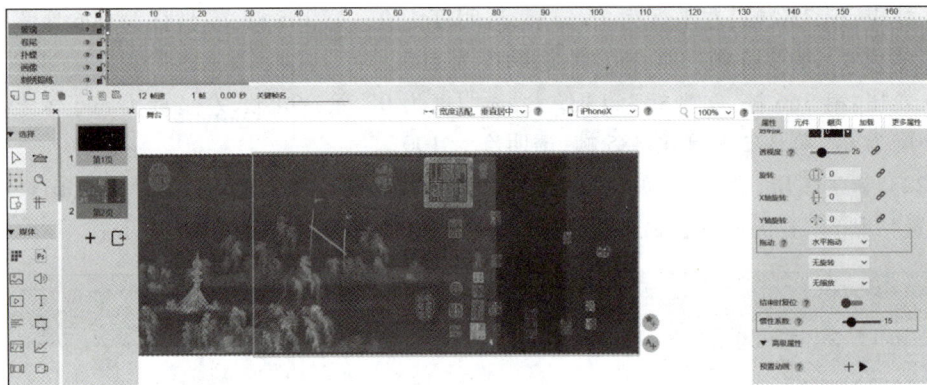

图 7.82　拖动设置

（26）添加背景音乐,在属性栏的背景音乐中,添加上传的背景音乐,如图 7.83 所示。

图 7.83　添加背景音乐

（27）至此，完成全部步骤。单击上方的橙色按钮，查看发布地址。设备选择 iPhone X（或根据自己设备进行选择），由于是横向作品，单击旋转的标志，单击"确认发布"按钮即可完成，如图 7.84 和图 7.85 所示。

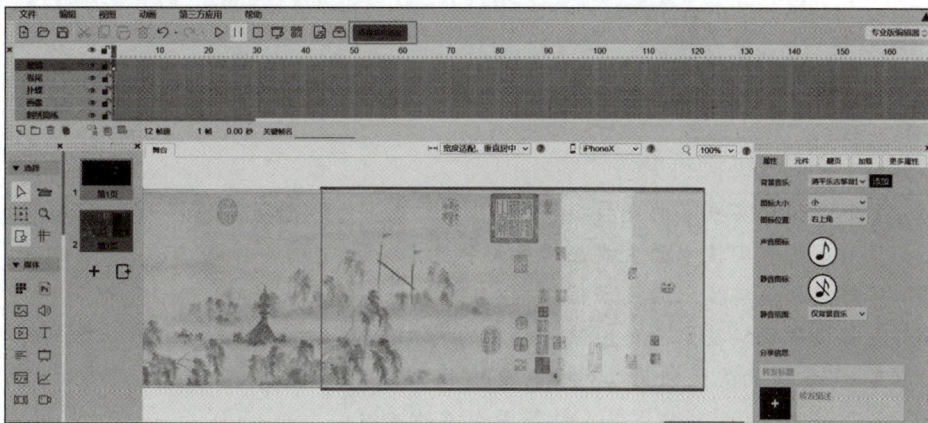

图 7.84 查看发布地址

图 7.85 预览发布效果

思考题

1. 微课实拍视频录制过程中，需要注意哪些问题？
2. 简述 H5 新媒体动画的主要技术流程。

第 8 章 虚拟现实技术与智慧教育

◆◆◆ 本章教学目标

（1）了解虚拟现实技术的发展历程。

（2）了解虚拟现实技术的主要应用场景和技术领域。

（3）了解虚拟现实技术的技术框架构成。

（4）理解虚拟现实技术应用于教育领域的主要价值。

（5）了解 Unity 的安装使用过程和主要技术特点。

（6）学会利用 Unity 制作第三人称场景漫游的实例。

（7）了解人机交互技术的发展历程。

（8）掌握我国智慧教育硬件发展的主要阶段。

（9）理解当前我国智慧教育发展的主要特点。

8.1 虚拟现实技术的发展历程

20 世纪 20 年代和 30 年代期间，埃德温·林克（Edwin Link）发明的飞行模拟器曾帮助训练了超过 50 万名飞行员。由此算来，模拟仿真已经存在了近百年的时间。第二次世界大战以后，虚拟现实（virtual reality，VR）出现了，最早起步于 20 世纪中期利用计算机生成立体体验的尝试。人们借助于专业头盔、眼镜、手套等设备，看到、听到、闻到、触摸到一切可以虚拟的事物。早在 1956 年，作为摄影师和纪录片导演的莫顿·海利格（Morton L. Heilig）就发明了称为 Sensorama 的 3D 电影观看设备，拥有 3D 立体声、3D 显示、震动座椅、风扇和气味生成器等功能，这被看作是历史上第一台 VR 设备，如图 8.1 所示。此后，莫顿拍摄了 6 部电影，多为直升机、卡丁车、自行车、摩托车骑行等内容。后来，他将 Sensorama 与一套硬币装置相结合，投放到环球影城，游客只需花 25 美分，就能在 10 分钟内享受骑着摩托车在纽约穿梭的快感，欣赏街景之余，还能感受到风吹过整个身体，闻到布鲁克林马路的味道。1960 年，莫顿获得了一个 VR 眼镜的专利 Telesphere Mask，与当下的 VR 眼镜在外观上极为相似，却没有头部追踪功能，不能体现两眼视角的变化。

1961 年，美国飞歌（Philco）公司开发出了头盔显示器的前身，即 Headsight 电视监控系统。它配备运动跟踪系统，并与远程相机相连，人们戴上它并转动头部，就能远程观看周边的情况，其设计的初衷是服务军队。到了 1965 年，美国图形学专家伊凡·苏泽兰（Ivan Sutherland）提出了以头盔显示器作为进入虚拟世界窗口的想法，并发明了一套功能齐全的 VR 设备，启发了许多交互式计算机图形学方面的杰出成就，如图 8.2 所示。但是，这套设备体量庞大，需要一副机械臂悬吊在人的头顶，因此被称为"达摩克利斯之剑"。在"终极的显示"一文中,伊凡勾勒出虚拟现实技术的未来,宣称计算机是创造虚拟现实的工具,计算机显示屏幕是"观看虚拟世界的窗口"。

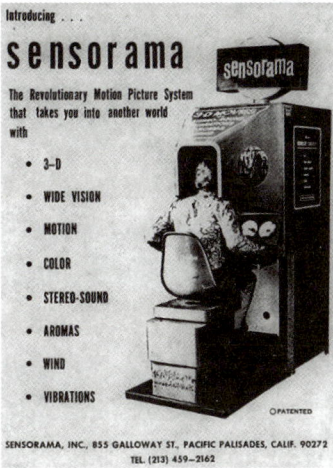

图 8.1　莫顿发明的 Sensorama

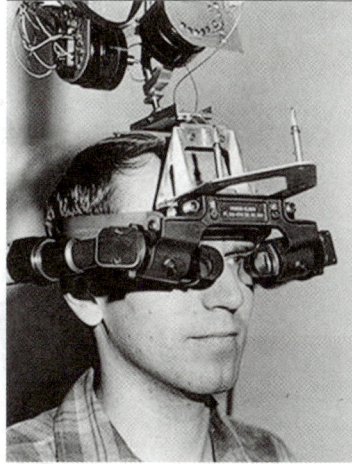

图 8.2　伊凡的 HMD 设备

1967 年,北卡罗来纳大学启动了 Grope 项目,其最初专注于开发一个支持分子对接领域科学可视化的系统,即 Docker 应用程序。此应用程序提供分子及其原子间力的图形(线框)表示,允许用户在搜索最小能量结合位点时调整分子的相对位置和方向。从二维对接系统、三维对接系统、简单对接六维对接系统,到 GROPE-Ⅲ 全六维分子对接系统,一系列系统得到发展,逐步改进了 E-3 型 Argonne 远程操纵器(ARM)。

1975 年,诺尔顿(K. C. Knowlton)提出了虚拟按钮这种人机交互的手段,利用键盘上方部分镀银镜面,可编程的标签等,实现了真实的触觉反馈,如图 8.3 所示。同年,埃里克·豪利特(Eric Howlett)实验室启动了 LEEP(大空间额外视角)光学项目,最初用于 3D 静态照片查看,能对相机失真和未经纠正的 CG 图像进行镜头校正,将显示光学与相机光学相匹配,虚拟图像的直接视场 90°,角膜视场 140°,如图 8.4 所示。

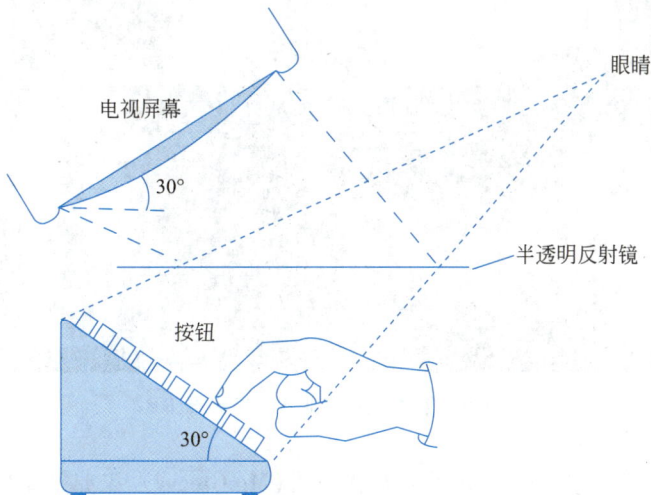

图 8.3　诺尔顿的 Virtual Pushbuttons

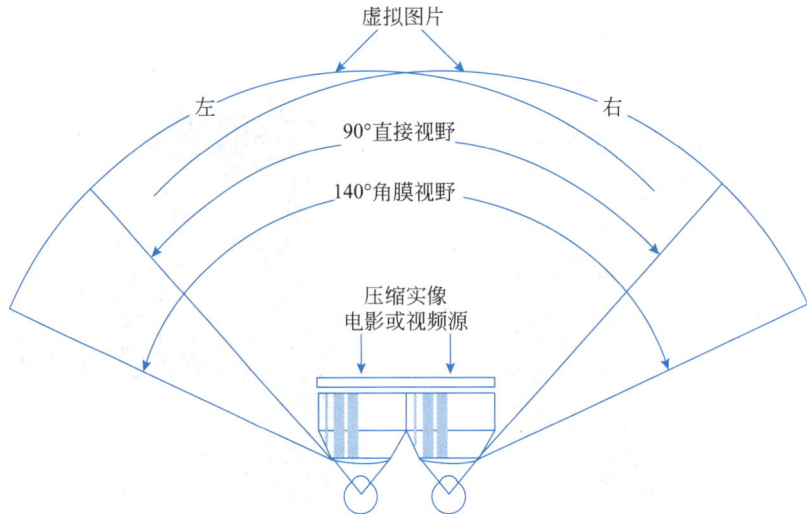

图 8.4　LEEP 光学项目

1982 年,汤姆·齐默尔曼(Thomas Zimmerman)获得了基于光的弯曲传感器专利,杰伦·拉尼尔(Jaron Lanier)则将其增加到 6 自由度跟踪。后来,他们联合创办了 VPL 研究机构,推出的第一款商业 VR 系统 Reality Built for Two,如图 8.5 所示。其中的 DataGlove 允许用户扭转和转动 EyePhone 平视显示器上的虚拟物体。VPL 成为有史以来第一家出售头盔显示器和数据手套的 VR 公司。1983 年,康涅狄格大学的克鲁格成立了人工现实实验室 Videoplace,专注于相机识别手势,手势控制图形,勾画、绘制和菜单选择等图形技术,通过投影仪,摄像机和专用硬件将用户的轮廓显示在屏幕上,用户能够在不同的房间内进行相互作用(局域网联机互动)。1984 年,贝肖普(Bishop)的自我跟踪论文提到了大型非结构化环境中的被动跟踪,自定义 VLSI 光学传感器与智能线性阵列等技术解决方案。

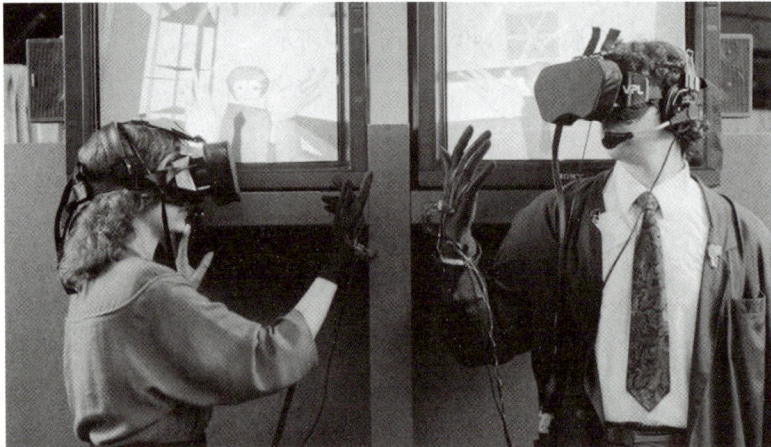

图 8.5　世界首款商业 VR 控制器 RB2

20 世纪 80 年代初,美国 NASA 的麦克格里维(Mc Greevy)、汉弗莱斯(Humphries)、斯科特·费舍尔(Scott Fisher)等领导的团队,首次实现了沉浸式 HMD 液晶显示系统——"守望者",将 DataGlove 和 DataSuit 结合了起来。DataGlove 拥有一系列光纤电缆和传感器,可以检测佩戴者手指的任何动作,并将信息传输到主机;计算机生成的手部图像将与操作者移动戴着手套的手完全一致。通过适当的软件,操作者可以使用手套抓取物体,与计算机场景进行交互。DataSuit 是一种安装在全身服装上的传感器,通过向计算机报告穿戴者的动作、弯曲、手势和空间方向,大大增加了虚拟现实模拟的性能范围。费舍尔还提出了"遥在"(telepresence)的概念,认为虚拟现实可以把使用者"传送"到另一个世界,进而和那个世界进行远程互动。同年,美国 NASA 启动 Ames VIEW Lab 项目,构建了虚拟接口环境工作站(VIEW)等先进的基础设置,主要用于训练宇航员,如图 8.6 所示。此外,赖特·帕特森空军基地开展了美国空军超级驾驶舱研究,具备视觉、听觉、触觉等感觉系统,支持头部、眼睛、语言和手的输入,对飞行员信息过载进行专门设计和处理。1985 年,杰伦·拉尼尔正式提出了"虚拟现实"这一词汇。在前期研究基础上,VPL 公司开始提供 VR 系统的完整框架,可逐件添加组件,协助创建 VR 应用。

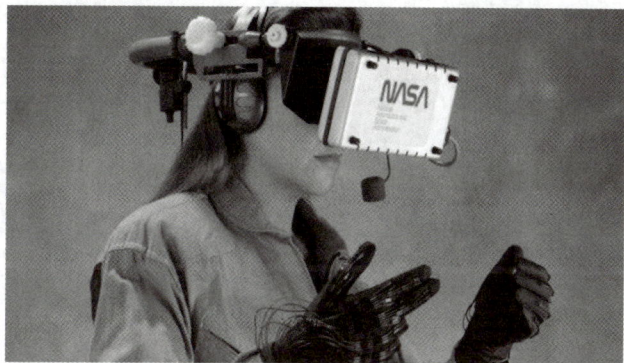

图 8.6　虚拟接口环境工作站(VIEW)(1985)

1987 年,英国航空航天公司设计了虚拟座舱,开发了虚拟环境可配置训练辅助工具(VECTA)、真实与虚拟环境可配置训练辅助工具(RAVECTA)等,配备透明头盔显示器、户外蓝光过滤器等硬件设施。20 世纪 90 年代后,北卡罗来纳大学开创了大范围光学追踪系统先河,利用天花板上安装导轨系统与红外线 LED 灯,在 HMD 上布置 CCD 相机,用标准吊顶瓦取代刚性框架,单元部件集成六个摄像头,以及自动校准等技术,实现了三维信息采集的"星辰导航"。

1992 年,美国赛伯朋克流科幻作家尼尔·斯蒂芬森在小说《雪崩》提出了"元宇宙"和"化身"的概念。1995 年,任天堂推出了一款 VR 虚拟现实设备 Virtual Boy,其主机是一个头戴显示器,但只能显示红黑两色。受制于当时技术条件的限制,加之时间十分紧张,这虽然不是一款成功的作品,却是游戏界第一次对虚拟现实设备的尝试。同年,美国伊利诺伊州立大学的学生们通过创建一个三壁式投影空间,配合立体液晶快门眼镜,研发出"CAVE"自动虚拟环境。与 VIEW 不同,CAVE 不需要佩戴头戴显示器,计算机图形被投射在一个类似"洞穴"的空间,用户可以直接和包围他的图形进行互动。更重要的是,CAVE 具有真正的开创性,它允许多个用户享受相同的体验,推动了虚拟现实的发展进程。至此,以 VIEW 为代表的头盔式系统和以 CAVE 为代表的投影式系统逐渐成形。之后的各种虚拟现实系统都是这两种系统的发展或结合,如图 8.7 所示。

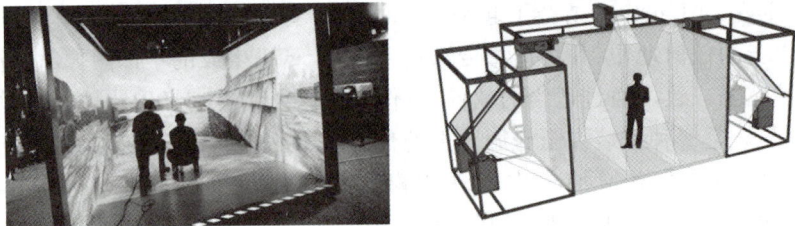

图 8.7　多用户虚拟环境 CAVE

2009 年,在众筹网站的帮助下,Oculus VR 创始人帕尔默·勒基(Palmer Luckey)从 1 万名支持者那里筹集了近 250 万美元,而 Oculus Rift Development Kit 1 也成为最大的众筹成功案例之一。2014 年,Facebook 在其网站上宣布 20 亿美元收购 Oculus VR 公司,使沉寂多年的 VR 产业再一次爆发。三个月后,Google 在开发者年会上向会者免费赠送了一个硬纸壳做的 Google Cardboard 眼镜。2015 年,Google 发布了 Cardboard 的改进版。2016 年,Oculus Rift 推出普通消费者版,中国台湾地区的宏达公司则与美国著名游戏公司 Valve 合作推出 HTC Vive,如图 8.8 所示。2016 年被全世界的媒体称为虚拟现实元年。

图 8.8　HTC Vive Pro

2017 年,Epic Games 利用虚幻引擎 4 开发出《堡垒之夜》(*Fortnite*),因其特殊的玩法与各种联动彩蛋,成为现象级射击类游戏,为玩家带来惊人的视觉效果及全新的沉浸式体验。2020 年,由于全球新冠疫情导致的隔离政策,网民上网时长大幅增长,"宅经济"快速发展。线上生活由原先短时期的例外状态成为常态,人类的现实生活开始大规模向虚拟世界迁移。

2021 年 3 月,沙盒游戏平台 Roblox 在纽约证券交易所上市,成为"元宇宙"概念第一股。Roblox 主要面向儿童和青少年,拥有 Robux(游戏内货币)机制,允许用户创建 3D 世界和游戏,他们可以共同玩耍、学习、交流和探索未知的世界。2021 年 10 月,扎克伯格正式宣布将脸书 Facebook 更名为 META。NFT(非同质化通行证)、虚拟数字人、数字藏品等新生事物的发展呈现出超乎想象的爆发力,其背后则是相关元宇宙要素的"群聚效应"。

8.2　虚拟现实技术的教育应用

计算机作为辅助教学的工具,源于 20 世纪 50 年代初程序教学机的发明。1977 年微型计算机问世,1981 年个人计算机诞生,信息技术与教育教学不断结合,传统教学媒体逐步走向多媒体、数字化、网络化和智能化发展的道路。虚拟现实应用于教育教学,成为形式最复杂、功能最全面的现代教学媒体,是计算机辅助教学(CAI)或计算机辅助培训(CBT)发展至今最具代表性的技术类型。

8.2.1　虚拟现实的技术框架和功能特性

1966 年,法国哲学家德勒兹描述了世界是如何由真实的和可能的构造组成的。在此基础上,保罗・米尔格拉姆和岸野文郎等于 1994 年提出了一个"真实/虚拟"连续集(统一体)的框架。他们将真实环境和虚拟环境分别作为连续系统的两端,位于它们中间的被称为"混合现实"。其中靠近真实环境的是增强现实(augmented reality,AR),靠近虚拟环境的则是增强虚拟(augmented virtuality,AV)。合并现实和虚拟世界而产生的新的可视化环境,称为混合现实(mixed reality,MR),它是增强现实与增强虚拟的统称。在完全真实的现实世界之外,合并 AR、AV、VR 的三种技术,叫作扩展现实(extended reality,XR),这是一个虚实共生、虚实融合、脱实向虚的人造环境,如图 8.9 所示。

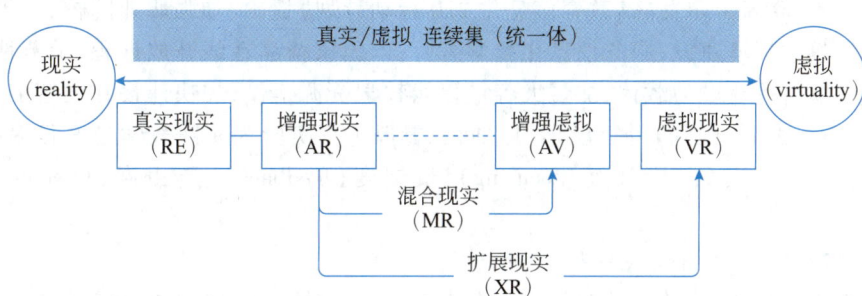

图 8.9　真实/虚拟连续集(统一体)

1990 年,在美国达拉斯召开的 SIGGRAPH 会议为 VR 技术的发展确定了研究方向,明确提出 VR 技术研究的主要内容包括:实时三维图形生成技术、多传感器交互技术和高分辨率显示技术。从此之后,虚拟现实建模语言开始出现,为图形数据的网络传输和交互奠定基础,越来越多输入/输出设备开始进入市场,人机交互系统设计不断创新,VR 技术的研究范围不断扩大,不同行业领域的结合更趋紧密。

按照技术类型的不同,VR 一般分为桌面式、分布式、沉浸式和增强式四种。桌面式是最易实现、应用最广泛的类型,采用立体图形技术,在计算机屏幕中产生三维立体空间的交互场景,用户通过输入设备与虚拟世界交互,相关设备有计算机图形工作站、投影仪、键盘、鼠标、力矩球等,典型应用有全景照片、全景视频等。分布式是虚拟现实技术与网络技术结合的产物,将多个用户通过计算机网络连接在同一个虚拟世界,实现了多用户的实时交互、共同观察和协同操作,典型应用有虚拟会议系统、虚拟社交网站、在线游戏等。沉浸式是将用户的听觉、视觉和其他感觉封闭起来,提供完全沉浸的体验,使使用户有一种置身于虚拟世界之中的感觉,相关设备有头盔式显示器、CAVE 式立体显示装置、数据手套、空间位置跟踪器等,典型应用有虚拟驾培系统、虚拟教室、虚拟样板间、VR 漫游等。增强式是将真实世界的信息叠加到利用虚拟现实技术模拟、仿真的世界中,使真实世界与虚拟世界融为一体,相关设备有 AR 眼镜、投影仪、摄像头、计算与储存设备、移动设备等,典型应用有 AR 立体书、AR 试衣镜、AR 景区导览等。

8.2.2　虚拟现实的教育学意义

虚拟现实是一种采用计算机技术为核心的现代高科技手段生成的一种虚拟环境,用户借助特殊的输入/输出设备,与虚拟世界中的物体进行自然交互,从而通过视觉、听觉和触觉等获得与真实世界相同的感受。一般来说,虚拟现实具有三个特性:沉浸性(immersion)、交互性(interaction)和构想性(imagination),也称为3I原则。沉浸性意味着参与者全身心地沉浸于计算机所生成的三维虚拟环境,并产生身临其境的真实感觉。实现全方位的体验过程,是虚拟现实技术的天然优势,是其超越传统媒体的重要特性之一。交互性指参与者可以利用各种感官功能及人类自然技能对虚拟环境进行交互、考察与操作。交互意味着参与,参与意味着实践。构想性是参与者借助VR系统给出的逼真的视听效果、真实的触觉信号而产生的对虚拟空间的想象。感受力、能动性和想象力是主体认知的重要维度,是主体内在心理与外部环境相互作用的根本体现。

教育部于2018年印发的《教育信息化2.0行动计划》提出,加强职业院校、高等学校虚拟仿真实训教学环境建设,服务信息化教学需要;以国家精品在线开放课程、示范性虚拟仿真实验教学项目等建设为载体,加强大容量智能教学资源建设,加快建设在线智能教室、智能实验室、虚拟工厂(医院)等智能学习空间。虚拟仿真实验为实践教学带来很多改变,一般将其概括为三个方面:专注度(focusing)、反馈度(feedback)、自由度(freedom),即3F特性。

1. 突破传统媒体局限,提高教育教学效率

在教育教学过程中,传统的教学媒体在表现力、时效性、可控性等方面存在不足,特别是在需要学生深层认知的实践实训环节,"进不去、看不见、动不了、难再现"等问题一直存在,影响到应用型高素质人才的培养。随着我国进入新的发展阶段,产业升级和经济结构的调整不断加快,各行各业对于技术技能人才的需求越来越紧迫。VR、AR、MR等先进技术融入教育教学,虚拟仿真实验环境和项目加速落地,将极大发挥科技赋能教育的优势,构建更便捷、更高效的立体教育体系,实现我国教育高质量发展的根本任务。

2. 降低节省教育成本,促进学习机会平等

教育资源分布不均是困扰我国教育发展的一项难题。地区差异、经费投入、政策措施等各种客观因素造成了数字鸿沟,影响到偏远落后地区学生平等接受教育的机会。为加快实现教育均衡发展的局面,借助现代科技促进内涵发展是一项关键举措。在"VR+教育"发展理念下,通过虚拟仿真远程教学,可以用相对较低的投入,将那些设备昂贵的实训项目,不可逆或有危险性的实训过程,以更形象、更临场的技术手段帮助学生学习,引导学生转换为自主、泛在、个性化的学习方式,实现教育机会平等的发展目标。

3. 发挥交互媒体特性,深度挖掘学习潜力

实验研究表明,体验是提高学习效果的必备要素。从直接经验到间接经验的习得,人类的学习过程划分为若干层次。有意义的体验过程,促进了学习者更好地理解和记忆,增加了学习的过程性和获得感。通过VR构建的技术过程进行仿真模拟,能够将受训者带到他们在工作中可能所处的各种情境之中,不仅看到可能遇到的3D世界的各种细节,还能够亲自接触、亲手操控以及进行重新配置,从而激发交互媒体的反馈机制,创造有意义学习的内外条件,深度挖掘学习潜力,培养解决复杂问题的高级思维能力。

4. 实现优质资源共享,建设网络学习空间

世界范围内仿真虚拟项目的兴起,越来越多的高校参与到实验、实践和实训数字化、虚拟化建设的潮流中来。学生通过开放共享的虚拟实验环境,轻松愉悦地接触到化学、物理、医学、机械、建筑等领域的优质资源,沉浸式、游戏型、协同性等技术类型逐步成熟,更加逼真的视觉效果和更加完善的人机交互体验正在成为现实。随着数字孪生技术的普及推广,物理世界中的实体与数字世界中的孪生体相互映射、相互影响,教师和学生通过化身(avatar)作为代理进行灵活多变的教学活动,一个教育元宇宙的新世界正在加速形成。

8.3 Unity 项目流程与案例制作

Unity 是全球著名的实时内容开发平台,要用于创作 2D、3D 类型的 VR、AR、MR 等可视化体验,在游戏、影视、动画、汽车、建筑工程等领域应用非常广泛。Unity 平台提供一整套完善的软件解决方案,具体分为 Unity Personal(个人版)、Unity Plus(加强版)、Unity Pro(专业版)、Unity MARS 等系列产品,可满足不同类型客户的需求。下面以 Unity Personal 为例进行说明。

8.3.1 Unity 的安装使用

(1)打开 Unity 的中文官方网站,选择"开发者工具"导航按钮,下载 Unity Hub,这里选择"下载 Windows 版"。Unity Hub 仅限 Windows 7 SP1+、8、10、64 位版本;Mac OS X 10.12+等操作系统。要求显卡 GPU 带 DX10 功能,如图 8.10 所示。

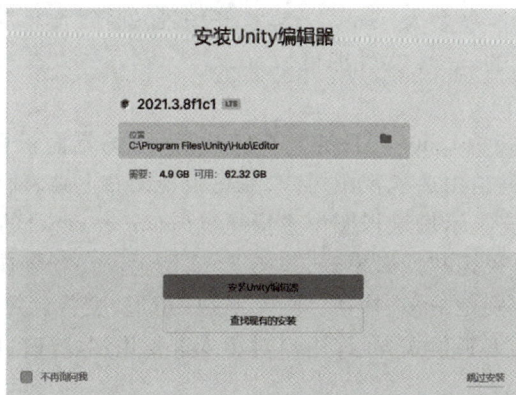

图 8.10 利用 Unity Hub 安装 Unity 编辑器

(2)运行 Unity Hub,在线安装 2021.3.8f1c1(LTS),LTS 是指稳定版本。Unity Hub 下允许同时安装不同版本,只需要在"安装"菜单下单击"安装编辑器"按钮,可以是旧版本或具有最新开发中功能的 Beta 版。找到"安装"菜单,单击已安装 Unity 版本记录最右侧的工具按钮,选择弹出菜单中的"添加模块",仅选择"简体中文"语言包,可扩展完整功能,如图 8.11 所示。

(3)找到 Unity Hub 的"项目"菜单,选择"所有模板"→3D,输入项目名称:project1,位置:E:\My project。单击"创建项目",这时 Unity 会自动打开该项目。

图 8.11　Unity Hub 中对 Unity 主程序添加模块

（4）Unity Hub 是 Unity 项目的管理入口，即每次打开 Unity 项目之前，必先打开 Unity Hub。同时，Unity Hub 也是获取 Unity 免费授权的入口，手机上下载 Unity APP，进行账户注册、密码登录、扫码验证，这些环节都是必需的，在此不再赘述。

8.3.2　Unity 的基本功能

1. Unity 的基本概念

（1）项目（project）。项目是 Unity 的工程运行机制，它以根文件夹的形式管理一系列的资源，包括 Assets 工程资源文件夹（美术资源和脚本等），以及 Unity 自动生成的 Library（库）、Logs（日志文件夹）、Packages（包配置信息）、ProjectSettings（工程设置）、UserSettings（用户设置）等文件夹及文件组成。将项目所在的根文件夹拷贝到任意地方，利用 Unity 的"文件"→"打开项目…"菜单，就可以打开该项目，但要注意 Unity 安装版本的兼容性。

（2）场景（scene）。在一个 Unity 项目内，可以创建多个场景，默认的场景为：SampleScene，若需新建场景，选择"文件"→"新建场景"命令即可。场景文件存在于项目文件夹中的 Assets 目录下，扩展名为.unity，若需打开场景，选择"文件"→"打开场景"命令，双击 Assets 目录，选择相应的.unity 文件即可。

2. Unity 的界面组成

（1）场景面板。场景是 Unity 项目的重要组成部分，场景面板则是场景文件的可视化观察方式。默认的场景是自由透视视图模式，在场景视图右上角，辅助图标（scene gizmo）控件始终处于显示状态。它显示场景视图中主摄像机（main camera）的当前方向，允许利用鼠标单击或右击，快速修改视角和投影模式，如图 8.12 所示。在场景视图左上角，有纵向排列的游戏对象定位工具，分别是平移、移动、旋转、缩放、矩形、变换辅助工具，如图 8.13 所示。一般来说，场景视图是可编辑模式，允许用户对场景进行添加、修改、删除、查看、变换等各种操作。

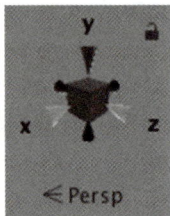

图 8.12　Unity 场景视图的辅助图标控件

图 8.13　游戏对象定位工具

在场景视图中,右击并拖动,可旋转视图;按住鼠标右键不动,按下 WASD 键可向左/向右/向前/向后移动,按下 Q 键和 E 键可向上和向下移动,称为飞跃模式,如按住 Shift 键还可加快移动速度。选中某个游戏对象,按下 F 键,可使其居中显示于当前视图。

(2)项目面板。项目面板负责整个项目可能用到的资源,包括场景、模型、贴图、声音、代码等,可以进行资源包的导入和导出操作。打开 Unity 资源商店,按照 3D、工具、2D、音频、VFX、模板、插件、必备工具等分类,官网提供了 8 万种以上的资源,其中有超过 11000 款五星资源,可检索关键字"Standard Assets",单击"添加至我的资源"→经账户登录验证→"在 Unity 中打开"→"包管理器"→"下载"→"导入"标签,完成标准资源包的安装,如图 8.14 所示。

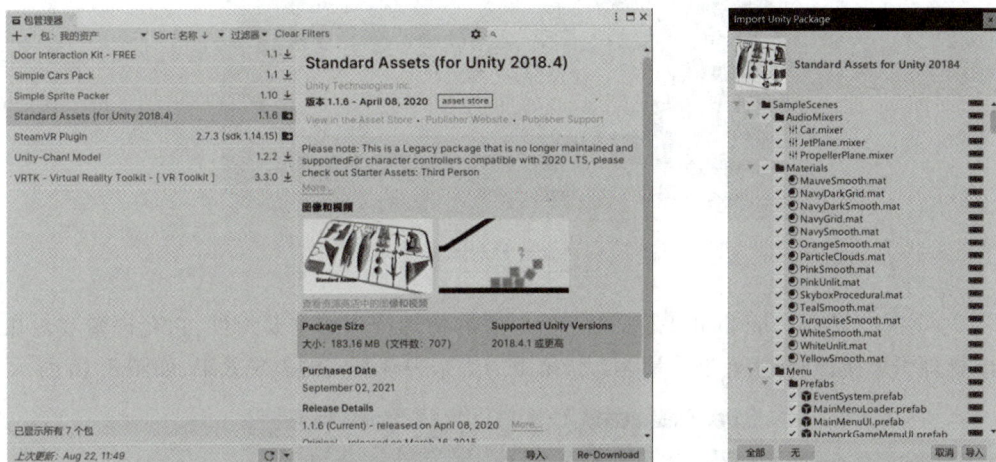

图 8.14 包管理器与导入标准资源包

标准资源包导入完成以后,会看到在项目面板的 Assets 目录下新增文件夹"Standard Assets",注意系统提示:Assets\Standard Assets\Utility\ SimpleActivatorMenu. cs 脚本文件已经过时,可找到该文件,做直接删除处理。

(3)层级面板。层级面板包含了当前场景中用到的所有游戏对象,包括系统默认的主摄像机、定向光等。可以右击弹出快捷菜单或通过"游戏对象"菜单向场景中添加 3D 对象、空对象、粒子系统、UI 控件等,对其进行命名、剪切、复制、粘贴、删除、移动视图、对齐视图等操作;可以管理游戏对象的父子关系;可以将预制体从项目面板拖入场景中,也可以将游戏对象从场景拖进工程面板中使之变成预制体。

(4)检视器面板。选中游戏对象,可通过检视器面板对其属性进行修改,例如 Transform 面板中的位置、旋转、缩放等参数;可以给游戏对象添加脚本程序,在检视器上会显示脚本组件;可以给游戏对象添加材质,在检视器面板上对材质参数进行修改。检视器面板功能复杂,使用频繁,是 Unity 最常用的面板之一。

(5)游戏面板。游戏面板是场景视图在单击"播放"按钮后自动进入的视图。游戏视图则是预览最终效果的视图,此时若对场景文件进行修改的话,只是一种临时的预览或调试效果,并不会保存参数或者产生实际影响。

注意:游戏面板是一种完成模式,只可观看演示效果,中间进行的任何编辑不会保存。

3. Unity 的物理引擎

Unity 的物理引擎是基于莫伟达开源软件 PhysX 开发的。作为模拟牛顿力学模型的程序,它使用质量、速度、摩擦力和空气阻力等变量,可以模拟不同变量情况下的物理效果,应用领域有 CG 游戏、数字动画、虚拟实验等。

（1）物理材质。物理材质是指物体表面材质,用于调整碰撞对象的摩擦力和反弹效果。创建方法:依次单击"资源"→"创建"→"物理材质"。扩展名为 physicMaterial,区别于普通材质的 mat。将物理材质从项目面板拖到场景的游戏对象(碰撞体)上,即可生效。标准资源包提供了 7 种物理材质:弹性(bouncy)、冰(ice)、最大摩擦(maxfriction)、金属(metal)、橡胶(rubber)、木头(wood)和零摩擦(zerofriction)材质。木头材质的参数设置,如图 8.15 所示。

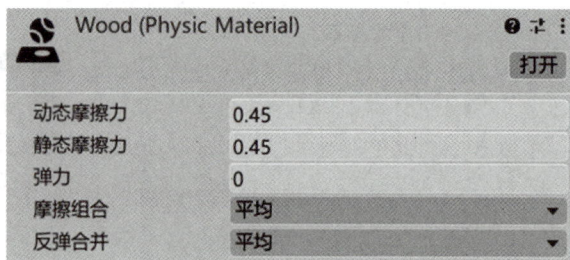

图 8.15　木头物理材质的参数

（2）刚体。刚体(rigidbody)是实现游戏对象的物理行为的主要组件,它允许游戏对象被 Unity 物理引擎所控制,能通过质量、阻力、角阻力等来表现真实的表现效果,如图 8.16 所示。

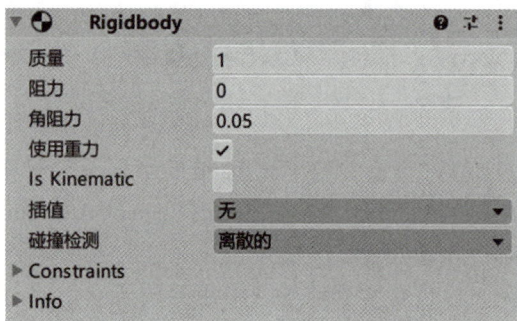

图 8.16　Rigidbody 组件的参数设置

刚体组件中 Is Kinematic(是否遵循动力学)属性,勾选时允许脚本以运动学方式来控制对象的运动,即该对象不会受到碰撞、力或物理系统任何其他部分的影响,只能通过直接操作 Transform 组件来控制对象。

注意:Rigidbody 组件可以接受力和扭矩,但是 Transform 组件却只能平移和旋转。向刚体施加力和扭矩,物理引擎发挥作用,必然改变对象 Transform 组件中的位置和旋转,如果直接操作了刚体的 Transform 组件,在执行碰撞和其他操作时会出问题。这就是只操作 Rigidbody 或 Transform 其中一个组件的原因。

总之,由脚本产生的非物理运动,Is Kinematic 被勾选的情形下,游戏对象的刚体运动已摆脱物理引擎的控制。这通常用于玩家的移动,即不使用力来移动物体,也希望物体进行物理计算的情况,这种运动方式称为"动力学运动"。

（3）碰撞器。碰撞器(collider)是 Unity 物理类组件的一种,它包含了很多种类,Box

Collider(盒碰撞体)、Capsule Collider(胶囊碰撞器)、Mesh Collider(网格碰撞体)、Sphere Collider(球体碰撞器)、Terrain Collider(地形碰撞器)、Wheel Collider(车轮碰撞器)等。这些碰撞器应用的场合不同,但都必须加到游戏对象身上。

　　碰撞器要与刚体一起添加到游戏对象上才能触发碰撞。如果两个刚体相互撞在一起,除非两个对象有碰撞器时物理引擎才会计算碰撞。没有碰撞体的刚体会彼此相互穿过。静态碰撞器指的是没有附加刚体而附加了碰撞器的游戏对象,这类对象会保持静止或者很轻微的移动。适合于充当场景模型,当与刚体碰撞时不会发生移动。

　　物体发生碰撞的必要条件:两个物体都必须带有碰撞器,其中一个物体还必须带有 Rigidbody 刚体。以下是碰撞发生的几种情形,如图 8.17 所示。

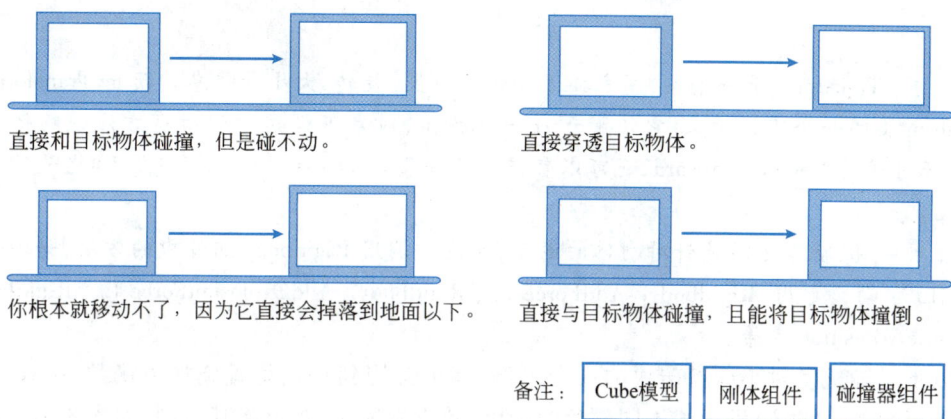

直接和目标物体碰撞,但是碰不动。　　　　　　　直接穿透目标物体。

你根本就移动不了,因为它直接会掉落到地面以下。　　直接与目标物体碰撞,且能将目标物体撞倒。

备注:　Cube模型　　刚体组件　　碰撞器组件

图 8.17　碰撞器发生碰撞的几种情形

　　网格碰撞体通常不能相互碰撞,若网格碰撞器被标记为"Convex 凸面体",则可以与另一个网格碰撞器发生碰撞。典型的解决方案是对所有移动对象使用原始碰撞器,而对静态背景对象使用网格碰撞器。

　　(4) 非物理移动和物理运动。Unity 中的运动分为两种方式:物理运动和非物理移动,前者使用 Unity 中的物理引擎系统进行驱动,后者则没有力、速度等因素,只需要通过脚本改变物体的位置信息(position)等,非物理移动的具体情形如下。

　　① 朝一个方向上运动:在 Update()接口中对 Transform. position 中的 x、y、z 值不断自加,如 Transform. position. x+=0. 1f。

　　② 向目标点移动:调用对象中的方法 Transform. Translate、Vector3. Lerp、Vector. Slerp、Vector3. MoveTowards 等。Slerp 用于角度弧度的插值运算,MoveTowards 在 Lerp 基础上增加了限制最大速度。Vector3. SmoothDamp 则可以平滑地从 A 逐渐移动到 B 点,并且可以控制速度,最常见的用法是相机跟随目标。

　　以下是利用 W、A、S、D 这四个按键移动物体的脚本示例。

```
using System.Collections;
using System.Collections.Generic;
using UnityEngine;
    public class yidong:MonoBehaviour
{ private Transform myTransform;        //实例化 Transform 对象
  void Start()
```

```
{ myTransform = gameObject.GetComponent<Transform>();//获取相应对象的引用
}
void Update()
{  if(Input.GetKeyDown(KeyCode.W))
   {  myTransform.Translate(Vector3.forward, Space.Self);  }
   if(Input.GetKeyDown(KeyCode.A))
   {  myTransform.Translate(Vector3.left, Space.Self);      }
   if(Input.GetKeyDown(KeyCode.S))
   {  myTransform.Translate(Vector3.back, Space.Self);     }
   if(Input.GetKeyDown(KeyCode.D))
   {  myTransform.Translate(Vector3.right, Space.Self);    }
}
}
```

注意: Transform 是一个类,用来描述物体的位置、旋转、大小等信息。而 myTransform 是 Transform 类的一个实例对象,它依附于每一个物体,对象可调用它的所有方法。物体向前移动,既可通过 Vector3.forward,还可以直接定义向量。如 new Vector3(1,0,1)就是往右前方移动。

相对来说,物理运动是针对刚体的运动,也就是调用 Rigidbody 组件中的方法,如朝一个方向上运动,使用 Rigidbody.AddForce()、Rigidbody.AddExplosionForce()、Rigidbody. AddForceAtPosition()等。

以下是随机发射小球打砖块的一个示例,其中会用到指定位置施加力函数、Raycast 射线碰撞函数等,通过随机生成不同颜色的砖墙,随机发射小球,可将其击倒,如图 8.18 所示。

图 8.18　小球打砖块的物理运动示例

其中,砖墙由单位为 1、共 5×10 个立方体组成,每个质量为 1,使用重力。小球三个轴向缩放为 0.5,质量为 1,使用重力。编写脚本文件 RayDaZhuanKuai.CS,将其赋予主摄像机 MainCamera,代码内容如下:

```
using System.Collections;
using System.Collections.Generic;
using UnityEngine;
public class RayDaZhuanKuai : MonoBehaviour {
    private int x = 10;                      //宽度
    private int y = 5;                       //高度
    private Ray ray;                         //射线
```

```
        private RaycastHit hit;                    //碰撞信息
        public GameObject Brick;                   //砖块
        public GameObject Bullet;                  //子弹
        private Transform m_Transform;
        void Start() {
            m_Transform = gameObject.GetComponent<Transform>();
            CreateWall();
        }
        void Update() {
            SendBullet();
        }
// for 循序生成墙壁(颜色随机产生)
    void CreateWall(){
        for(int i = 0; i < x; i++){
            for(int j = 0; j < y; j++){
                //生成墙壁(Brick:砖块预制体)
                GameObject go = GameObject.Instantiate(Brick, new Vector3(i - 4, j, 0),
                Quaternion.identity);
                //随机控制颜色
                go.GetComponent<MeshRenderer>().material.color = new Color(Random.
                Range(0.0f, 1.0f), Random.Range(0.0f, 1.0f), Random.Range(0.0f, 1.0f));
            }
        }
    }
    //发射子弹
    void SendBullet()
    {   //单击发射射线
        if(Input.GetMouseButtonDown(0)){
        //使用主摄像机创建一根射线,射线的方向是单击的位置(从摄像头位置到单击位置的一
            条射线)
            ray =Camera.main.ScreenPointToRay(Input.mousePosition);
            //使用物理类检查射线的碰撞,如果单击物体存在
            if(Physics.Raycast(ray, out hit)){
            //实例化子弹(Bullet:子弹预制体)
                GameObject go = GameObject. Instantiate (Bullet, m_Transform.
                position, Quaternion.identity);
                //计算方向
                //hit.point:碰撞点坐标
                //m_Transform.position:摄像机坐标 两者相减得方向
                Vector3 dir -hit.point - m_Transform.position;
                //Debug 绘制射线
                Debug.DrawRay(m_Transform.position, dir, Color.red);
                //发射子弹(Rigidbody.AddForce)
                go.GetComponent<Rigidbody>().AddForce(dir * 110);
            }
        }
    }
}
```

8.3.3 Unity 的场景漫游

场景是游戏的核心概念,它是烘托主题、展示空间、配合角色动作的有机组成部分,同时,也是营造氛围、吸引玩家注意、增强游戏体验的基本艺术手段。在场景中自由穿越,带动角色漫游,实现不同视角的变化,是游戏开发的一项基本任务。

1. 地形的创建

依次单击"游戏对象"→"3D 对象"→"地形"标签,此时会在场景面板中创建一块地形,其中心位于坐标原点。在检查器面板中,进入 Terrain 组件,看到下面有五个按钮,如图 8.19 所示。

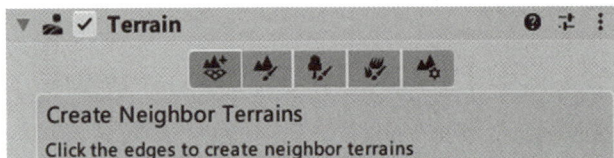

图 8.19　Terrain 地形组件

(1) 创建相邻地形。在场景面板中,单击已有地形的周围的框线部分,可以对地形面积进行无限扩展。

(2) 绘制地形及细节。在第二个按钮"绘制地形"下面,有六个菜单命令可以选择,分别是"提升或降低地形""绘制孔洞""绘制纹理""设置高度""平滑高度""冲压地形"等六个步骤。需要注意的是,默认第一块地形的 Y 坐标是 0,对于后期的降低地面到 0 以下非常不利,建议首选"设置高度"一项,将地形平面整体抬升 10 个单位,并单击按钮"全部展平",如图 8.20 和图 8.21 所示。

图 8.20　从"设置高度"开始

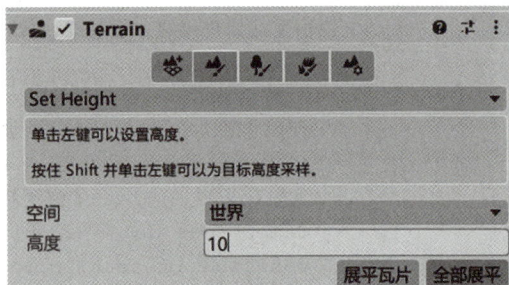

图 8.21　抬升地面,并全部展平

接下来,选中"提升或降低地形",制造地势高低起伏的效果。单击可以提升,按住 Shift 键并单击可以降低,还需要注意的是,画笔笔刷形状、大小、不透明度可以根据需要灵活设置。同样,选中"绘制孔洞",可以在连续的地形中,利用笔刷单击绘制孔洞,按住 Shift 键并单击则可以修复。

选择"绘制纹理",单击"创建层..."按钮,可以创建不同的纹理层,各个纹理层均可以独立指定素材或设置参数,从而实现丰富多彩的地形纹理效果。

选择"绘制树",单击"添加树"按钮,选择 Broadleaf_Desktop 预制体,单击 Add 按钮,如

图 8.22 所示。适当设置"画笔大小""树密度""树高""随机树旋转""色差"等参数,可在地形上实现树的添加。也可以通过单击"大量放置树"按钮,实现树的批量添加,如图 8.23 所示。需要注意,当对树不满意时,按 Shift 键并单击可删除树,按 Ctrl 键可以仅仅删除所选类型的树。

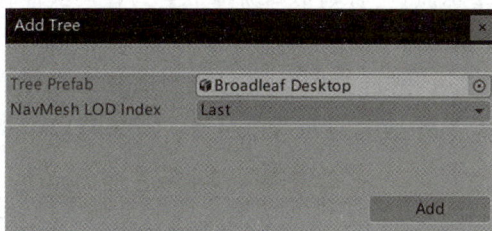

图 8.22　添加树

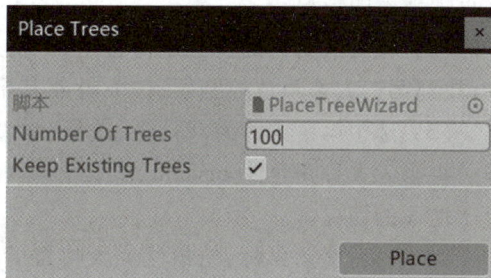

图 8.23　大量放置树

选择"绘制细节"按钮,选择"添加草纹理",对"Detail Texture"进行指定,选择"GrassFrond 01AlbedoAlpha",单击"应用"按钮。适当设置"画笔大小""不透明度""目标强度"等参数,可实现在地形上种草的效果。需要指出的是,草的效果需要近距离观看,Unity 是实时渲染的,离得太远很可能显示不出草的效果。与树类似,对于过于稠密的草,可以按下 Shift 键或 Ctrl 键删除,如图 8.24 所示。

图 8.24　树与草的添加效果

2. 第一人称漫游

第一人称视角,也就是模拟玩家的主观视角,游戏画面中的一切好像是从自己眼睛看到的一样。在标准资源包中,内置了 FPSController. prefab 的预制体,通过项目面板的搜索栏,检索 FPS 就可找到它,将其拖入场景中,运行游戏,就可进入第一人称视角,借助 W、A、S、D 或者方向键,就可实现角色移动。注意,按 Shift 键可以加速,按空格键可以跳动,借助鼠标还可以旋转视角。

3. 第三人称漫游

所谓第三人称是一种旁观者的视角,或称上帝视角,玩家像上帝一般俯瞰整个游戏。一般来说,游戏场景中包含一个主角和 Camera,主角移动后,Camera 永远跟着主角移动。因此,游戏中一直可以看到主角当前移动的方向。这就是第三人称的跟踪视角。实现第三人称的步骤主要如下。

（1）找到 ThirdPersonController. prefab,或者在项目面板搜索框中检索 ThirdPersonCon,将其拖入场景中。将其 Transform 组件的 Rotation 在 X、Z 轴上的属性值归零。避免角色不垂直于地面的情况。

（2）将游戏角色的位置进行移动,不要处于坐标原点,否则很容易掉下去。在层级面板中,找到第三人称角色控制器,按 F 键使其聚焦于画面中。

（3）选中第三人称游戏角色,选择"游戏对象"→"对齐视图",将它与当前视图进行对齐。将第三人称角色 Transform 组件的 Rotation 在 X、Z 轴上的属性值归零。避免角色不垂直于地面的情况。

（4）向后滚动鼠标,使角色至于画面正前方,作为主摄像机的视角。选中主摄像机,选择"游戏对象"→"对齐视图",将它与当前视图进行对齐。

（5）编写跟随摄像机的脚本 CameraFollow. CS,添加给主摄像机。内容代码如下:

```
using UnityEngine;
using System.Collections;
public class CameraFollow : MonoBehaviour {
  public Transform target;
  public float distanceH = 7f;
  public float distanceV = 4f;      //Use this for initialization
  void Start() {
  }
  //Update is called once per frame
  void Update() {
  }
  void LateUpdate(){
    Vector3 nextpos = Vector3.forward * -1 * distanceH + Vector3.up *
    distanceV + target.position;
    this.transform.position = nextpos;
    this.transform.LookAt(target);
  }
}
```

（6）将主摄像机变成游戏角色的子对象。

（7）单击运行游戏,测试结果。

注意:

（1）在对齐角色的过程中,可能出现地平线歪斜的情况,也就是角色在跑动过程中,出现倾斜,此时要注意第三人称角色的旋转信息,其 X 轴和 Z 轴的旋转参数应为 0,Y 轴则不必为 0。

（2）CameraFollow. CS 脚本中定义了外部变量 target,将第三人称角色预制体拖入脚本组件的相应输入框中,此时将调用 LookAt( )函数实现对角色的跟踪,如图 8.25 所示。其运行结果与摄像机背后追踪有较大差异,可以实现侧身、前身等各种追踪效果,如图 8.26 和图 8.27 所示。

图 8.25　将第三人称角色拖入外部变量框

图 8.26　摄像机背后追踪的效果

图 8.27　LookAt( )函数的侧身追踪效果

8.3.4　Unity 的虚拟交互(一):翻看立体模型

1. 导入模型素材和指定材质

Unity 支持导入两种类型的模型资源,一种是导出的三维文件格式,如 FBX 或 OBJ;另一种是专有的三维软件模型格式,如 MAX、MB、MA 等。FBX 格式支持法线和贴图坐标,贴图以及坐标信息都可以保存在 FBX 文件中,文件导入后不需要手动指定贴图以及调整贴图坐标,而 OBJ 文件则不包含动画、材质特性、贴图路径、动力学、粒子等信息。一般来说,专业模型格式最好转换成 FBX 通用格式,以备 Unity 导入使用。以下是 3ds Max 软件在导出 FBX 文件时的设置,如图 8.28 和图 8.29 所示。

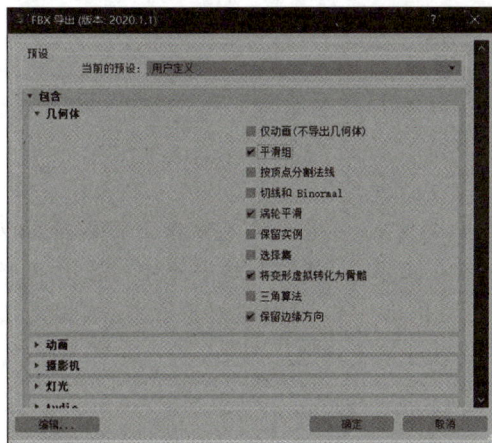

图 8.28　勾选平滑组

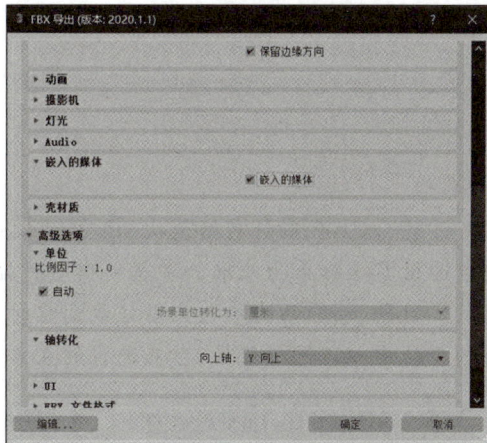

图 8.29　勾选"嵌入的媒体"和 Y 轴向上

在 Unity 中选择"资源"→"导入新资源..."，选择 Archmodels.FBX 文件进行资源导入。将项目面板上的 Archmodels 预制体拖入场景中。此时模型显示为白模。在项目面板下新建目录 Archmodels，把三个贴图文件 Archmodels_color.jpg、Archmodels_normalbump.jpg、Archmodels_reflect.jpg 放到文件夹中，将 Archmodels_color.jpg 拖到场景中的 Archmodels 游戏对象上，此时会在 Archmodels 目录下新建 Materials 目录并在里边创建一个 Archmodels_color 的材质球。在层级面板上单击 Archmodels 游戏对象，对其检查器上的材质进行编辑。其中，要提前将 Archmodels_normalbump 将修改其纹理类型为法线贴图，如图 8.30 所示。

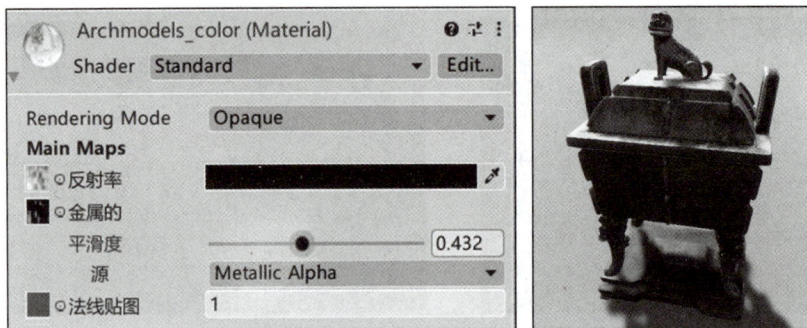

图 8.30　游戏对象赋予三个材质文件和最终效果

2. 利用脚本对模型素材进行查看

实现模型在水平与垂直方向旋转的脚本如下：

```
using System.Collections;
using System.Collections.Generic;
using UnityEngine;
public class XuanZhuanModelSP : MonoBehaviour{
    void Start(){
    }
    void Update(){
    if( Input.GetMouseButton(0) ){
     float pianyiX = Input.GetAxis("Mouse X") * 10 ;
     float pianyiY = Input.GetAxis("Mouse Y") *10 ;
     transform.Rotate(new Vector3(0, -pianyiX, pianyiY), Space.World) ;
    }
    }
}
```

注意：以上代码针对的是从 3ds Max 软件中导出的素材，水平和垂直方向上的旋转均以当前的世界坐标系为基准。考虑到模型的轴心点不在正中心，可以创建一个空对象作为模型的父对象，相应的脚本也应当挂载到空对象之上。如此一来，旋转空对象之时，实则是围绕模型的中心点进行旋转，对其进行的左右、上下旋转效果更理想。

8.3.5　Unity 的虚拟交互（二）：模拟摄像机的运镜效果

三维场景建立以后，可以利用 Unity 中的摄像机进行多种形式的运动，实现推、拉、摇、移、升、降等多种运动镜头效果。这种操作主要对摄像机挂载脚本实现，整体实现多轴、多场景、全方位的实时画面生成需求。主要功能设计点如下。

（1）利用 W、S、A、D 键对摄像机实现抬头、低头、摆左、摆右。

（2）利用左、右、上、下方向键对摄像机实现左、右、前、后的位移操作。

（3）利用 Q、E 键对摄像机进行升降操作。

具体代码如下：

```
using System.Collections;
using System.Collections.Generic;
using UnityEngine;
public class CameraControl : MonoBehaviour{
    public float rotateSpeed = 50f;
    public float moveSpeed = 10f;
    void Update(){
        if(Input.GetKey("w")){
            transform.Rotate(new Vector3(-rotateSpeed * Time.deltaTime, 0, 0));
        }
        if(Input.GetKey("s")){
            transform.Rotate(new Vector3(rotateSpeed * Time.deltaTime, 0, 0));
        }
        if(Input.GetKey("a")){
            transform.Rotate(new Vector3(0, -rotateSpeed * Time.deltaTime, 0),
            Space.World);
        }
        if(Input.GetKey("d")){
         transform.Rotate(new Vector3(0, rotateSpeed * Time.deltaTime, 0),
         Space.World);
        }
        if(Input.GetKey("left")){
         transform.Translate(new Vector3(-moveSpeed * Time.deltaTime, 0, 0),
         Space.World);
        }
        if(Input.GetKey("right")){
         transform.Translate(new Vector3(moveSpeed * Time.deltaTime, 0, 0),
         Space.World);
        }
        if(Input.GetKey("up")){
         transform.Translate(new Vector3(0, 0, moveSpeed * Time.deltaTime),
         Space.World);
        }
        if(Input.GetKey("down")){
         transform.Translate(new Vector3(0, 0, -moveSpeed * Time.deltaTime),
         Space.World);
        }
        if(Input.GetKey("q")){
         transform.Translate(new Vector3(0, moveSpeed * Time.deltaTime, 0),
         Space.World);
        }
        if(Input.GetKey("e")){
```

```
        transform.Translate(new Vector3(0, -moveSpeed * Time.deltaTime, 0),
        Space.World);
        }
    }
}
```

8.4 人机交互与智慧教育新形态

8.4.1 人机交互技术的发展历程

人机交互(human-computer interaction,HCI)是专门研究用户与计算机软硬件系统之间交互行为及其关系的综合性学科。与传统的人机工程学不同,人机交互将关注点放到计算机及其周边设备上,而非一般意义上的人工制品、环境和系统的行为。换句话说,人机工程学关注人工产品外观的设计和定义,以人体模型、机器模型、环境模型等组织系统为研究对象;人机交互则是计算机科学与技术与相关学科发展的产物,它以人机界面设计为沟通媒介,注重用户思维和计算机原理的连接,结合人的行为逻辑背后的观念、习惯、心理等社会性因素,着重研究人与计算机产品、人与人之间的互动关系,体现出"以产品为导向"和"以用户为中心"的现代设计理念的变迁。

人机交互所关注的首要问题是人与计算机之间的关系问题。回顾人机交互设计的历史,可以发现,信息技术融入人类社会是一个渐进的过程,人机交互也是一个不断拓展思维边界、不断更新思维范式的实践过程。人机交互离不开输入/输出的硬件形态,离不开计算机图形学的技术进展,更离不开软件设计工具的更新迭代。无论是个人的视角、企业的利益,还是社会的进步,在当前和未来的时间里,人机交互都将是一个充满挑战、孕育无限可能性的领域,它对未来智能科技的发展将会起到不可估量的作用。回顾人机交互的历史,人机界面经历了从命令行到图形用户界面、从二维平面向三维空间、从单一感官向多维感官通道的转换。这一变迁过程,既有技术进化的原因,也有回归自然交互的现实需求。

1. 命令行界面(command-line interface)

在 DOS 操作系统的时代,用户只能使用键盘与计算机系统进行交互。在提示符光标的闪烁下,用户将标准化指令输入计算机,配合一定的命令行参数,计算机屏幕上就会显示特定的处理结果。在不同的操作系统环境下,命令提示符各不相同。在 Windows 环境下,命令行程序为"cmd.exe",是一个 32 位的命令行程序。命令行的用处是使用人类的语言文字控制计算机硬件和软件,它可以提高处理大型工程、复杂文件的效率。但是,命令行界面的缺点在于交互非常不直观,需要识记大量计算机内部的标准化指令,并且大多数为英语单词,这显然提高了学习成本,不利于大范围普及和应用。

2. 图形用户界面(graphical user interface)

1983 年 1 月,苹果发布了世界上首台图形界面计算机 Lisa,它具备"16 位 CPU、鼠标、硬盘、支持图形用户界面、多任务操作系统"等功能,确立了个人计算机领域"图形用户界面(GUI)、鼠标和键盘"相结合的人机交互方式。与早期计算机使用的命令行界面相比,Apple Lisa 更易于接受,可以减轻认知负担,操作也更具人性化。但因为过于昂贵的价格(9995 美元)和缺少软件开发商的支持,这款超越时代的产品并未真正普及。

1983 年 11 月,微软宣布了 Windows 1.0 的诞生,图形交互界面大幅降低了计算机的操作难度。此后,Windws 逐步支持英特尔处理器,推出首个中文版 Windows 3.2,奠定微软霸主地位的 Windows 95,更紧密结合互联网的 Windows 98,以稳定著称的 Windows 2000,易用持久的 Windows XP、Windows 7/8/10/11 等版本。微软将个人计算机与互联网推向全世界,让信息化浪潮席卷全球。当然,个人计算机的交互方式是基于键盘、鼠标、显示器的被动式信息获取,一定程度上束缚了整个身体。

3. 触摸交互界面(touch user interface)

2007 年 1 月,苹果发布了 iPhone,开创出"屏幕触控"的全新交互方式,喊出了"重新定义手机"的强音,引领智能手机成为个人数字娱乐的中心。触摸交互界面一般包括页面(page)、控件(widget)、图标(icon)和手势(gesture)四类主要的交互元素。用户通过触摸、长按、拖曳等方式直接操控手指接触的目标,或者通过绘制手势的方式触发交互指令。这一交互方式的优越性是充分利用了人们触摸物理世界中物体的经验,将间接的交互操作转化为直接的交互操作,从而在保留了一部分触觉反馈的同时,进一步降低了用户的学习和认知成本,使低龄孩童也可轻松掌握。

移动互联网时代,人们通过触控操作与数字界面进行信息互动,这建立在二维屏幕空间的基础之上,UI 是一切交互行为的核心,但隔着屏幕的操控却不足以满足沉浸感的需求。智能手机虽然便于携带,但依然需要占用眼睛和手进行主动、缺乏持续性的指引;整个交互过程与真实场景分离。智能手机的普及需要更自然的交互方式,它应该能使手和眼睛相对解放,交互场景可连续、实时获取。由此,语音交互、人脸识别、体感交互、眼球追踪、脑波交互等全新交互方式开始发展起来。

4. 立体交互界面(3D interactive interface)

二维平面的交互是人为设定的,情景几乎是不会发生变化的;而人所在的三维空间实则非常复杂,情境会随着人与任意对象之间的任务而发生变化,同时交互的方式也会根据当前情境发生变化。三维交互界面中,用户一般通过身体(如手部或身体关节)做出一些动作(如空中的指点行为,或者肢体的运动轨迹等),以与三维空间中的界面元素进行交互,计算机通过捕捉用户的动作并进行意图推理,以触发对应的交互功能。目前,三维交互界面主要存在于体感交互、虚拟现实、增强现实等交互场景中。三维交互界面的优势是进一步突破了二维交互界面的限制,将交互扩展到三维空间中。不过,由于相对于图形用户界面和触摸交互界面,交互动作与身体的自然运动较难区分,导致输入信号的信噪比相对较低,较难以进行交互意图的准确推理,限制了交互输入的准确度;同时,动作交互的噪声相对较大,所以交互的效率也较低;此外,较高的交互幅度还容易让用户感到疲劳。

回顾人机交互的历史发展进程,键盘繁荣了 MS-DOS,鼠标兴盛了 Mac 和 Windows,体感手柄和平衡板成就了任天堂 Wii,多点触控屏创造了 iPhone、iPad 的辉煌,Kinect 则让 Xbox 360 延续了成功,乃至于 Guitar Hero、DDR 跳舞机等的出现,也可部分归功于人机交互方式的创新,Oculus 等头盔显示设备的成熟再让人类社会进入虚拟现实、元宇宙的新时代。当前,单一方式的交互已无法适用于人们所有的场景应用需求,例如触控和手势交互在执行复杂任务时就暴露出了极大的短板,智能语音交互也很难在公众场合得到很好的发挥。信息输入不应再局限于文本、声音,下一代消费级的人机交互可能是一种"取各家之所长"的多模态交互方式,即面向更多场景应用、操作更便捷,效果更自然、更贴近真实。不过,交互方式的发展与交互中介的更迭相互作用,通过视觉、声音、文本、触碰、手势、动作,甚至是脑电波等相结合的多模态交互方式,还需要一个区别于计算机和手机的新媒介。它可能是 VR、AR、XR、全息投影等新技术中的一种,更可能是这些新技术形态融合发展、不断进化的最终结果。

8.4.2 我国智慧教育硬件发展的主要阶段

2008 年 11 月,IBM 公司发起智慧星球(smart planet)计划,智慧教育是其中的重要组成部分。迈克尔·金(Michael King)在《IBM 破译知识教育的密码》一书中提出了智慧教育的五大路标:学生的技术沉浸,个性化、多元化的学习路径,服务型经济的知识技能,系统、文化、资源的全球整合,为 21 世纪经济发展起关键作用等。此后,智慧教育逐渐引起学界的广泛关注。祝智庭解释了智慧教育的真谛:"通过利用智能化技术(灵巧技术)构建智能化环境,让师生施展灵巧的教与学方法,使其由不能变为可能,由小能变为大能,从而培养具有良好价值取向、较高思维品质和较强施为能力的人才。"简单来讲,智慧教育就是智能的、定制的教和学的过程,丰富资源、技术沉浸、灵活定制、激发动机、自我指导是其突出特点。在智慧教育发展的过程中,硬件基础设施的发展与建设是必要条件。

1. 萌芽阶段,以电子词典为代表的初级教学产品(1991—2005 年)

1991 年,小霸王推出学习机,作为中国智能教育硬件行业开端。1995 年,北京金远见电脑技术有限公司推出第一款电子词典文曲星 CC100。随后,1997 年推出的文曲星 PC220 型电子词典,被称为是中国第一部真正意义上的"多功能普及型"电子词典。20 世纪 90 年代中后期电子词典市场逐渐火爆,催生了快译通、好易通、名人、诺亚舟、步步高等一系列电子词典品牌。这一时期,一些教育科技企业开始致力于推出辅助学生学习的硬件产品,弥补传统学校课堂教育教学的不足。盛极而衰,2004 年以后,我国电子词典行业加速洗牌。大部分厂商都停止研发新品,许多中小企业纷纷退场,传统的电子词典开始走下坡路。2005 年,电子词典行业又整体下滑一半以上,教育市场需求迅速萎缩。

2. 探索阶段,以点读机、点读笔为主的教育硬件产品(2006—2010 年)

2002 年前后,受美国 LeapFlorg 公司产品的启发,深圳创锐达公司提出了"电子书"的雏形,后被东莞创力公司收购并以"声之宝"品牌进行销售,先后推出了有线笔和无线笔的不同型号。2003 年,"学而乐"品牌的电子书硬件产品在义乌玩具展上大放异彩。2006 年,步步高研发的点读机 T100 发布,点读机的概念开始深入人心。2009 年,华乐思推出智能电脑家庭教师系统,通过智能组卷提高学生练习效率。2010 年,易读宝、洪恩等推出点读笔,火火兔推出早教故事机。这一阶段,从单板到双开,从有线到无线,从单机到上网,从专用语音压缩到通用 MP3 压缩,从即点、即读、即翻译到完备的多媒体交互,传统智能硬件厂商以中小学生为主要受众,以辅助学科教育为主要目标,尤其针对小学、初中多种版本的英语教材,有效激发了学生的学习兴趣和学习能力。

3. 成长阶段,以教育平板电脑为主的数字教学产品(2011—2019 年)

2010 年 4 月,苹果公司第一代 iPad 问世,迅速激发了教育市场的需求。2011 年,汉王推出扫描笔;优学派品牌成立,致力于研发数字化教学产品。2013 年,步步高研发的家教机 H8 发布,开始依托人工智能技术实现产品功能。2014 年,360 推出儿童智能手表,小叶子音乐教育推出 The ONE 智能钢琴。2014 年,鹰硕集团发布了智能教育平板教学机,搭建了智能交互系统。2015 年,盈趣科技推出咕咕机 G1,首倡了学生错题打印机。2016 年,科大讯飞推出阿尔法蛋机器人,罗博科技推出智能手写板。2017 年,网易有道推出词典笔。

2018 年,罗博科技推出点阵笔。2019 年,海尔推出 Leadpie 智能电子纸。2019 年,科大讯飞率先在行业发布带有人工智能知识图谱的讯飞学习机。2019 年,小米通过"小爱老师" AI 英语学习机正式入局智能教育硬件市场,北京灵优智学科技有限公司发布萌状元学习一体机 NX1。这一阶段,以教育平板电脑为核心的手持、移动、便携设备不断丰富,大量 IT 企业进入智慧教育领域,面向的目标客户群体范围不断扩大,拓展了学科教学之外的陪伴、对话、机器人、STEAM 等一大批个性化教学场景。

4. 发展阶段,以智慧教室、智慧校园等代表的场景化产品(2020 年至今)

2018 年,腾讯教育成立,开始搭建腾讯教育云课堂,提供智能教育解决方案。2020 年,腾讯联合惠普、英特尔推出智能教育本;字节跳动宣布启用"大力教育"品牌,以"自主学习+自适应学习"为驱动创新教育产品,发布首款大力智能作业灯。2021 年,科大讯飞发布 AI 学习机,通过 AI 覆盖教学全过程;艺术宝推出 Art Play X1 Pro 智能综合演奏器。2022 年,百度再度推出拥有超过 400 个教育应用的"小度智能学习平板"智能屏。这一阶段,由于国家减负政策的出台,学科外教育成为各大厂商的竞争重点,以提高学生综合素质、开展线上线下混合教学的多元化发展教学产品受到重视。在未来,电子书包、教育机器人、虚拟实训室、智慧教室、智慧校园是智慧教育硬件发展的主要方向,在语音识别、机器视觉、情境感知、虚实交互等技术支撑下,能够满足学前阶段、K12 教育、高等教育、职业培训等应用领域,提供特定场景下个性化教与学的服务,助力中国教育信息化 2.0 建设的根本目标。

8.4.3　我国智慧教育发展的主要特点

1. 国家政策支持力度和配套措施不断完善

随着对智慧教育的不断探索和试验,国家相关职能部门陆续出台了一系列文件。2016 年 9 月,工业和信息化部发布《智能硬件产业创新发展专项行动(2016—2018 年)》,提到:"深入挖掘教育等领域智能硬件应用需求,加强教育等领域智能化提升,支持智能硬件企业面向教育需求,在远程教育、智能教室、虚拟课堂、在线学习等领域应用智能硬件技术,提升教育智能化水平。"这一文件的出台,为教育智能硬件的发展奠定了政策基调。2018 年 4 月,教育部发布《高等学校人工智能创新行动计划》,指出:"实施人工智能+行动,推进智能教育发展,构建技术赋能的教学环境,探索基于人工智能的新教学模式,建立基于大数据的多维度综合性智能评价,精准评估教与学的绩效。"由此表明,国家引导高校进行人工智能等专业建设,鼓励高校在教学中运用智慧教育硬件技术。

由于新冠疫情等各种原因,线上教学呈现加速普及之势,也对教育教学提出了更高的要求。2020 年 10 月,国务院发布《深化新时代教育评价改革总体方案》,指出:"创新评价工具,利用人工智能、大数据等现代信息技术,探索开展学生各年级学习情况全过程纵向评价、德智体美劳全要素横向评价。"由此可以看出,国家鼓励教育系统应用新一代信息技术手段,赋能教育教学评价系统,实现学生的全面发展。2021 年 7 月,教育部发布《关于推进教育新型基础设施建设构建高质量教育支撑体系的指导意见》,提到:"深入应用 5G、人工智能、大数据、云计算、区块链等新一代信息技术,充分发挥数据作为新型生产要素的作用,推动教育数字转型;以人工智能助推教师队伍建设,助力提升教学能力、优化教师管理。"文件对校园的信息基础建设提出指导意见,要求教育系统加快建设基于人工智能等高新信息技术的教学设施,以此提高教学质量;到 2025 年,基本形成结构优化、集约高效、安全可靠的教育新型基础设施体系,并通过迭代升级、更新完善和持续建设,实现长期、全面的发展。这被看作是"教育新基建"的开始。

2. 产业生态和教育应用场景不断丰富

（1）人工智能 AI 深度融入智慧教育系统。人工智能技术赋能智慧教育是一个系统化的过程,其产品逻辑架构主要由基础层面、应用层面、用户层面、平台层面四个层次组成。基础层面是智慧教育系统的最底层,包括硬件设施、计算框架、储存设施、安全保障等;应用层面是智慧教育的数据采集和传递机制,包括数据采集、多模态数据分析、模型构建与优化等;用户层面则是面向终端用户的输入与输出接口,包括智能终端、反馈机制、导向、调控、改进、诊断等;平台层面则是远程服务器的后台管理或云计算功能,涵盖人工智能、大数据、语音识别、图像识别、可视化输出等关键处理技术。随着新一代人工智能关键算法、硬件和系统等的成熟完善,标准化、开源化和成熟化的智慧教育系统将会发挥更大的教育价值。

（2）智慧教育应用场景专门化与特色化。人工智能技术与教育的融合逐渐深入,正在由外围的管理场景深入教与学的核心教学环节,逐渐对教育全场景赋能,创造更加个性化、智能化、泛在化的教育环境。智能技术与教育场景的融合,催生了智能教育软件的更迭与发展,并渗透到教育场景的三大类（包括核心教育场景、次核心教育场景与外围教育场景）中去。随着创新技术的涌现,也为智慧教育产品创新带来更多可能性。以电子书包为例,它不仅能够承载传统的数字化教材呈现、作业提交与批改等课前课后功能,还可以借助教辅资料、题库、试卷,有效集成教学应用软件及学习工具,为广大师生及家长提供教学、学习、考试、练习、评测、分析、全过程的信息化和个性化的教学、学习服务,推动互动研讨式教学、体验式教学及智慧学习新模式。

（3）智慧教育产业生态迭代升级和更新。智慧教育是未来智慧社会的重要组成部分,其建设主体由上游的供应商、中游的智能教育硬件商、下游的渠道商与用户组成。上游主要包括基础设施供应商、内容供应商、技术供应商三类供应商,为智慧教育产品的开发与研究打下基础。智慧教育是一种软硬件产品无缝衔接的教育,持续、完善的系统平台开发,促使智慧教育始终处于较高的应用水平,不断实现迭代升级和功能跃迁。同时,线上教学的用户规模大幅增长,为 IT 企业创造了全新的使用需求,激活了终端用户的消费愿景。随着在家、在校、在途等日常应用场景的日益清晰,智慧教育呈现多元化发展的趋势,交互形式进一步丰富,适用场景进一步拓展,进而形成开放、共享和互联的教育生态闭环,实现产品自身与功能的深化与升华。

3. 全方位、全维度和全场景的育人功能

随着智慧教育软硬件技术的不断成熟,未来的教育形态将是全方位、全维度和全场景的。2022 年 3 月,教育部举行国家智慧教育平台启动仪式。在数字中国建设的总体框架下,应贯彻"应用为王、服务至上、简洁高效、安全运行"智慧教育发展的总要求,坚定推进国家教育数字化战略行动。国家智慧教育平台的上线,是教育系统贯彻党中央、国务院决策部署的实际行动,是教育数字化战略行动取得的阶段性成果。持续推进信息化资源建设,充分运用国家智慧教育平台,将进一步缩小"数字鸿沟",有助于我们深刻思考新形势下"教育何为"的问题,有助于把数字资源的静态势能转化为教育改革的动能,有助于把制度优势和规模优势转化为教育发展的新优势,推动实现教育数字化转型。

思考题

1. 虚拟现实技术应用于教育的主要意义有哪些?
2. 简述我国智慧教育发展的主要方向和未来趋势。

参 考 文 献

[1] 徐福荫,袁锐锷.现代教育技术基础[M].北京:人民教育出版社,2005.
[2] 黄荣怀.教育技术学导论[M].北京:高等教育出版社,2006.
[3] 焦中明,赖晓云.现代教育技术技能理论与实践[M].北京:中国科学技术出版社,2007.
[4] 何克抗.教育技术学[M].北京:北京师范大学出版社,2009.
[5] 胡小强,何玲.现代教育技术与应用[M].北京:北京师范大学出版社,2013.
[6] 周玉萍.现代教育技术[M].北京:人民邮电出版社,2014.
[7] 张凯,刘益和,张艳琼.现代教育技术实验指导及技能训练[M].北京:水利水电出版社,2015.
[8] 范官军,杨强.现代教育技术教程[M].北京:清华大学出版社,2015.
[9] 李芒.现代教育技术[M].北京:北京师范大学出版社,2015.
[10] 倪彤.微课/慕课设计、制作与应用[M].北京:清华大学出版社,2016.
[11] 王润兰.现代教育技术应用[M].北京:北京师范大学出版社,2016.
[12] 宋莹.思维导图从入门到精通[M].北京:北京大学出版社,2018.
[13] 周勇.信息化教学设计与模式研究[M].北京:九州出版社,2018.
[14] 张远峰,何文茜.现代教育技术[M].2版.北京:北京大学出版社,2019.
[15] 何志红,孙会龙.虚拟现实技术概论[M].北京:机械工业出版社,2019.
[16] 朱定见.微课、慕课与翻转课堂视频制作一本通[M].重庆:西南交通大学出版社,2020.
[17] 田俊华.现代教育技术实践教程[M].北京:科学出版社,2020.
[18] 朱则光.以学习为中心的教学设计[M].北京:中国人民大学出版社,2020.
[19] 陈云红,等.现代教育技术应用[M].北京:清华大学出版社,2021.
[20] 李四达.信息可视化设计概论[M].北京:清华大学出版社,2021.
[21] 张凯.现代教育技术应用任务驱动教程[M].北京:水利水电出版社,2021.
[22] 兰国帅.现代教育技术:理论建构与实践创新[M].2版.北京:科学出版社,2021.
[23] 刘东峰.Unity 虚拟现实技术及其应用[M].西安:西安电子科技大学出版社,2022.
[24] 周雄俊.现代教育技术实训教程[M].3版.北京:北京科学出版社,2022.
[25] 李润洲.智慧教育的建构[M].北京:北京师范大学出版社,2022.
[26] 沈丹丹.智慧教育背景下的信息技术应用研究[M].武汉:华中科技大学出版社,2022.